체화된 마음과 세계

체화된 마음 연구 총서 3

체화된 마음과 세계

Embodied Mind and the World

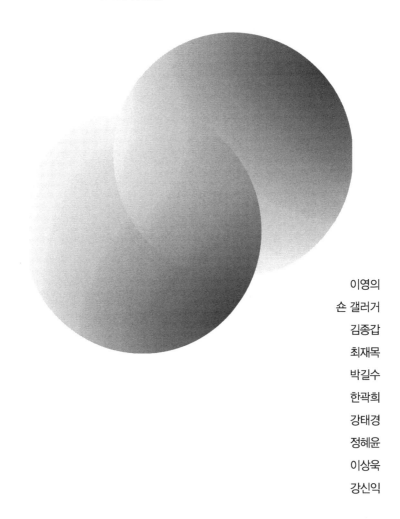

이영의
숀 갤러거
김종갑
최재목
박길수
한곽희
강태경
정혜윤
이상욱
강신익

한국문화사

체화된 마음 연구 총서 **3**

체화된 마음과 세계

1판 1쇄 발행   2024년 12월 31일

지 은 이 | 이영의·숀 갤러거·김종갑·최재목·박길수·한곽희·강태경·정혜윤·이상욱·강신익
펴 낸 이 | 김진수
펴 낸 곳 | 한국문화사
등   록 | 제1994-9호
주   소 | 서울시 성동구 아차산로49, 404호(성수동1가, 서울숲코오롱디지털타워3차)
전   화 | 02-464-7708
팩   스 | 02-499-0846
이 메 일 | hkm7708@daum.net
홈페이지 | http://hph.co.kr

ISBN   979-11-6919-269-9   93100

오류를 발견하셨다면 이메일이나 홈페이지를 통해 제보해주세요.
소중한 의견을 모아 더 좋은 책을 만들겠습니다.

머리말

체화인지가 심리철학과 인지과학에서 본격적으로 논의된 지 40년 이상이 지났다. 레이코프와 존슨의 Metaphors We Lived By(1980)를 필두로 촉발된 체화인지 이론(체화주의)은 바렐라 톰슨 로쉬의 Embodied Mind(1991)를 기점으로 관련 분야 학자들의 주목을 받았다. 이제 체화주의는 인지과학에서 고전적 인지주의, 연결주의, 인지신경과학과 더불어 인지과학의 새로운 연구 프로그램으로 부상하고 있으며, theory of embodied cognition, theory of embedded cognition, theory of enactive cognition, theory of extended cognition(4Es)을 비롯하여 theory of distributed cognition, theory of situated cognition, dynamic theory of cognition 등을 포괄하는 통합 이론으로 발전하고 있다.

체화주의에 따르면 마음과 인지는 몸-뇌-세계 간 역동적인 상호작용의 산물이다. 체화주의의 강점은 그동안 현상학을 비롯한 여러 분야에서 강조되어 왔지만 플라톤 이래로 배제되어 온 체화를 마음 연구에 복권시켰을 뿐만 아니라, 세계 또한 고려 대상에 포함했다는 점이다. 체화주의의 핵심은 몸과 세계에 대한 고려 없이는 마음을 제대로 이해하거나 설명할 수 없다는 데 있다. 인지과학의 기존 연구 프로그램 중 고전적 인지주의나 신경중심주의에 기반을 둔 인지신경과학은 마음과 인지를 과학적으로 설명하는 데 있어 뇌만을 연구하면 된다고 본다. 그러나 몸과 세계를 배제하는 이런 접근은 마음과 인지를 올바로 설명할 수 없다. 왜냐하면, 마음과 인지는 뇌-몸-세계라는 복합체계에서 작동하기 때문이다. 따라서 처음부터 뇌만을 고려하고 몸과 세계를 배제하는 것은 마음과 몸을 부분적으로 설명하는 것이 아니라 잘못 설명하는 것이다. 혹자는 인지과학과 신경과학이 발전하면 뇌-몸-세계의 관련성이 환원론적으로 해명될 것으로 기대한다. 체화주의는 몸-뇌-세계의 관계가 오직 신경과학적으로만 밝혀질 것이라고 보지 않는다. 마음과 인지에 대한 올바른 접근은 처음부터 뇌뿐만 아니라 몸과 세계를 동시에 고려하는 방법론을 채택해야 하며, 뇌뿐만 아니라 몸과 세계가 차지하는 인지적 역할을 해명하는 적업이 수행되어야 한다.

이 책은 체화인지연구단의 세 번째 연구 총서이다. 체화인지연구단은 한국연구재단의 일반공동연구지원사업의 지원을 지난 3년간 다음과 같이 세 가지 주제를 중심으로 체화주의를 연구해 왔다.

주제 1: 체화된 마음과 몸
주제 2: 체화된 마음과 뇌
주제 3: 체화된 마음과 세계

주제 1과 2를 다룬 총서는 각각 2022년과 2023년에 출간되었고, 이 책은 주제 3을 중점적으로 다루고 있다. 이 책은 체화주의에서 본 세계의 인지적 위상과 역할을 다룬 10편이 글로 구성되어 있는데 독자들의 이해를 돕기 위해 그 중심 내용을 간략히 소개한다.

• "사이버 세계와 인지 확장"(이영의): 확장인지 이론의 창시자인 클락은 처음에는 인지가 웹으로 확장 불가능하다고 주장했으나 현재는 그 입장을 변경한 것으로 보인다. 이 논문은 클락의 입장 선회의 의미를 분석하고 확장인지 이론에서 앞으로 보완되어야 점을 제시한다. 먼저 확장인지의 정확한 의미를 알기 위해 클락과 찰머스가 제시한 사례를 살펴보고,

확장인지를 규제하는 동등성 원리를 기능주의와 외재주의와 관련하여 검토한다. 이어서 동등성이 성립하기 위한 전제 조건으로서 커플링의 성격을 분석하고 인지 확장의 네 가지 조건을 구체적인 예를 통해 살펴본다. 마지막으로 동등성 원리의 웹 버전을 중심으로 인지가 웹으로 확장 가능하다고 보는 클락의 입장을 검토하고 그의 입장 선회가 갖는 의미를 개인적 인지에서 사회적 인지에로의 이행과 형이상학적 차원에서 방법론적 차원으로의 이행으로 분석한다. 이러한 논의를 통해 클락의 입장 선회는 초기 입장의 발전이며 이론적용 영역의 확대라는 점이 드러난다. 마지막으로 확장인지 이론에서 보완되어야 할 점으로 인지확장에 대한 정량적 접근과 방법론적 접근의 필요성이 지적된다.

• "하나의 무대로서의 전 세계: 행위 속 내러티브와 공감"(숀 갤러거): 그림, 조각, 연기와 관련된 미적 맥락에서 공감이 어떻게 작동하는지 조사함으로써 기본적인 체화된 공명과 내러티브 관행 사이의 긴밀하게 얽힌 회로라는 측면에서 공감을 이해할 수 있다고 주장한다. 이 분석을 통해 우리가 배운 내용은 다른 사람의 행동에 대한 우리의 일상 경험에도 적용된다. 이 글은 행동, 미적 성과, 공감, 내러티브에 관한 몇 가지 주제를 정리하고자 한다. 이 주제들은 서로 다른 것으로 보이지만, 그것들이 어떻게 상호 연관되어 타인에 대한 우리의 철학적 개념에 영향을 미치는지를 보이고자 한다. 우리는 그림, 조각, 연기와 관련된 미학적 맥락에서 공감이 어떻게 작동하는지 조사함으로써 기본적인 체화된 공명과 내러티브 관행 사이의 긴밀하게 얽힌 회로라는 측면에서 공감을 이해할 수 있다. 이런 분석을 통해 우리가 배운 것은 다른 사람의 행동에 대한 일상적인 경험에도 적용된다는 점이 드러난다.

• "세계에 외재하는 마음: 드레이퍼스와 맥도웰의 논쟁을 중심으로"(김종갑): 이 글은 드레이퍼스와 맥도웰의 논쟁을 중심으로 인간의 마음과 세계의 관계를 탐구한다. 드레이퍼스는 몸에 익은 행동은 개념적 지식이나 의식의 개입 없이 자동적으로 발현된다고 주장하지만, 맥도웰은 모든 행동에 개념적 지식이 내재되어 있다고 반박한다. 드레이퍼스는 축구 선수와 같은 몰입 상태에서 주체와 대상의 경계가 사라진다고 주장하며, 맥도웰은 이를 인정하나 여전히 개념적 틀을 강조한다. 논쟁은 주체와 타자의 관계, 존재론적 질문을 중심으로, 개념적 이성이 인간 활동의 전면에 있음을 주장하는 맥도웰과 비개념적 경험의 중요성을 강조하는 드레이퍼스의 관점을 통해 마음과 몸, 세계의 상호작용을 이해하는 데 중요한 통찰을 제공한다. 또한 이 논쟁을 통해 인식론과 존재론의 차이, 관계론적 존재론과 실체론적 존재론의 차이를 규명할 것이다. 이 글은 맥도웰의 비판에 대해서 드레이퍼스를 옹호하는 입장을 취한다.

• "체화된 우주: 몸속의 세계, 세계 속의 몸"(최재목): 이 글은 동양철학의 사유에서 보이는 '몸속의 세계, 세계 속의 몸'이라는 개념을 통해 체화된 우주의 문제를 살핀 것이다. 구체적으로 논의한 내용은 다음과 같다. 첫째, 우주 속 인간의 지위에서는 '대우주-소우주의 합일 메커니즘'을 밝혔다. 특히 주돈이의 「태극도」를 통해서 인간 만물은 이 우주의 궁극 원리 속에 위치하는 '우주-내-존재'임을 알 수 있었다. 그리고 고대적 천인합일의 주요 단서를 살필 수 있는 문자로서, 우주와 신체의 연관을 밝히는 하나의 타임캡슐로서의 '직(直)' 자를 들어 천지신명이 인간의 신체 속에 들어와 있음을 논했다. 둘째, 몸의 우주 환원에 대한 두 관점: 천장(天葬)과 매장(埋葬)에서는 먼저 천장과 매장의 의미를 설명하였다. 셋째, 우

주 환경과 신체의 교감 학습에서는 우주-신체의 생명 교감의 예들을 살펴보았다. 인간이 만물과 일체로 살아있다는 생명의 교감은 이른바 '만물이 하나 되는 사랑'을 체험하는 일이다. 천지, 우주를 신체로 끌어당겨 이해하려는 노력이 드러난다. 다만 세계와 공감함에 있어 인간과 만물에게는 막(膜)을 상정하기도 하는데 그 막은 '닫힌' 또는 '열린' 두 공감 장치였다는 점이 드러난다.

• "왕양명의 감응 이론과 의미론적 세계"(박길수): 이 글은 왕양명이 제시한 사물 및 세계에 관한 이론을 다룬 것이다. 이를 위해서 왕양명의 감응, 심즉리, 그리고 사물과 세계 이론을 생성론, 존재론, 현상학, 의미론의 관점에서 재조명하였다. 이 과정을 통해서 먼저 기의 감응 이론은 우주의 본질과 특징을 생성의 존재론으로 재구성하는데 초점이 있다는 점을 해명하였다. 그리고 심즉리는 무엇보다도 인간의 심신과 사물들이 마음의 원초적 지향성을 매개로 필연적인 상관관계를 맺는다는 점을 강조한 이론으로 심학의 현상학적 사물 이론을 제창한 것이라는 점을 해명하였다. 이어서 왕양명이 모든 사물을 사태로 정의하고 세계를 생기론의 관점에서 설명하는 까닭을 그의 실천 이론의 측면에서 해명하고 그 철학적 의의를 현대의 행위 실재론과 연결시켜 설명하였다. 그리고 마지막 부분에서는 사물 및 세계에 관한 새롭고 독특한 왕양명의 관점이 갖는 철학적 의의에 대해서 개괄하였다. 왕양명의 철학에서 사물과 세계는 모두 심신의 지향성 아래 생성되는 존재의 현상이고 이때 현상은 다시 2차적으로 재해석되어야 하는 언어 또는 인식의 해석체이기 이전에 그 자체로 의미체이다.

• "도덕적 성격과 세계로의 확장: 확장된 성격과 내장된 성격 가정에 대한 비판적 고찰"(한곽희): 이 글은 알패노와 스콜버그에 의해 제시된 내장된 성격과 확장된 성격 가정에 대해 비판적으로 검토하고 문제점을 지적한다. 이 가정은 행위자의 성격이 인간의 내면에 한정되는 것이 아니라 환경과 세계로 확장될 수 있다는 것을 주장한다. 이와 같은 주장은 행위자가 고정된 성격보다는 상황적 요소에 따라 행동한다고 주장하는 상황주의의 도전에 대한 대응이라고 간주될 수 있다. 알패노와 스콜버그는 고정관념 위협 사례를 통해 내장된 성격 가정을 그리고 우정 사례를 통해 확장된 성격 가정을 제시하였다. 이 가정들은 확장된 마음 이론과 내장된 인지 이론 등과 같은 인지과학의 최근 연구 성과를 성격 개념에 응용한 것이라고 할 수 있다. 필자는 확장된 성격에 대하여 두 가지 문제점을 제시하였다. 첫째, 통제할 수 없는 변화와 성격 평가의 문제이다. 둘째, 확장된 성격 개념은 마마보이 같은 사람들의 정당화 혹은 핑계로 사용될 수 있다. 내장된 성격 개념에 반대하여 두 가지 반론을 제시하였다. 첫째, 우리의 성격을 결정짓는 것은 환경적 요소가 아닌 환경적 요소에 대응하는 우리의 태도일 수 있다. 둘째, 거대해지는 성격의 문제이다.

• "체화되고 확장된 마음으로서의 법"(강태경): 이 글은 사실 세계와 가치를 연결하는 대표적인 규범인 법과 법적 사고인 마음을 외부와 내부로 분리하는 기존의 관점을 넘어 체화된 마음과 확장된 마음 이론을 토대로 '마음으로서의 법'이라는 새로운 관점을 제시한다. 첫째, 체화된 마음 이론은 법규칙을 사건에 적용하여 판단과 결정을 내리는 역동적 인지과정으로서 법을 이해할 수 있도록 기여한다. 이러한 접근 방법은 법적 사고라는 인지과정이 신체적 특성과 밀접하게 관련되어 있음을 보여주며, 법

적 사고의 비성찰적인 부분을 드러냄으로써 법과 마음을 외부와 내부로 나누는 이분법을 넘어 '마음으로서의 법'이라는 새로운 이해 틀로 법적 사고를 재해석할 수 있게 한다. 둘째, '사회적으로 확장된 마음'으로 이해될 수 있는 법은 법적 판단이라는 독특한 인지 과정을 이끄는 사회적 제도이며 그 근거이다. 이 관점에 따르면 법체계와 같은 사회적 제도가 인지적 범위를 확장하고 공정한 법적 추론을 북돋는 역할을 한다. 마음으로서의 법이라는 관점에서 법은 우리가 사실 세계에 규범적 의미를 부여하는 관계 맺음의 독특한 양상이다.

• "타인의 마음, 행화로 만나기"(정혜윤): 이 글에서는 '우리는 타인의 마음을 어떻게 알 수 있는가'라는 심리철학의 해묵은 질문이 오늘날 어떻게 새롭게 조명되고 있는지를 고찰한다. 이 문제에 대한 기존의 답변은 마음읽기의 이론 이론(TT)과 시뮬레이션 이론(ST)이다. 이 글은 이러한 전통 이론을 비판하고 새로운 대안을 제시하는 두 가지 입장, 즉 직접적인 사회적 지각(DSP)을 강조하는 입장과 행화주의를 비교 분석함으로써 후자의 장점을 조명하고 그 의의를 점검한다. DSP와 행화주의는 타인의 마음을 두뇌 내적인 상태와 동일시하고 관찰 불가능한 것으로 간주하는 TT와 ST의 기본 전제에 반대한다는 점에서 공통적이다. 그러나 행화주의는 사회인지를 개인의 인지적 역량이 아니라 사회적 상호작용으로 파악하는 반면 DSP는 사회인지를 개인의 역량으로 접근한다는 점에서 TT와 ST의 한계를 벗어나지 못한다. 행화주의는 사회인지에서 사회적 상호작용이 갖는 중요성을 이론적으로 정립함으로써 그간 정당한 평가를 받지 못했던 사회인지의 핵심적인 특성을 논의의 초점에 가져왔다는 점에서 커다란 의의가 있다.

•"포스트휴먼 시대의 체화된 인지 체계로의 미디어: 미디어 생태학과 체화된 인지 관점에서"(이상욱): 포스트휴먼 논의에서 인공지능, 바이오 기술, 정보기술은 인간의 본질을 벗어나 새로운 혁명이 올 것이라는 장밋빛 대안을 제시한다. 동시에 혹자는 반성 없는 인간 중심주의를 탈피하지 않고는 기술에 의한 인간 지배가 심화할 것이라고 예언한다. 이런 시대에 미디어 논의는 인간과 기술에 대한 관계를 다시 돌아볼 필요가 있으며 이런 논의의 시작점을 마셜 매클루언, 자크 엘룰, 닐 포스트먼 등이 제시한 미디어 생태학 관점으로 삼고자 한다. 그들은 미디어가 인간 지각의 확장이며, 미디어는 단순한 기술이 아니라 환경으로 작동한다고 주장한다. 그러나 이들의 주장에는 역설적으로 기술결정론이라는 비난이 따라붙는다. 이 글은 미디어 생태학과 체화된 인지 관점을 접목함으로써 기술결정론 중심의 미디어 관점을 탈피하기 위해 작성되었다. 제임스 깁슨의 어포던스와 움베르또 마뚜라나와 프란시스코 바렐라의 오토포이에시스의 개념으로 미디어 발달 과정을 살펴봄으로써 미디어는 몸을 기반으로 한 생태적 환경으로 작동될 때 생명력을 지닐 수 있음을 확인한다.

•"아픈 의료, 다른 의학, 참된 삶: 참살이의 체화된 존재 인식론과 윤리"(강신익): 이 글은 현대 생물의학의 존재 인식론적 토대인 심신이원론과 몸 기계론, 앎과 삶의 분리를 2024년 현재 대한민국에서 벌어지고 있는 의료대란의 근본 원인으로 진단한다. 의사 정원을 둘러싼 지금의 사태는 질병에 대한 정확한 진단도 없이 허겁지겁 효능이 증명되지도 않은 치료법을 무분별하게 적용하는 돌팔이의 행태와 유사하다고 본다. 이 글은 몸과 마음을 분리하고, 삶의 생생한 경험에서 소외된 추상적 앎을 강조하는 현대의 생물의학에 대한 철학적 반성에서 다시 출발해야 한다고 주장

한다. 또한 생명이나 사회가 아닌 개별 인간 중심의 해결책을 모색해 온 의료인문학과 건강 인문학의 한계를 지적하고, 탈 인간중심을 주장하는 포스트 휴머니즘의 몸 중심주의를 새로운 의료 패러다임으로 제시한다. 이를 위해 '참살이'라는 새로운 몸의 규범을 제시한다. 기존의 웰빙이 조화롭고 완벽한 몸의 상태를 전제했다면, 참살이는 불완전하고 기우뚱한 균형을 당연한 현실로 받아들인다. 참살이를 새로운 의료 관계의 규범으로 받아들인다면, 공감과 신뢰에 바탕을 둔 치유의 연대를 복원하여 문제 해결의 새로운 계기를 마련할 수 있다.

이 책을 비롯한 세 권의 총서 발행을 통해 체화인지연구단의 공동 연구는 마무리된다. 지난 3년 동안 학술대회, 세미나, 콜로키엄 등을 통해 체화주의를 다양한 관점에서 조망하고 심도있는 연구를 수행할 수 있는 소중한 자리를 마련해 주신 최재목, 강신익, 강태경, 김종갑, 박길수, 숀 갤러거, 이상욱, 정혜윤, 한곽희 교수님에게 깊이 감사드린다. 특히, 시공간적 간격에도 불구하고 체화주의에 관한 전문적 지식과 통찰로 공동 연구의 폭과 깊이를 더해주신 숀 갤러거 교수님에게 감사드린다. 체화인지연구단의 행사를 적극적으로 지원해 주신 동국대 철학과 심지원 교수님과 한국체화인지학회 정우진 총무이사님에게 감사드린다. 아울러 총서를 멋있게 디자인 해주시고 출판해 주신 한국문화사 김진수 대표님과 교정과 편집을 맡아주신 편집부 여러분에게 감사드린다.

2024. 10
공동 저자를 대표하여 이영의

목차

이영의

사이버 세계와 인지 확장

1. 들어가는 말

20세기 이후 인류 문명을 컴퓨터, 인공지능, 인터넷을 빼고 얘기하기는 어렵다. 그 기술들과 관련 과학기술적 발전과 상호 융합은 자동화, 연결성, 신속한 정보교환, 데이터 분석과 같은 기술적 차원의 혜택을 넘어 삶의 질과 방식과 같은 존재론적 차원에도 결정적 영향을 미치고 있다. 인류는 점차로 자연이 아닌 인공에 의존하는 삶을 살고 있다. 인공지능, 가상세계, 베타버스, 소셜로봇 등으로 대표되는 인공물에서 우리는 날로 자연과 인공의 경계가 모호해지는 것을 체험하고 있다.

인간과 인공의 경계가 모호해지는 주요 출발점은 인지의 확장이다. 전통적으로 철학자들은 정신의 영역과 물질의 영역은 다르다고 생각해 왔다. 대표적인 예는 데카르트이다. 데카르트에 따르면, 정신과 물질은 서로 다른 실체이며, 각각 사고와 연장이라는 속성을 갖는다. 이는 곧 정신은 공간 속에 존재하지 않으며 물질은 생각할 수 없다는 것을 의미한다. 철학과 인지과학에서 데카르트적 이원론에 대한 여러 가지 비판이 제기되어 왔는데 그 대표적 예 중 하나는 확장인지 이론(theory of extended cognition)이다. 확장인지 이론에 따르면, 인지는 뇌와 몸의 경계를 넘어 세계 속으로 확장될 수 있다. 확장인지 이론은 한편으로 "몸으로 생각한다"라고 주장한다는 점에서 데카르트적 이원론뿐만 아니라 환원적 물리주의를 비판하고, 다른 한편으로는 "세계 내 물리적 대상이 인지를 구성한다"라고 주장한다는 점에[서 철학에서 뿌리 깊은 내재주의 및 표상주의와 충돌한다.

이 글의 목표는 인지가 어떻게 웹으로 확장될 수 있는지를 확장인지 이론의 입장에서 검토하는 것이다. 웹으로의 인지 확장에 대해 클락은 처음에는 불가능하다고 주장했지만 이제는 가능하다는 입장을 취하고 있다. 이 글은 확장인지 이론을 지지하면서 클락의 입장 선회가 갖는 의미를 분석하고 확장인지 이론에서 앞으로 보완되어야 점을 제시한다.

본격적으로 논의를 전개하기 전에 확장인지와 관련된 개념적 혼란을 예방하기 위해 분명히 해둘 것이 있다. 첫째, "인지가 웹으로 확장될 수 있는가?"라는 질문은 "의식 또는 지식이 웹으로 확장될 수 있는가?"라는 질문과 구별되어야 한다. 인지는 분명 마음의 작용이므로 인지가 웹으로 확장될 수 있으면 마음도 그럴 수 있지만, 의식은 그렇지 않을 수 있기 때문이다. 또한 인지 확장이 반드시 지식 확장으로 이어지는 것은 아니다. 인지 확장이 의식 확장보다는 지식 확장에 더 가까운 것만은 사실이지만 인지가 지식이 되기 위해서는 여러 가지 조건을 충족해야 하므로 그 둘은 구별되어야 한다. 둘째, 이 글에서는 인지 확장의 범위를 웹으로 국한할 것이다. 인터넷과 웹은 일반적으로 동일한 의미로 사용되고 있지만 양자

간에는 분명한 차이가 있다. 인터넷은 컴퓨터와 같은 정보처리기 간 데이터와 정보를 교환할 수 있는 네트워크 집합인 데 비해 웹은 인터넷에서 이루어지는 다양한 서비스 중 하나로서 사용자가 웹브라우저를 통해 접속할 수 있는 페이지, 사이트, 애플리케이션 등의 집합이다. 인터넷은 웹 이외에도 이메일, 메신저, 온라인 게임, 파일 공유, 가상공간, 메타버스 등과 같은 다양한 서비스를 제공하므로 이 글에서는 양자를 구별하고 웹에 초점을 맞출 것이다.

이 글은 다음과 같이 진행된다. 2절은 확장인지의 정확한 의미를 알기 위해 클락과 찰머스가 제시한 사례를 살펴보고, 확장인지를 규제하는 동등성 원리를 기능주의 및 외재주의와 관련하여 검토한다. 3절은 동등성이 성립하기 위한 전제 조건으로 커플링의 성격을 분석하고 인지 확장의 네 가지 조건을 구체적인 예를 통해 살펴본다. 4절은 동등성 원리의 웹 버전을 중심으로 인지가 웹으로 확장 가능하다고 보는 클락의 현재 입장을 검토하고 그의 입장 선회가 갖는 의미를 개인적 인지에서 사회적 인지에로의 이행과 형이상학적 차원에서 방법론적 차원으로의 이행으로 분석한다. 이상의 논의를 통해 클락의 입장 선회는 보기와는 달리 초기 입장의 발전이며 이론적용 영역의 확대라는 점이 드러나고, 확장인지 이론에서 보완되어야 할 점으로 인지확장에 대한 정량적 접근과 방법론적 접근의 필요성이 주장된다.

2. 동등성 원리

확장인지 이론에 따르면, 인지는, 어떤 조건이 충족되면 뇌 및 몸의 경계를 넘어 외부 세계로 확장될 수 있다. 여기서 인지 확장의 정확한 의미를 알기 위해 클락과 찰머스가 제시한 대표적 예를 살펴보기로 하자.[1] 잉가(Inga)와 오토(Otto)는 뉴욕에 살고 있다. 그들은 어느 날 평소 보고 싶었던 '피카소 조각전'이 뉴욕현대미술관(MoMA)에서 열리고 있다는 것을 알게 되었다. 잉가는 미술관이 맨해튼 53번가에 있다는 점을 기억해내고 그곳을 향해 출발했다. 한편 경증 알츠하이머병을 앓고 있는 오토는 기억에 문제가 있어 항상 메모장을 휴대하고 다니면서 중요 사항을 거기에 적어둔다. 이제 오토는 자신의 메모장을 참조하여 미술관의 위치를 확인하고 그곳을 향해 출발했다.

클락과 찰머스는 이 예에서 오토의 메모장은 오토의 기억체계를 구성하는 부분이라고 주장한다.[2] 잉가의 생물학적 기억체계는 해마, 신피질, 편도체, 소뇌, 전두엽 피질 등으로 구성되어 있고 오토의 기억체계는 그런 생물학적 요소 및 메모장으로 구성되어 있다는 것이다. 그러므로 우리가 오토의 해마, 신피질, 편도체, 소뇌, 전두엽 피질을 그의 기억체계를 구성하는 요소로 간주한다면 메모장도 그렇다고 보아야 한다. 이런 점에서 피카소 조각전이라는 소식을 듣고 뉴욕현대미술관으로 이동하는 데 관련된 잉가와 오토의 인지 과정은 본질에서 차이가 없다. 양자 간 차이가 있다면 잉가의 경우 기억추출이 전적으로 생물학적 기억체계에서 처리되었고 오토의 경우는 부분적으로 메모장에서 처리되었다는 점이다.

통속심리학(folk psychology)은 인간 행위를 설명하기 위해 믿음 체계를 이용한다. 우리의 믿음 체계는 성향적이다. 즉 마음은 특정 조건이 충족되면 믿음과 행위를 낳는 성향이 있다. 통속심리학의 믿음·욕구 모형(belief-desire model)에 따르면,[3] 목표를 달성하려는 욕구가 행위를 수행하면 그 목표를 달성할 수 있다는 믿음과 결합하면 그 행위를 수행하려는 의도로 이어진다. 잉가의 경우 "피카소 조각전을 보고 싶다"라는 욕구는 "뉴욕현대미술관에 가면 피카소 조각전을 볼 수 있다", "뉴욕현대미술관은 53번가에 있다"라는 믿음과 결합하여 미술관으로 걸어가는 의도와 행위를 낳는다. 이제 잉가의 행위는 통속심리학적으로 다음과 같이 설명될 수 있다.[4]

- (설명 1) 잉가의 욕구("피카소 조각전을 보고 싶다") + 잉가의 믿음("뉴욕 현대미술관에 가면 피카소 조각전을 볼 수 있다", "뉴욕현대미술관은 53번가에 있다") → 행위(53번가로 걸어감) (여기서 '→'는 의도적 인과를 나타낸다)

오토의 행위를 위와 같은 방식으로 설명할 수 있는가? 이에 대한 대답은 오토가 자신의 메모장을 참조하기 전에 지녔던 믿음 체계에 "뉴욕현대미술관이 53번가에 있다"라는 정보가 포함되어 있는지에 달려있다. 만약 그 정보가 오토의 믿음 체계에 포함되어 있었다면, 오토의 행위는 잉가의 경우와 동일하게 설명될 수 있다.

- (설명 2) 오토의 욕구("피카소 조각전을 보고 싶다") + 오토의 믿음("뉴욕 현대미술관에 가면 피카소 조각전을 볼 수 있다", "뉴욕현대미술관은 53번가에 있다"(메모장에 있음)) → 행위(53번가로 걸어감)

그러나 만약 그렇지 않다면, 오토의 행위는 다음과 같이 설명되어야 한다.

- (설명 3) 오토의 욕구("피카소 조각전을 보고 싶다") + 오토의 믿음("뉴

욕현대미술관에 가면 피카소 조각전을 볼 수 있다", "뉴욕현대미술관의 위치에 관한 정보가 메모장에 있다") + 메모장의 정보("뉴욕현대미술관은 53번가에 있다")
→ 행위(53번가로 걸어감)

(설명 2)와 (설명 3)의 차이는 "뉴욕현대미술관은 53번가에 있다"라는 정보가 오토의 믿음 목록에 속하는지에 있다. (설명 2)는 그 정보가 오토의 믿음 체계에 있다고 간주하지만, (설명 3)은 그것이 인지 과제를 수행할 때 이용되는, 뇌 밖의 외부 대상에 저장된 정보라고 본다. 확장인지 이론의 관점에서 보았을 때 (설명 2)가 올바른 설명이다. 왜냐하면 오토가 그의 메모장을 열기 전에 그는 이미 뉴욕현대미술관이 53번가에 있다는 믿음을 갖고 있었기 때문이다. 오토의 믿음은 그의 메모장에 저장되어 있지만, 앞에서 보았듯이, 메모장은 오토의 인지 과정을 구성하는 요소이기 때문에, (설명 3)처럼 오토의 믿음 내용과 메모장의 정보를 구분할 필요가 없다. 이런 점에서 오토의 믿음을 구성하므로 그의 인지 과정은 두뇌 밖으로 확장되었다.

여기서 확장인지 이론에 대한 한 가지 근본 질문이 제기되는 데 그것은 바로 오토의 메모장이 그의 기억체계를 구성한다고 보는 이유에 대한 것이다. 이와 관련하여 클락과 찰머스는 다음과 같이 동등성 원리(Parity principle)를 제시한다.

어떤 과제를 수행할 때, 만약 세계의 한 부분이, *그것이 머릿속에서 행해졌더라면*, 인지 과정의 부분이라고 주저 없이 인정될 것처럼 작용한다면, 그것은 바로 인지 과정의 부분이다. (A. Clark and D. Chalmers, 1998, p. 8. 원저자 강조)

동등성 원리에 따르면 오토의 메모장에 기록된 정보가 오토의 믿음 체계의 구성 요소로 볼 수 있는 것은 '기능적 동등성' 때문이다. 즉 오토의 메모장은 잉가의 기억체계 일부와 '기능적으로' 동등한 역할을 한다. 여기서 동등성 원리가 기능주의(functionalism), 특히 역할 기능주의에 기반을 두고 있다는 점이 드러난다. 역할 기능주의에 따르면 믿음, 욕구, 고통과 같은 심적 상태는 전적으로 감각적 입력, 다른 내적 심적 상태, 행동적 출력 간 기능적 역할이나 인과적 관계로 구성된다. 이런 이유로 동등성 원리는 기능주의와 마찬가지로 복수 실현 논제(thesis of multiple realization)를 인정한다.[5] 복수 실현 논제에 따르면, 인간 인지는 인간 뇌뿐만 아니라 다른 물리적 기반에서도 구현될 수 있다. 이처럼 동등성 원리는 형이상학적으로 역할 기능주의, 방법론적으로 복수 실현 논제에 기반하여, 인간 뇌를 구성하는 생물학적 요소가 아니더라도, 그것이 인지를 구성하는 생물학적 요소와 동등한 역할을 한다면, 그것은 인지 과정을 구성하는 요소로 보아야 한다고 주장한다.

우리는 여기서 상상력을 발휘하여 위의 인용문에서 나타난 가정 부분, 즉 "그것이 머릿속에서 행해졌더라면"을 다른 방식으로 기술할 수 있다. 예를 들어, 과학·기술이 발전하여 생각을 저장할 수 있는 '기억 임플란트'가 개발되었고[6] 오토가 기억 임플란트를 자신의 뇌에 이식했다고 가정해 보자. 이제 오토는 더는 번거로운 메모장을 사용하지 않고, 중요하다고 생각되는 정보를 임플란트에 저장하고 필요할 때는 뇌파를 이용하여 추출할 수 있다. 동등성 원리에 따르면, 오토의 뇌에 이식된 기억 임플란트는 오토의 믿음 체계를 구성하는 요소이다. 누군가 오토의 기억은 잉가의 기억처럼 순수한 생물학적 체계에 기반한 것이 아니므로 (설명 3)이 필요하다고 주장한다면, 인공치아, 인공심장, 인공신장 투척기가 치아, 심장, 신장의 기능을 하지 못한다고 주장하는 것과 같은 오류를 범하는 셈이 된다.

앞에서 보았듯이, 오토의 메모장은 오토의 기억을 구성하는 요소가 될 수 있으므로 오토의 인지는 그의 메모장으로 확장될 수 있다. 이런 점에서 확장인지 이론은 인지를 뇌 안이나 몸 안, 또는 개인에 국한하려는 내재주의(externalism)와 충돌한다. 나는 여기서 내재주의를 자세히 다루지 않을 것이지만,[7] 확장인지 이론이 등장하기 이전에 내재주의를 비판하는 이론, 즉 내용 외재주의가 등장했다는 점을 언급할 필요가 있다. 내용 외재주의자들은 심성 상태의 내용이 개인이 처한 환경에 따라 구성적으로 달라진다고 주장한다.[8] 예를 들어, '지구에서의 물은 화학적으로 'H$_2$O'이고 쌍둥이 지구에서의 물은 'XYZ'이지만 그 둘은 물리적 성질을 비롯한 다른 모든 것은 같다고 가정해 보자. 이런 환경에서 그 둘의 화학적 차이를 알지 못하는 지구인과 쌍둥이 지구인은 상대방의 물을 자기의 물과 같다고 보기 때문에 지구인과 쌍둥이 지구인에게 물의 의미는 동일하다. 그러나 '지구 물'의 지시체는 'H$_2$O'이고 '쌍둥이 지구 물'의 지시체는 'XYZ'이므로, 머리 속 의미가 지시체를 결정하지 못한다. 퍼트넘(H. Putnam)이 강조했듯이, "의미는 머릿속에 있지 않으며",[9] 전부는 아니지만 어떤 경우에는, 의미가 환경에 의존한다.

그러나 내용 외재주의는 심성 내용(의미)이 오로지 심성 상태에 의해서만 결정된다고 주장하는 내재주의에 반대하지만, 개인의 심성 능력을 구현하는 물리적 메커니즘이나 과정의 대해서는 침묵한다. 이런 점에서 내용 외재주의는 물리적 메커니즘이나 과정이 뇌 안에서 발생한다고 주장하는 '온건한' 이론과 양립할 수 있다. 그러나 확장인지 이론은 환경적 요소가 인지 과정에서 능동적 역할을 한다는 점을 강조하기 때문에 내용 외재주의를 넘어서 능동적 외재주의(active externalism)를 표방한다. 예를 들어, 오토의 메모장은 오토가 뉴욕현대미술관의 위치를 추리하는 데 중요한 능동적 역할을 하지만 쌍둥이 지구의 물은 지구인의 인지 과정에 그런 능동적 역할을 하지 못한다. 지구인이 쌍둥이 지구로 여행을 가서 발화한 '물'이라는 단어는 XYZ가 아니라 여전히 H_2O를 지시하므로 그의 인지적 활동과 관련된 외적 요소, 즉 물은 능동적 역할을 하지 못한다. 다시 말하면 의미론적 외재주의에서 외적 요소는 인과적으로 수동적 역할을 담당한다.

3. 커플링과 인지확장의 조건

지금까지 우리는 확장인지의 구체적 사례와 인지확장을 규제하는 동등성 원리를 살펴보았다. 동등성 원리를 수용하더라도 인지 과제를 수행하는데 관련된 모든 요소를 인지 요소로 볼 수는 없으므로 그것들을 구분할 수 있는 기준이 필요하다. 이와 관련하여 우선 인지가 세계로 확장되기 위해서는 유기체와 환경적 요소가 인지적으로 통합되는 올바른 관계, 즉 커플링(coupling) 관계에 있어야 한다.

클락과 찰머스의 확장인지 이론은 종종 오토의 메모장에 저장된 정보, 즉 "뉴욕현대미술관이 맨해튼 53번가에 있다"라는 정보가 곧 "뉴욕현대미술관이 맨해튼 53번가에 있다"라는 오토의 믿음을 구성한다고 주장하는 것으로 이해되고 있다. 그러나 이는 잘못이다. 그 이론의 핵심은 오토의 메모장에 적혀있는 정보가 오토와 '적절한 관계'에 놓인 경우, 즉 그 메모장이 오토와 적절히 커플링된 경우에, 그것은 오토의 믿음을 구성한다는 데 있다. 이런 점에서 커플링은 동등성의 필요조건이다. 확장인지에 대해 진행된 많은 논의와 논쟁이 동등성 원리에 주목한 데 비해 커플링 개념은 비중 있게 다루어지지 않고 있는데 이런 관행은 확장인지 이론을 제대로 이해하는 데 있어 장애물로 작용한다.

앞에서 보았듯이 확장인지 이론은 인지 과정에서 환경적 요소가 담당하는 '능동적' 역할을 강조하는 데 그것은 단순히 환경적 요소가 심성 상태나 인지 과정에 '인과적 영향'을 미친다는 논란의 여지가 없는 주장은 아닐 것이다. 그러나 확장인지 이론의 비판자들은 종종 그런 방향으로 커플링을 이해하는 경향이 있다. 가장 대표적인 예로 애덤스와 아이자와(Adams and Aizawa)는 확장인지 이론이 인과적 의존과 인지적 구성을 혼동하여 커플링·구성 오류(coupling-constitution fallacy)를 범했다고 비판한다.[10] 그들이 제시한 예를 살펴보자. 요가를 통해 심박수를 조절하는 경우 인지 과정과 순환 과정 사이에 양방향 인과적 커플링이 있지만 사고는 순환의 부분이 아니며 인지가 순환계로 확장된 것도 아니다.

클락은 애덤스와 아이자와가 주장하는 인과적 커플링은 '올바른' 커플링이 아닌 '이상한' 커플링이라고 대응한다.[11] 클락이 의도하는 올바른 커플링은 다음의 인용문에 잘 나타나 있다.

인간 유기체는 특정한 양방향 상호작용 아래에서 외적 실재와 커플링되어 그 자체로 하나의 인지 체계로 볼 수 있는 *커플링 체계*를 창출한다. 그런 커플링 체계에 속하는 모든 요소는 저마다 능동적인 인과적 역할을 담당하고 또한 인지가 일반적으로 수행하는 것과 동일한 방식으로 결합적으로 행동을 규제한다. ... 이런 종류의 커플링 과정은 그것이 두뇌 안에 있는가와 무관하게 인지 과정으로 간주되어야 한다. (A. Clark and D.

Chalmers, 1998, pp. 8-9. 원저자 강조)

　여기서 중요한 것은 커플링이 구현되는 방식이다. 위의 인용문에서 나타나듯이 유기체와 외적 대상은 커플링을 통해 하나의 인지 체계를 구성한다. 이에 비해 애덤스와 아이자와가 제시한 커플링 체계에서 인지계와 순환계는 인과 관계에 있는 것은 분명하지만, 그렇게 커플링된 체계가 인지 체계로 작동하는 것은 아니다. 이런 이유로 메나리(Menary)는 애덤스와 아이자와가 제시한 커플링은 외부 체계가 인지 체계에 인과적 영향을 미치지만 반대 방향은 그렇지 못한 '비대칭적' 관계인 데 비해, 클락이 주장하는 커플링은 대칭적 관계라고 지적하면서 후자를 인지적 통합(cognitive integration)이라고 부른다.[12] 여기서 확장인지 이론이 커플링−구성의 오류를 범했다는 주장은 커플링을 인과적 의존으로만 보고 인지 구성과는 무관하다고 보는 오류를 범하고 있다는 점이 드러난다. 확장인지 이론이 강조하는 것은 인지가 환경적 요소에 인과적으로 의존한다는 것이 아니라, 환경적 요소가 종종 문자 그대로 인지 과제를 수행하는 과정의 적절한 부분이 될 수 있다는 점이다.[13]

　커플링은 능동적 외재주의와 밀접한 관계에 있다. 유기체와 적절히 커플링된 환경적 요소는 인지 과정에 능동적 영향을 미치기 때문이다. 환경적 요인이 유기체와 적절한 커플링 관계에 있을 때, 그것은 인지 과정을 구성하는 요소가 된다는 점에서 커플링은 능동성이 성립하기 위한 필요조건이다. 이런 이유로 '확장인지'라는 개념을 즐겨 사용하지 않은 학자들도 커플링에 주목해 왔다. 예를 들어 깁슨(Gibson, 1979)은 생태심리학적 입장에서 유기체와 환경 간 존재하는 커플링을 어포던스(affordance)라는 개념으로 표현했다. 어포던스는 물리적 성질이 아니다. 예를 들어, '앉

을 수 있음'이라는 어포던스는 의자의 내적 성질이 아니라 의자의 모양이
나 크기가 특정인의 몸에 적절히 일치할 때 존재한다.

커플링은 유기체와 환경 간 감응(resonance)과 유사한 면이 있다. 예를
들어, 푸흐스(Fuchs, 2018)의 행화주의를 비롯하여, 장자의 기(氣), 왕양명
의 체인(體認)에 등장하는 감응은 인격체, 행위자, 수행자가 물리적·사회
문화적·윤리적 세계를 살아가는 데 나타나는 핵심적 관계를 나타낸다.[14]
그러나 깁슨의 어포던스가 유기체와 독립적으로 존재하는 반면에, 다시
말하면 그것은 일차적으로 환경이 유기체에 미치는 영향인 데 비해, 감응
은 유기체와 환경 간 양방향적 성격을 갖는다는 점에서 커플링에 더 가깝
다.

지금까지의 논의를 정리하면, 확장인지 이론이 주장하는 인지 확장은
두 가지 방식으로 분석될 수 있다.

① 환경적 요소가 수행하는 기능적 동등성
② 유기체와 환경적 요소 간 커플링

우리는 위의 두 가지 방식 중 ②가 더 근본적이라는 점에 유의할 필요
가 있다. 왜냐하면 환경적 요소가 순수한 내적 요소와 동등한 기능을 수
행한다고 판단하는 기준이 바로 유기체와 환경적 요소 간 적절한 커플링
이기 때문이다. 오토의 메모장이 오토와 적절한 커플링 관계에 있을 때
그것은 오토의 기억을 구성하는 요소가 될 수 있다. 만약 오토의 메모장
이 물에 흠뻑 젖어 거기에 기록된 내용이 확인 불가능하거나 오토의 시력
이 매우 나빠져서 메모장을 읽을 수 없을 때 오토와 그의 메모장은 적절
한 커플링 관계에 있지 않다. 이런 점에서 인간과 적절한 커플링 관계에

있는 환경적 요소는 인지적 비계(cognitive scaffolding)로 작용한다. 예를 들어, 인지적 비계로서의 오토의 메모장은 적절한 때에 오토의 인지적 목표를 달성하는 데 도움이 되는 정보를 제공하는 감각운동 루프를 통해 능동적으로 접근되고 이용된다.

우리는 앞에서 인지확장을 근본적으로 규제하는 것은 기능적 동등성이며, 동등성은 올바른 커플링을 통해 확보될 수 있다는 점을 보았다. 그렇다면 인지확장을 판가름할 수 있는 기준은 무엇인가? 인지확장이 올바른 커플링의 중요한 결과 중 하나이므로, 이 질문은 커플링의 조건에 관한 질문이기도 하다. 인지확장에 대해 클락과 찰머스는 다음과 같은 네 가지 조건을 제시했다.[15]

> **• 인지확장의 조건**
> ㉠ 안정성(reliability): 인지 자원이 안정적으로 사용될 수 있고 일반적으로 호출될 수 있어야 한다.[16]
> ㉡ 신뢰성(trust): 검색된 정보는 어느 정도 자동으로 승인될 수 있어야 한다.
> ㉢ 접근성(accessibility): 인지 자원에 포함된 정보는 필요할 때 쉽게 접근될 수 있어야 한다.
> ㉣ 과거의 보증(past endorsement): 정보는 과거의 어느 시점에서 의식적으로 보증된 것이고, 그런 보증의 결과로 실제로 존재하는 것이어야 한다.

클락은 위의 네 가지 조건 중 처음 세 가지 조건을 계속 주장했지만, 넷째 조건에 대해서는 유보하는 태도를 취했다. 클락은 1998년 논문에서 그 조건이 인지확장의 조건으로 보이기는 하지만 적절치 않다고 보았다. 왜냐하면 잠재적 지각이나 기억 조절을 통해 보증에 관한 믿음이 형성될 수도 있기 때문이다.[17] 그러나 클락은 2008년 논문에서는 그 조건이 '강한' 조건이지만 그것을 삭제하면 잠재적인 성향적 믿음이 많이 증가할 것이라고 우려했다.[18] 어쨌든 클락은 현재 넷째 조건을 더는 인지확장의 조건으로 활용하지 않고 있다.

클락은 위의 네 가지 조건을 아래 [표 1]에서 나타나듯이 여러 가지 사례에 적용하여 인지확장의 여부를 판정한다. 쉽게 짐작할 수 있듯이 그중 인지확장의 가장 적절한 예는 오토의 메모장이다. 오토의 메모장은 네 가지 기준, 즉 안정성, 신뢰성, 접근성, 과거의 보증을 모두 충족한다. 그다음으로 적절한 예는 사이버펑크의 임플란트이다. 그것은 안정성, 신뢰성, 접근성을 충족하지만, 과거의 보증을 충족하지는 못한다. 예를 들어, 마이클 베이(Michael Bay)가 감독한 영화 〈아일랜드〉(Island, 2005)에서처럼 우리는 과거에 관한 거짓 정보를 신경 임플란트에 주입하여 특정인이 사실이 아닌 기억을 갖도록 할 수 있다.

유형	인지확장 여부	위반된 조건
오토의 메모장	예	없음
사이버펑크 임플란트	예	㉣
서재의 책	아니요	㉠, ㉢
구글 검색 내용	아니요	㉡, ㉣
타인의 지식	아니요	㉠, ㉡, ㉢, ㉣

표 1 인지 확장의 여부

서재에 있는 책, 구글을 통해 검색된 내용, 타인의 지식은 확장인지의 사례로 볼 수 없다. 서재에 있는 책의 내용은 서재 주인의 인지를 구성하는 요소가 될 수 없다. 서재의 책들은 도난으로 분실되거나 화재로 소실될 수 있어 안정적으로 이용할 수 있는 자원이 되지 못할 뿐만 아니라 바로 옆에 있지 않기 때문에 접근성도 낮기 때문이다. 이와 반면에 구글 검색을 통한 내용은 허위 가능성 때문에 신뢰성을 위반하고 과거에 보증된 것이 아니므로 인지확장의 적절한 예가 될 수 없다. 그 결과 클락은 다음과 같이 인지는 웹으로 확장될 수 없다는 결론을 내린다.

> 인터넷은, 내가 유난히 컴퓨터에 의존하고 기술에 능숙하며 신뢰하는 사람이 아니라면, 여러 가지 면에서, 나의 믿음의 요소가 될 가능성이 없다. (A. Clark and D. Chalmers, 1998, p. 17)

클락이 인지가 웹으로 확장될 수 없다고 보는 근본 이유는 신뢰성 때문이다. 과거의 보증 조건(◎)은 클락이 더는 주장하지 않으므로 문제가 되지 않는다. 안정성과 접근성은 기술 향상을 통해 해결될 수 있지만 신뢰성은 기술만의 문제가 아니라는 점에서 그것은 인터넷과 웹상에서의 정보를 평가하는 데 있어 가장 중요한 기준이 된다. 잘 알려져 있듯이 인터넷이 가짜뉴스, 에코챔버, 필터버블 등으로 '오염된 정보의 바다'라는 점을 고려하면 클락이 '확장 불가'라는 결론을 내린 것은 어느 정도 이해가 된다.

4. 동등성 원리의 웹 버전

클락이 찰머스와 함께 확장인지 이론이 주장한 지 약 16년이 지난 후 그는 자신의 처음 입장을 철회하고 인지가 웹상으로 확장 가능하다고 주장했다. 이제 클락은 동료 확장인지 이론가들과 함께, 인간과 정보가 연결되어 가는 초연결사회에서 마음은 행위자와 기술이 제공하는 비계들을 포괄적이고 변형적으로 사용하는 사회적 기관이 되어가고 있다고 강조한다.[19] 이제 웹은 단순한 기술을 넘어 인간·사회 조직이다.

우리는 일반적으로 웹브라우저를 통해 웹상의 다양한 정보에 접근한다. 오늘날의 웹브라우저는 적절한 내용을 발견하기 위한 알고리즘을 인터넷 환경에 역동적으로 적응시키고 프레임 문제를 해결하기 위해 웹 사용자의 행위와 선택에서 수집된 대규모의 통계를 이용한다. 클락 등은 이런 통계 의존적인 사용자·행위 기반 검색의 복잡한 적응 역학은 행화(enaction) 개념을 이용해 적절히 해명될 수 있다고 제안한다.[20] 비록 현재의 행화주의(enactivism)가 대체로 개인의 인지를 연구하는 데 초점을 두고 있지만, 행화주의는 웹을 사용하고 탐색하는 사회에도 적용될 수 있다는 것이다. 그들은 구글의 대표인 슈미트(Schmit)가 인터넷 탐색의 미래는 바로 "인터넷을 뇌에 직접 연결하는 것"이라고 주장했다는 점을 중시한다.[21] 이제 클락 등은 다음과 같이 새로운 버전의 동등성 원리를 제시한다.

아마도 웹상의 외부 표상이 행위를 관리하는 과정에 적절히 통합된다면 그것은 해당 행위자의 인지 구성의 부분으로 간주될 수 있다. (H. Halpin, A. Clark, and M. Wheeler, 2014, p. 24)

위의 인용문에 나타난 주장, 즉 "웹상의 외부 표상은 감각운동 과정에 적절히 통합되면, 인지를 구성하는 부분이 된다"라는 주장을 '동등성 원리의 웹 버전'(Web-version of parity principle)이라고 부르기로 하자. 동등성 원리의 웹 버전이 '동등성 원리'인 이유는 우선 웹상에 구현된 특정 정보 형태, 즉 표상을 인지의 구성 요소로 간주한다는 점에서 인지확장을 인정하기 때문이다. 둘째, 그것은 원래의 동등성 원리에는 명시적으로 표현되지 않고 전제되었던 조건, 즉 커플링 조건을 "행위를 관리하는 과정에 적절히 통합되면"이라는 표현을 통해 명시적으로 제시하고 있다. 여기서 '행위를 관리하는 과정'은 행화주의가 강조하는 감각운동 과정이다. 셋째, 웹 버전은 원래 버전과 마찬가지로 기능적 동등성에 기반을 두고 있다. 예를 들어 웹상의 텍스트는 오토의 메모장과 기능적으로 동등한 역할을 한다. 여기서 볼 수 있듯이, 동등성 원리의 웹 버전은 역할 기능주의에 기반을 둔 '순수한' 확장인지 이론에 기반을 둔 것이 아니라 "인지는 체화된 행위이다"라고 주장하는 행화주의를 부분적으로 수용하고 있다. 이처럼 확장인지와 행화인지의 결합은 클락이 할핀(Halpin)과 휠러(Wheeler)의 사상, 특히 휠러의 웹 확장 인지 이론을 수용한 결과로 나타났다.

원래의 동등성 원리와 마찬가지로 웹 버전에서도 그것을 구체적 사례에 적용하기 위해서는 인지확장을 위한 필요조건인 커플링이 해명되어야 한다. 이것은 위의 인용문에 나타난 가정문의 전건, 즉, "... 적절히 통합되면"이라는 구절의 내용을 구체적으로 밝히는 것이다. 이와 관련하여 클락 등은 그들의 다음 과제는 어떤 생명공학적 커플링이 진정한 인지 확장을 낳는지를 밝히는 것이라고 보았다.[22] 이는 곧 사용자, 인터넷, 웹브라우저가 어떤 방식으로 커플링 되어야만 인지가 확장되는지를 해명하는 것이다. 여기서 우리는 확장인지 이론의 초점이 "인지가 과연 확장 가능한가"라는 문제에서 "어떤 커플링이 진정한 인지확장을 낳는가"라는 문제로 넘어가고 있음을 알 수 있다. 첫째 질문에 대해 클락은 다음과 같이 대답한다. 즉, 웹상의 정보가 집합적으로 유지된다는 점에서 인지가 웹으로 확장되었다. 물론 원래 버전의 동등성 원리에 기반한 인지확장에 대한 비판자들은 이 새로운 주장에 동의하지 않겠지만, 클락의 입장에서 보면 인지가 웹으로 확장 가능하다는 점을 논증할 필요가 없으므로(왜냐하면 이미 확장되었으므로) 이제 우리는 인지가 어떻게 효율적으로 확장될 수 있는지를 연구해야 한다. 이는 곧 확장인지의 쟁점이 존재론적 차원에서 방법론적 차원으로 이행하고 있음을 의미하며, 클락의 입장 선회는 그런 이행이 극적으로 나타난 일화이다.

둘째 질문의 핵심은 웹 검색을 통해 얻은 정보를 신뢰할 수 있는 조건을 밝히는 데 있다.[23] 이와 관련하여 휠러는 '온라인 지능'이라는 개념을 제시했다.[24] 휠러에 따르면 온라인 지능은 확장된 '뇌-몸-환경' 체계에서의 복잡한 인과적 상호작용으로 생성된다. 개인의 지능을 바탕으로 '개인적 인지'가 성립하듯이 웹상에 구현된 온라인 지능을 바탕으로 '사회적 인지'가 성립된다. 사회적 인지는 집합적 성격으로 인해 개인적 인지와 다른 특성을 갖는데, 그 대표적인 예는 다중 저자이다. 웹상의 외적 표상, 예를 들어 구글 지도의 경우 다수의 사용자가 접속하여 이용하고 실시간으로 내용을 업데이트하면서 구현된 표상에 대해 다중 저자가 있다. 예를 들어 위키피디아의 다중 편집 방식과 사용자의 증가로 인해 위키피디아가 점점 다수 사용자로 구성된 인지 체계의 부분이 되고 있다.[25]

사회적 인지에서도 클락의 처음 입장과 마찬가지로 사용자가 정보를 신뢰할 수 있는 신뢰성이 매우 중요한 역할을 한다.[26] 이와 관련하여 한 가지 중요한 질문이 제기된다. 왜 클락은 인지가 웹으로 확장 가능하다고 보는가? 앞에서 보았듯이 처음 입장에 따르면 웹은 신뢰성 조건을 충족하지 못한다. 그렇다면 웹을 기반으로 하는 사회적 인지에서는 신뢰성 조건이 만족스럽게 충족되는가? 클락 등은 이에 대해 자세히 논의하지 않았지만, 위키피디아에 관한 논의에서 보이듯이, 그들은 다중 편집과 다수 이용으로 신뢰성 문제가 어느 정도 해결되었다고 보고 있다.

지금까지 검토한 내용을 중심으로 클락의 입장 선회를 평가해 보기로 하자. 클락의 처음 입장과 현재 입장은 다음과 같이 정리된다.

	처음 입장	현재 입장
기본 원리	동등성 원리	동등성 원리의 웹 버전
웹상 인지확장	확장 불가	확장 가능
위반된 조건	신뢰성	없음

표 2 클락의 두 입장 비교

위의 표에서 드러나듯이, 얼핏 보기에 클락은 인지가 웹으로 확장 가능한가라는 질문에 대해 클락은 상충된 대답을 제시한 것으로 보인다. 클락의 현재 입장은 처음 입장과 상충하는가, 아니면 그것의 발전인가? 나는 이 질문에 대해 다음과 같은 이유로 현재의 입장은 처음 입장의 발전으로 보아야 한다고 주장한다.

첫째, 클락의 현재 입장은 존재론적 차원에서 방법론적 차원으로의 이행이다. 웹상에 구현된 정보와 지식이 인지 체계의 구성 요소가 될 수 있는지를 형이상학적 차원에서 논의하는 것은 의미 있는 작업이지만 소모적인 논쟁을 유발하는 측면이 있으므로 기술적이고 방법론적 접근이 필요하다. 클락 등은 인지확장의 조건에 대한 형이상학적 접근이 갖는 '비생산성'을 이유로 그런 접근을 포기하고 생명공학적 커플링을 통한 기술적·방법론적 접근을 모색한다.[27]

둘째, 클락의 새로운 입장은 개인적 인지에서 사회적 인지에로의 논점 이행이다. 확장인지 이론에 따르면, 인지확장은 유기체와 환경적 요소의 적절한 인지적 통합인 커플링을 통해 발생한다. 그러므로 두 입장에서 나타난 결론은 '실제로는' 다르지 않다. 왜냐하면 처음 결론은 개인적 인지 확장에 초점을 둔 결과이고 현재의 결론은 집단에서 형성된 인지, 즉 사회적 인지에 초점을 둔 결과이기 때문이다. 웹에 구현된 개인들의 표상은 소수의 '신뢰할만한' 저자에 의한 것이라면 인지의 구성 요소가 될 수 있겠지만 개인에 의한 표상은 일반적으로 여전히 그렇지 못하다. 그러나 '위키피디아'처럼 다중 저자에 의한 표상이나 스탠퍼드 철학사전(Stanford Encyclopedia of Philosophy)처럼 개인에 의한 표상이라고 하더라도 신뢰할 만한 사회적 기관이나 집단이 운영하는 사이트에 구현된 것이라면 신뢰성이 확보될 수 있다.

우리는 이처럼 클락의 새로운 입장을 확장인지 이론의 발전으로 이해할 수 있지만, 그것은 다음과 같은 점에서 보완될 필요가 있다.

첫째, 인지확장은 '전부 또는 전무'(Yes or No)의 문제가 아니라 '정도'의 문제이다. 왜 그런지를 보기 위해 다음의 [표 3]을 살펴보자.

조건	오토의 메모장	신경 임플란트	위키피디아	구글 검색
안정성	매우 높음	매우 높음	높음	높음
신뢰성	매우 높음	높음	높음	보통
접근성	매우 높음	매우 높음	높음	높음

표 3 인지확장의 정도

위의 표에서 분명히 보이듯이, 안정성, 신뢰성, 접근성이라는 인지 확장의 조건은 전부 또는 전무의 차이가 아니라 정도의 차이로 표현되어야한다. 정도의 차이가 가장 분명히 드러나는 것은 신뢰성 조건이다. 예를 들어, 오토의 메모장이 다른 예들과 차이가 나는 주요 이유는 오토가 거기에 정보를 직접 작성했기 때문이다. 자신이 직접 작성한 정보는 그에게는 항상 가장 신뢰할만한 정보일 수 있지만 타인에게도 항상 그런 것은 아니다. 더구나 그런 정보는 일상 경험과 같은 제한된 영역에서는 주관적 신뢰성이 높지만, 전문성이 요구되는 영역에서는 초보자가 작성한 정보는 그 본인에게도 객관적 신뢰성이 낮아진다.

둘째, 클락과 찰머스가 제시한 인지확장의 세 가지 조건은 만족스러운 필요조건 집합을 구성하지 못한다. 인지확장을 제대로 규정하기 위해서는 그런 조건 외에도 다른 조건이 필요하다. 예를 들어, 확장인지에 대한 방법론적 접근의 지지자들은 클락과 마찬가지로 인지가 웹으로 확장 가능한지가 아니라, 어떻게 확장될 수 있는지를 연구해야 한다고 주장하면서도, 인지적 통합의 다차원성을 강조한다. 예를 들어, 헤르스밍크와 서턴(Heersmink and Sutton)은 접근성과 신뢰성 외에도 정보흐름(information flow), 지속가능성(durability), 절차적 투명성(procedural transparency), 정보적 투명성(informational transparency), 개별화(individualization), 변형(transformation)과 같은 방법론적 기준을 제시한다.[28]

앞에서 언급되었듯이, 클락과 찰머스가 제시한 인지확장의 기준은 기술 상대적인 성격이 강하다. 접근성은 그 대표적인 예이다. 기술이 발전함에 따라 접근성은 디지털화 정도의 함수가 되고 있다. 다시 말하면, 접근성이 낮은 자원이더라도 디지털화되면 접근성이 크게 높아진다. 예를 들어, 지하 서재에 있는 백과사전은 접근성이 낮지만 전자책으로 변환되어 온라인으로 연결되면 접근성이 크게 향상된다. 신뢰성 역시 시스템과 제도에 의해 향상될 수 있다. 예를 들어, 믿을만한 사회적 시스템을 기반으로 하는 표상은 신뢰성이 매우 높다. 스탠퍼드 철학사전이 그 좋은 예이다. 또한 믿을만한 사회적 시스템은 제도적으로 가짜뉴스, 에코챔버, 필터버블을 규제하고 기술적으로 그것들을 걸러내고 차단할 수 있다.

이처럼 인지확장을 기술적으로 향상할 수 있다고 하더라도 우리는 신뢰성이 전적으로 기술 상대적이지 않으며, 정량적 차원이나 방법론 차원에 국한되지 않는다는 점에 유의해야 한다. 여전히 형이상학적 차원에서의 고려도 필요하다. 오토가 궁금했던 정보, 즉 뉴욕현대미술관이 위치에 관한 정보의 신뢰성은 일반적으로 정보의 출처나 작성자를 추적하면 쉽게 판단될 수 있다. 그러나 1812년 나폴레옹이 러시아를 침공한 이유와 관련된 정보는 단순히 웹브라우저의 개발이나 생명공학적 방식으로 해결될 수 있는 기술적이고 방법론적인 차원에 속하지 않는다. 그 질문과 관련된 신뢰성 높은 정보는 한편으로 사고의 특성과 밀접하게 관련되어 있고 다른 한편으로는 역사적 해석과도 밀접하게 관련되어 있으므로 여전히 형이상학적 접근이 필요하다.

5. 맺는말

우리는 지금까지 웹상으로의 인지확장을 동등성 원리, 커플링, 인지확장의 조건, 동등성 원리의 웹 버전 등을 통해 검토했다. 논의를 통해 인지가 웹으로 확장 불가능하다는 클락의 처음 입장은 사회인지가 웹으로 확장 가능하다는 현재 입장과 상충하지 않으며 개인적 인지에서 사회적 인지에로의 이행 및 형이상학적 차원에서 방법론적 차원으로의 이행의 결과라는 점이 드러났다. 또한 확장인지 이론이 웹에 적용되기 위해서는 인지확장을 '전부 아니면 전무'의 관점이 아니라 정도의 관점에서 접근하고, 인지확장을 위한 조건의 목록을 개선할 필요가 있다는 점이 주장되었다. 확장인지 이론은 충분히 성숙한 이론이 아니라 발전하고 있는 이론이다. 확장인지 이론이 더 발전하기 위해서는 형이상학적 접근만으로는 불충분하므로 정량적 접근과 방법론적 접근으로 보완되어야 한다.

더 읽을 거리 ─────────────────────────────────────

앤디 클락. 2018. 『수퍼사이징 더 마인드』, 교육과학사. 이 책은 다양한 사례를 통해 인
　　지가 몸의 경계를 벗어나 세계로 확장될 수 있는지를 구체[적으로 보여준다.
David Chalmers. 2022. *Reality + ; Virtual Worlds and the Problems of Philosophy*.
　　W. W. Norton. 이 책은 가상세계가 확장된 실재의 부분이라고 주장을 통해
　　실재와 비실재의 이분법을 극복하는 방안을 제시한다.
체화인지연구단. 2024. 『마음이란 무엇인가』, 박이정. 이 책은 마음에 대한 체화인지적
　　접근을 놓고 여러 전문가가 대화를 통해 그 가능성, 쟁점, 전망을 논의한다.

하나의 무대로서의 전 세계:
행위 속 내러티브와 공감

이 글에서 나는 행동, 미학적 퍼포먼스, 공감, 내러티브에 관한 몇 가지 주제를 종합하고자 한다. 이 주제들이 서로 다르게 보일 수 있지만, 나는 그것들이 상호 관련되어 우리의 철학적 개념, 즉 타인에 대한 체화된 이해를 어떻게 형성하는지 보여주는 것을 목표로 한다. 나는 공감을 회화, 조각, 연기와 같은 미학적 맥락에서 어떻게 작동하는지 조사함으로써, 기본적인 체화된 공명과 내러티브 실천의 긴밀한 얽힘으로 이해할 수 있다고 주장한다. 이 분석에서 배운 것은 타인의 행동에 대한 우리의 일상적인 경험에도 적용된다.

1. 미학적 내러티브

나는 내러티브에 대한 하나의 이야기를 통해 시작하려 한다. 2023년,

나는 그리스 카스트라키 메테오라의 지질 형성 박물관에서 Lambos Malafouris가 주최한 워크숍에 참석하여 예술가와 학자들이 모인 자리에 참여했다. Malafouris의 물질적 참여 이론(Material Engagement Theory)에 대한 프로젝트(참조: Malafouris 2013)는 우리가 작업하는 물질, 이 경우 점토로 예술을 창작하는 과정이 우리의 주체성, 창의성, 기억, 자아를 어떻게 형성하는지 보여주려고 한다. 예술가들은 이 프로젝트를 위해 다양한 도자기 작품을 만들었고, 모임에 온 학자들에게 그들의 작품을 설명했다. 대부분의 학문적 발표가 이론적 설명을 제공하는 것과는 달리, 예술가들은 각기 다른 일상 생활의 어떤 측면, 즉 우연한 만남, 파티, 결혼식, 해결해야 할 문제, 죽음, 장례식 등과 같은 사건을 중심으로 한 내러티브를 제시했다. 이들이 설명한 이야기는 특정한 예술 작품의 아이디어를 제공한 맥락이었다. 내러티브는 어떤 만남이나 누군가가 한 말, 친구나 친척을 방문한 경험이 어떻게 주제를 만들어냈는지, 혹은 그들의 아이가 하던 일이 어떻게 창작 과정을 촉발하여 특정한 작품으로 이어졌는지를 설명했다. 그들의 구체적인 이야기를 들음으로써 우리는 예술가와 예술 작품에 대해 즉각적인 공감을 느낄 수 있었다.

한 가지 예를 들어보겠다. Marion Ingless라는 예술가가 만든 "I can move mountains (Kai Boyna KoynaΩ)"(그림 1)이라는 제목의 도자기 조각 작품이 있다. 이 조각은 물건들로 가득 실린 당나귀를 묘사하는데, 당나귀에게는 명백히 좋지 않은 상황이다. 그녀의 내러티브에 따르면, 이 작품은 학대받은 당나귀들을 돌보는 농장을 방문한 경험에서 영감을 받았다. 그녀는 이런 동물들이 다른 이들로부터 많은 짐을 떠안고 살아가는 삶을 즉각적으로 이해할 수 있었다. 이 예술 작품을 보는 이들이 공감을 느낄 수도 있고 느끼지 않을 수도 있다. 그러나 학대받는 당나귀를 돌보는 이야기는

그림 1 "나는 산을 움직일 수 있다" 작가: Marion Ingless

이 조각을 볼 때 공감의 경험을 더욱 강화하는 맥락을 제공해준다.

그러나 몇몇 공감 이론에 따르면, 이러한 감정의 원천은 내러티브가 아니다. 단순히 예술 작품을 보는 것만으로도 즉각적으로 미적 감상을 일으킬 수 있으며, 이는 때때로 공감(Einfühlung)의 한 형태로 간주된다. 예를 들어, 테오도어 립스(Theodor Lipps, 1906)는 이를 부정할 수 없는 내적 공명으로 설명하며, 이는 타인의 감정을 상상하는 것이 아니라 실제로 같은 감정을 경험하는 것이라고 주장한다. 더 최근에는 비토리오 갈레세(Vittorio Gallese)가 데이비드 프리드버그(David Freedberg)와 함께, 이러한 과정을 부분적으로 거울 뉴런(MNs)의 활성화로 설명할 수 있다고 제안했다.

"[예술에 대한] 미적 반응의 중요한 요소는 행동, 감정, 신체 감각의 시뮬레이션을 포함하는 체화된 메커니즘의 활성화이며, ... 이 메커니즘은 보편적이다." (Freedberg & Gallese, 2007, 197).

'체화된 메커니즘' 범주에는 거울 뉴런(MNs)과 '정형 뉴런(CNs)'이 포함된다. 후자는 도구나 기구를 잡으려고 할 때, 또는 단순히 그것을 볼 때 활성화되는 특정 뉴런들이다. 프리드버그와 갈레세에 따르면, 우리가 예술 작품에 공감적으로 몰입할 때, 우리는 "그림과 조각에서 다른 이들의 관찰된 행동을 내적으로 모방하는 감각"이나, 표현된 물체의 가능한 사용에 대한 감각을 느끼게 된다(p. 197). 거울 뉴런과 정형 뉴런은 활성화되어 관람자가 "감정 표현, 움직임 또는 표현 속에 암시된 움직임을 자동적으로 시뮬레이션하는" 상황에 놓이게 된다(p. 197). 이는 건축물이나 추상화에도 해당된다.

시뮬레이션은 구상 예술 작품에 대한 반응뿐만 아니라 로마네스크 양식의 비틀린 기둥 같은 건축적 형태를 경험할 때도 발생한다. 잭슨 폴락(Jackson Pollock)의 추상화와 같은 작품에서는 붓자국이나 페인트 방울이 남긴 물리적 흔적을 통해 창작자의 창작 행위가 암시하는 움직임에 신체적으로 몰입하는 감각을 자주 경험한다(Freedberg & Gallese, 2007, 197). 그들은 예를 들어, 미켈란젤로의 "아틀라스 노예(1520-1523)"(그림 2)를 감상할 때 거울 시스템에서 힘의 감각을 느낄 수 있다고 주장한다. 이 작품을 보면서 무게감이나 중압감을 경험할 수도 있다.

비슷한 주장들은 배우들이 캐릭터의 행동을 표현하는 영화나 연극 같은 더 동적인 매체에 대해서도 쉽게 제기될 수 있다.[1]

프리드버그와 갈레세가 설명한 경험은 일부 이론가들이 기본적 공감(basic empathy)이라고 부르는 범주에 쉽게 속할 수 있다(예: Stueber 2006). 다른 이론가들은 우리를 타인의 입장에 놓이게 하는 상상적 시뮬레이션

그림 2 미켈란젤로, Slave called Atlas

과정에 기반한 상위 차원의 공감을 구분한다(Goldman 2006; Stueber 2006; de Vignemont & Jacob 2013). 이를 시뮬레이션 기반 상상, 또는 S-상상 (S-imagination)이라고 부른다. 이 관점에서는 자신의 경험을 바탕으로 시뮬레이션을 구축해야 한다. 그러나 자신의 경험만으로 다양한 사람이나 상황에 공감하는 것이 항상 가능한지는 명확하지 않다. 나는 이를 다양성 문제라고 부른다. 우리의 경험이 좁을 경우, 타인의 경험에 대한 공감적 이해의 좋은 기반이 되지 않을 수 있다. 예를 들어, 아틀라스의 입장이 되어본다는 것은 아틀라스가 신발을 신고 있지 않다면 어려울 수 있다.

나는 공감 문제에 대한 대안적 해석학적 접근을 제안한 바 있다 (Gallagher 2012). 이 대안적 접근은 내러티브가 공감 경험에서 역할을 할 수 있다는 아이디어로 돌아간다. 여기서 내러티브는 자신의 자아 내러티브뿐만 아니라, 이야기, 역사, 소설, 영화 등에서 발견되는 공유된 문화적 내러티브를 포함할 수 있으며, 이러한 모든 것이 내러티브 기반 상상 (N-imagination)에 기여할 수 있다. 이러한 내러티브의 다양성을 감안할 때, 이는 다양성 문제에 대한 해결책을 제공한다. 또한 내러티브는 기본 적 공감의 즉시성을 넘어 경험을 풍부하게 하고(어쩌면 초기 경험을 변화시 킬 수도 있다), 메테오라에서 예술가들이 제시한 미학적 내러티브의 경우, 그들의 경험에 대한 설명이 우리의 예술 작품에 대한 이해를 풍부하게 했 다. 예를 들어, 한 예술가의 우울증 경험과 그 우울증에서 벗어나게 해준 사건은 그 예술 작품에 대한 감상을 더욱 풍부하게 해주었고, 단순히 작 품을 처음 보았을 때 느꼈던 감정을 넘어서는 이해를 제공해 주었다.

2. 연기: 이중 회로

이 모든 것이 어떻게 작동하는지 좀 더 자세히 살펴보고자 한다. 먼저 조형 예술(회화, 조각)에서 예를 이어가겠지만, 이후에는 공연 예술에서 우 리가 무엇을 배울 수 있는지, 특히 연기에 초점을 맞춰 논의할 것이다.

메를로-퐁티(Merleau-Ponty)는 그의 에세이 「눈과 마음(Eye and Mind)」 (1961)에서 예술가와 감상자를 모두 포함하는 회화의 미학을 논의한다. 화가가 초상화나 자연 풍경을 그리기 위해 준비하는 과정을 생각해보면, 그의 지각은 그가 보는 것들에 대한 기본적인 공감적 반응에 의해 형성된 다. 화가 내부에서 일어나는 공명, 즉 "내적 등가물"이 그의 그림에 "그것 들의 육체적 존재의 공식"을 불러일으킨다(1961, 164). 자연은 어떤 의미 에서 화가 내부로 내면화되고, 화가는 그것을 자신의 그림을 통해 다시 표현한다. 이 예술 작품은 이 동일한 공식을 감상자에게 전달하여, 그들

안에서도 다시 내부적 공감을 생성한다.

> "왜 이러한 상응들이 예술 속에서 다시 눈에 보이는 어떤 흔적을 만들
> 어내지 않겠는가? 그 흔적을 통해 다른 이들의 눈이 세상을 관찰할 수
> 있는 기저의 모티프를 발견할 수 있다. 따라서 '가시적인 것'의 이중적인
> 힘, 첫 번째의 육체적 본질이나 상징이 나타난다. 이 회로에서는 결코 단
> 절이 없으며, 자연이 끝나고 인간이나 표현이 시작된다고 말할 수 없다."
> (Merleau-Ponty 1961, 164).

이것은 기본적인 공감적/미적 경험을 포착한다. 그러나 메를로-퐁티
는 예술 작품에 대한 이러한 기본적인 지각 기반의 공감적 감각이 예술가
의 생애에 대한 이해에 의해 조절될 수 있다고 주장한다. 그는 이것이 명
백한 모호성을 수반한다고 분명히 밝힌다. "작가의 생애가 우리에게 아무
것도 가르쳐주지 않을 수 있고, 동시에―우리가 그것을 읽는 방법을 안다
면―그 속에서 모든 것을 발견할 수 있다. 왜냐하면 그 생애는 그의 작품
으로 열리기 때문이다" (Merleau-Ponty 1948, 25). 갈렌 존슨(Galen Johnson,
1993)에 따르면, 메를로-퐁티는 기본적인 공감적/미적 경험을 고려할 때
예술적 창작을 "자아와 세계의 융합"으로 생각하지, 단순한 모방이나 상
상적 연습으로 보지 않는다. 그렇다면 예술가의 삶의 내러티브에 표현된
그의 존재가 예술 작품의 제작에 역할을 할 수 있으며, 기본적인 공감 회
로와 유사한 회로 속에서 예술가가 어디에서 끝나고 그림이 어디에서 시
작되는지 말하기 어려울 수 있다. 우리는 여기서 체화된 기본적 공감과
내러티브적 공감이 이중으로 얽힌 회로가 있다고 말할 수 있을 것이다.
메를로-퐁티(1948)는 세잔(Cézanne)과 다 빈치(da Vinci)의 전기적 예시를

통해 이를 설명한다. 그러나 그는 전기와 예술 작품 사이에 엄격한 상관관계가 있다고 주장하지 않는다. 이 관계에서 작동하는 것은 더 비선형적인 역학이다.

연극과 영화와 같은 공연 예술을 고려할 때, 상황은 더 복잡하고 비선형적이며 모호할 수 있다. 연극이나 영화에서 연기는 종종 여러 예술가가 관련되는 경우가 많으며(극작가, 대본 작가, 배우, 감독 등), 이들은 모두 서로 다른 방식으로 캐릭터와 관객과의 관계를 맺고 있으며, 이러한 모든 관계는 하나 이상의 내러티브에 내재해 있다.

이전 논문에서, 나는 전문 배우인 줄리아 갤러거(Julia Gallagher)와 함께 "배우가 자신이 연기하는 캐릭터와 공감하는 것이 무엇을 의미하는가?"라는 질문을 탐구했다(Gallagher & Gallagher 2020). 이 질문에 대한 답은 다양한 공감 이론뿐만 아니라 연기에 대한 다양한 이론, 그리고 배우와 캐릭터 간의 독특한 관계로 인해 복잡하다. 우선, 관객이 묘사된 캐릭터와 공감하는 것이 무엇을 의미하는지를 고려하여 이야기를 단순화하자. 우리 논문에서는 기본 공감과 내러티브 기반 공감이 원인적 및 상호 연관적이라고 주장했다. 내러티브 기반 공감은 어느 정도 기본 공감에 의존하므로, 어떤 형태의 기본 공감이 활성화되지 않으면 사람의 맥락에 대한 순수한 지적 이해는 공감적 감각을 불러일으키지 않을 수 있다. 그러나 위에서 설명한 바와 같이, 타인의 맥락이나 이야기를 이해하는 것이 기본 공명 과정을 풍부하게 하거나 조절하거나 심지어 생성할 수 있다. 소설을 읽거나 연극이나 영화를 볼 때 종종 그러한 일이 발생한다. 실증 연구에 따르면, 예를 들어, 실험자가 알게 된 (허구의) 처벌에 대해 서로 다른 거울 시스템 반응을 보인다(Singer et al. 2006). 다른 연구에서는 우리가 일반적인 상황에 대한 비인격적 정보보다는 다른 사람의 개인적인 내러티브를 알 때 공감적인 감정에 따라 행동하고 이타적으로 행동할 가능성이 더 높다는 것이 나타난다(Slovic 2007). 따라서 맥락이나 다른 사람의 이야기에 대한 지식(물론, 이것이 관객에게 제공되는 것)은 기본 공감적 과정에 영향을 미쳐 자동성을 줄일 수 있다. 이러한 상호 관계는 기본 공감과 내러티브 기반 공감이 통합된 과정임을 시사한다(Fig. 1). 이와 관련하여, 내러티브와 기본 공감 간의 관계는 Kurt Goldstein이 설명한 게슈탈트 관계와 유사하다. 우리가 텍스트, 무대 또는 영화에서 묘사된 캐릭터와 공감하는 정도에 따라, 우리의 내러티브 이해는 기본적인 체화된 공명과 결합되어 있으며, 이는 명확한 도형−배경 관계에서 작동한다(참조: Goldstein & Scheerer 1964, 8).

이 같은 도형−배경 관계는 캐릭터를 이해하고 표현하려는 배우에게도 적용된다. 배우는 캐릭터를 연구하고 조사해야 하며, 그 캐릭터를 공감 또는 동일성의 기본 관계에서 체화해야 한다(어느 정도는 연기 이론과 실천에 따라 다르다). 내러티브는 이 과정에서 어떤 역할을 할까? 여기서는 배우, 소설가, 철학자의 세 가지 출처를 참고하고자 한다.

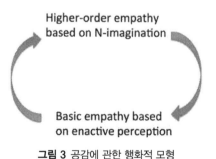

그림 3 공감에 관한 행화적 모형

3. 대본과 언어 행위

그 배우는 리처드 기어(Richard Gere)로, 나는 그와 함께 연극과 영화의 차이점에 대해 논의할 기회를 가졌다. 이는 뮤지컬『시카고(Chicago)』(2002) 영화 버전이 나온 지 몇 년 후의 일이었다.『시카고』에서 기어는 다른 영화 역할들과는 달리 노래와 춤을 추었고, 그의 역할로 인해 베스트 브레이크어웨이 퍼포먼스 상을 수상하기도 했다. 나는 이 점에 대해 언급했고, 그는 자신의 경력 초기에 연극을 했다고 밝혔다. 연극 연구에서는 "블로킹(blocking)"의 실천에 대한 흥미로운 연구가 있었다. 블로킹은 무대 디자인과 배우의 무대 위치, 다른 배우들, 소품과의 거리 등을 지시하는 감독의 지침에 관한 것이다. 이것은 때때로 확장된 마음(extended mind)이나 분산 인지(distributed cognition)(예: Tribble 2011; Tribble and Sutton 2011) 측면에서 논의되며, 블로킹이 실제로 배우의 대사 암기와 회상에 도움이 된다는 생각을 강조한다. 이는 환경의 역할을 부각시킨다. 그래서 나는 기어에게 이 점에 대해 물었다. 그는 동의했지만, 영화의 경우에는 장면이 반드시 선형적으로 촬영되지 않으며, 일관된 환경이 아닌 세트에서 촬영될 수 있기 때문에 매우 다르다고 설명했다. 이 경우, 기어는 대본이 가장 중요한 것이라고 언급했다. 대본이 잘 쓰여져 있으면 대사를 기억하는 데 도움이 되고, 장면 촬영의 다소 분산된 특성을 보다 쉽게 연결할 수 있는 의미 형성 과정을 가능하게 한다. 다시 말해, 영화의 대본 내 러티브는 일관성을 제공하고 다양한 시나리오에서 캐릭터를 이해할 수 있게 해준다.

철학자 길버트 라일(Gilbert Ryle)도 매우 유사한 점을 지적한다. 그는 타인을 이해하는 방법에 대한 설명에서 소설가 제인 오스틴(Jane Austen)

을 언급한다. 그가 제시하는 논증은 체화적-행화적 인지 접근 방식 (embodied-enactive approaches to cognition, Gallagher 2020)과 일치하며, 타인을 이해하는 과정이 마음이론(theory of mind) 접근 방식에서 일반적으로 묘사되는 것처럼 마음을 읽는 과정이 아니라는 것이다. 즉, 우리가 말하는 마음은 내부의 데카르트적 존재가 아니라, 우리의 행동(또는 행동의 성향)과 타인과의 상호작용에서 구성되므로, 제인 오스틴과 같은 소설가가 그녀의 캐릭터를 묘사하는 방식에 영향을 미친다는 것이다.

제인 오스틴이 『오만과 편견(Pride and Prejudice)』의 여주인공이 지닌 특정한 종류의 자부심을 보여주고자 할 때, 그녀는 그 여주인공의 행동, 말, 생각, 감정을 천 가지 다른 상황에서 표현해야 했다. 제인 오스틴이 "내 여주인공의 자부심은 그런 상황이 발생할 때마다 이렇게 행동하는 경향이 있었다"고 말할 수 있는 단일 표준의 행동이나 반응은 없다(Ryle 1949, xx).

내러티브 또는 대본은 정신 상태를 지도하는 것이 아니라 제롬 브루너(Jerome Bruner, 1985)가 말한 '행동의 풍경'을 반영한다. 오스틴은 이렇게 내러티브를 대본에 쓰며, 독자는 오스틴의 소설을 읽으면서 마음을 읽는 것이 아니라 행동의 풍경을 통해 캐릭터의 동기를 이해하게 된다(Gallagher, in press).

두 가지 추가 점을 제시하고자 한다.

1. 페이지에 있는 캐릭터, 무대의 캐릭터, 또는 영화 속 캐릭터에 대한 우리의 공감적 이해가 어느 정도 대본/내러티브에 의존한다면, 비대본적인 일상생활에서도 우리는 종종 암묵적인 내러티브 프레이밍을 사용한다.

사실, 이것이 바로 라일(Ryle)의 지적이다. 우리는 소설을 쓰거나 읽을 때, 연극이나 영화를 감상할 때 캐릭터의 행동에 주의를 기울이는 전략을 사용할 뿐만 아니라, 일상적인 타인과의 상호작용에서도 같은 종류의 이중 얽힘 회로(기본 공감/내러티브 공감)에 들어가며, 이로써 타인의 맥락화된 표현과 행동을 이해하게 된다. 즉, 그들의 행동을 내러티브 프레임워크 내에서 이해하는 것이다. 이것이 바로 체화된 내러티브 실천(embodied narrative practice, Gallagher & Hutto 2008)이라고 한다.

2. 대본이 있는 내러티브와 없는 내러티브 모두, 우리 자신의 행동과 타인의 행동을 반영하면서 종종 언어 행위를 포함한다.

다시 말해, 이는 라일이 주장한 바이다 – 오스틴은 캐릭터의 행동, 생각, 감정뿐만 아니라 언어까지도 표현해야 한다. 이것은 J. L. 오스틴 (J. L. Austin, 1975)의 언어 행위 개념과 원칙을 통해 이해할 수 있다: "무언가를 말함으로써 우리는 무언가를 한다." 이 점에서 오스틴은 라일과 동일한 입장이다. 『마음의 개념(The Concept of Mind)』에서 라일의 자백 (avowals)과 "자연스러운 언어"에 대한 논의는 일종의 언어 행위 이론이다. 라일에 따르면, 타인의 자연스러운 언어를 주의 깊게 살피는 것은 그들의 "마음의 틀(frame of mind)"에 접근할 수 있게 해준다. 예를 들어, 묶인 신발끈에 짜증을 내는 사람의 경우, "그가 말하는 것과 그의 말하는 방식은 그의 마음의 틀을 드러내거나 알게 해준다…"(Ryle 1949, 175). 즉, 자연스러운 언어 행위와 자백은 자가 보고(self-reports)가 아니다. 그들은 수행적 기능을 가지고 있다: "나는 ――――를 원한다"는 정보를 전달하기 위한 것이 아니라 요청이나 요구를 하기 위한 것이다(Ryle 1949, 175). 따라서 자연스러운 발화는 내적 생각에 대한 보고가 아니라, "언어가 생각을 완성한다"는 것을 이해할 필요가 있다(Merleau-Ponty 2012, 183). 메를로-퐁티(Merleau-Ponty)에게, 연극 배우와 일상적인 배우 모두에게 언어는 종종 "혀 위에서 흘러나온다"는 것은, 다른 사람을 숨겨진 정신 상태가 아니라 행동으로 제시한다. 언어에서 사람은 발화에 반발하거나 수용하는 방식으로 응답하며, 이에 상응하는 정신적 사고가 있기 전에 일어난다(Merleau-Ponty 1968, 175).

이 모든 것은 행위, 내러티브, 언어의 중요성을 강조하는 철학적 무대 설정을 제공하며, 이는 무대나 영화, 소설 속 캐릭터뿐만 아니라 일상생활에서도 공감의 가능성을 지원하는 대본의 일부다.

김종갑

세계에 외재하는 마음:
드레이퍼스와 맥도웰의 논쟁을 중심으로

도입

인간의 마음은 세상과 동떨어져 있는 것일까? 인간은 생각하는 동물이라고 하는데 그러한 생각과 마음은 몸의 내부에 내재하는 인간 주체의 활동일까? 아니면 생각이라는 것은 몸과 세계의 합작품일까? 만약에 진리가 있다면 세계와 언어가 흔적도 없이 사라진다고 해도 진리는 여전히 존재하는 것일까? 언어가 없이 진리가 가능할까? 이러한 질문에 대해서 쉽게 떠오르는 대답은 데카르트적 이원론이다. 인간의 마음은 세상의 물질적 질서를 초월해서 독립적으로, 자율적으로 존재한다는 것이다. 현대의 인지과학은 그러한 초월적 마음을 1,400 그램의 물질적 두뇌로 축소하였다. 이때 마음이라는 것은 세상에 대한 상징적 표상 조작의 체계이다. 그런데 인간의 마음이 이렇게 세상으로부터 독립된 실재인 것일까? 물론 그렇지 않다. 필자는 모든 지식은 몸으로 체화된 상황적 지식이라고 생각하고 있다. 몸이 없으면 지식도 없다. 그리고 세상이 없으면 몸도 없다. 몸은 세상(생태계)의 일부로서 세상과 상호작용을 하는 가운데서 지식이라는 것을 습득하게 된다. 생각은 몸으로 열려 있으며 몸은 또한 세상으로 열려 있다. 달리 말하면 생각은 몸으로 체화되어 있으며, 몸은 세상으로 삼투되어 있다. 이와 같이 몸과 세상이 서로 주고받는 관계가 없으면 마음이라는 것도 존재할 수가 없다. 마음은 세상과 몸의 부수현상이다.

인간은 이성적 동물이라고 하는데 일상에서 우리의 활동은 얼마나 이성적인 것일까? 우리의 일거수일투족이 이성의 빛으로 채워져 있는 것일까? 아니면 이성적인 것은 우리 삶의 일부에 지나지 않는 것일까? 우리는 자기가 하고 있는 일을 얼마나 의식하고 있는 것일까? 또 의식을 한다면 그러한 의식은 대상에 대한 개념적 지식을 동반하는 것일까? 몸에 붙은 익숙하고 숙련된 행동에도 개념적 지식을 포함하거나 전제하고 있는 것일까? 또 이성적 능력이 없이도 대상에 대한 지식이 가능한가? 이러한 질문은 행동과 이성의 관계를 둘러싼 질문의 다양한 변주들이다.

이러한 질문에 대답하기 위해서 필자는 허버트 드레이퍼스(Hubert Dreyfus)와 존 맥도웰(John McDowell)의 유명한 논쟁을 참조하게 될 것이다. 드레이퍼스는 몸에 익은 행동은 저절로 몸에서 발현되기 때문에 개념적 지식이나 의식의 개입을 요구하지 않는다고 주장하였다. 문제의 초점은 모든 행동이 아니라 몸에 익은 습관화된 행동이라는 점을 유의하기로 하자. 맥도웰은 그의 주장의 정당성을 어느 정도 인정하지만 그러한 행동의 배경에는 체화된 개념적 지식이 작용하고 있다는 단서를 덧붙였다. 전자에 따르면 "인간은 24시간 풀타임 이성적 동물인 것은 아니다."(Dreyfus, 2007, p. 354). 반면 후자는 "개념적 이성이 인간의 모든 활동에 스며들어 있다"(Mcdowell, 2013, p. 343). 달리 말해서 드레이퍼스에게 인간은 때로 이성이 없는 동물처럼 행동하는 존재이다. 그러나 맥도웰에게 인간은 동물과 본질적으로 다른 이성적 존재이다. 동물이 자연(세계)의 일부로서 자연과 맞물려서 행동한다면 인간은 자연을 벗어나서 자연을 개념적으로 재구성하는 존재이다. 여기에서 양자의 차이는 인간이 자신이 살아가는 세계와 얼마나 밀접하게 융합되어 있는가—영어로 merge—의 질문으로 요약될 수 있다. 주체와 타자, 마음과 세계는 얼마나 융합되어 있는 것일까? 이 글에서 필자는 merge라는 동사에 각별히 주목할 것이다. 드레이퍼스는 자신의 입장을 옹호하기 위해 merge를 강조하는 메를로-뽕띠의 텍스트의 한 구절을 인용하였다. 이에 대해서 맥도웰은 그가 메를로-뽕띠의 merge를 지나치게 자구적으로 이해하였다고 반박하였다. 이 글에서 필자는 드레이퍼스의 편에 서서 마음과 몸, 이성과 세계의 관계를 논의할 것이다. 마음과 몸을 구분할 수가 없듯이 몸과 세계도 구분할 수가 없다. 세계 및 몸과 독립된 개념적 이성이라는 것은 없다는 것이 필자의 결론이다.

1. 논의의 배경

드레이퍼스와 맥도웰 논쟁은 드레이퍼스가 2005년에 미국철학회 회장으로 취임하면서 행한 연설이 발단이 되었다. 취임사의 제목이 "정신이라는 신화 극복하기: 어떻게 철학은 일상적 경험의 현상학에서 도움을 받을 수 있을 것인가?"(Overcoming the Myth of the Mental: How philosophers can profit from the phenomenology of everyday experience)이다. 이 모임에 참석했던 학자들은 제목 자체가 얼마나 논쟁적인지 잘 알고 있었다. 드레이퍼스가 비판의 표적으로 삼은 "마음이라는 신화"의 주인공이 맥도웰이었기 때문이다. 그가 1996년에 출간한 저서 『마음과 세계』(*Mind and the World*)는 "모든 경험은 개념적이다"라는 명제로 요약할 수 있다. 맥도웰은 이러한 자신의 입장을 효율적으로 전달하기 위해서 드레이퍼스를 반면교사로 상정하였다. 이성적 능력의 개입이 없어도 대상에 대한 지식이 가능하다는 그의 주장을 "주어진 것의 신화"(The "myth of the given")로 일축하였던 것이다. 자신과 입장이 다른 학자의 주장을 논박할 수 있는 가장 좋은 수사적 장치의 하나가 신화화하기이다. 상대의 이론을 미신으로 격하하는 것이다. 그는 지적 사유가 가능한 인간은 동물처럼 주어진 세계(the given)가 아니라 개념적으로 구조화된 세계에서 살아간다고 주장하였다. 그렇지 않으면 인간의 경험은 혼란의 덩어리가 된다는 것이다. 지식이 경험 자체에 이미 주어져있다는 "주어진 것의 신화"를 정면으로 반박하였다. 드레이퍼스는 그러한 맥도웰의 주장을 반박하기 위한 기회로 미국철학회 회장 취임 연설을 활용하였다. 누가 이 논쟁에서 우위를 차지했을까? 이에 대한 대답은 독자의 몫이다. 지적 논쟁에도 자기 눈에 안경이라는 원칙이 작용한다. 조선일보만 구독하는 사람과 한겨레신문만 구독하는 사람은 서로 다른 세상에 살고 있다고 말해야 옳다. 망치를 들고 있으면 세상이 모두 못으로 보인다는 말도 있지 않은가! 현상학의 세례를 받은 필자로서는 드레이퍼스를 옹호하는 편이다. 그렇지만 영미 분석철학에 경도된 사람들은 맥도웰을 지지하고 싶을 것이다. 그러나 학문적 논쟁에는 절대적 승자도 절대적 패자도 없는 법이다. 그럼에도 그때까지 간접적으로 이루어졌던 그들의 논쟁이 정면충돌로 발전하기를 바라는 분위기가 무르익고 있었다. 드레이퍼스의 회장 취임 연설이 있었던 2005년으로부터 4년이 지난 2009년에 베를린에서 두 철학자의 입장 차이를 확인하기 위한 워크숍이 개최되었기 때문이다. 그 결과가 『마음, 이성, 세계 내적 존재: 맥도웰-드레이퍼스 논쟁』(Mind, Reason, and Being-in-the-World: The *McDowell–Dreyfus Debate*)라는 제목으로 2013년에 출간되었다. 이 책에는 두 주인공 철학자 외에도 다른 많은 학자들도 참여하였다. 본 논의의 대부분은 이 책에 의지하고 있다.

이 글에서 필자는 먼저 『맥도웰-드레이퍼스 논쟁』을 참조해서 양자의 입장을 차례로 살펴볼 것이다. 이러한 논의를 통해서 인간의 경험과 이성, 세계의 관계에 대한 상반된 입장을 확인할 수 있을 것이다. 몸과 마음, 의식과 전의식, 개념과 비개념, 인간과 동물의 차이 등도 논의의 과정에서 소개될 것이다. 그런 이론적 소개 다음에 필자는 양자의 차이의 정체가 무엇인지에 대한 질문으로 옮아갈 것이다. 언뜻 보면 양자는 상반된 주장을 하는 듯이 보이지만 많은 대목에서 양자의 입장은 중첩되기 때문이다. 특히 인식론적 입장의 경우에 그러하다. 이 글에서 필자는 양자의 진정한 차이는 인식론이 아니라 존재론에 있다고 주장할 것이다. 인간은 개체로서 존재하는가? 아니면 관계로서 존재하는가? 그리고 존재는 데카르트적 의미의 물질적 연장인가? 아니면 스피노자적 의미의 힘 혹은 코나투스인가?

I

드레이퍼스의 논문 「이성의 만연성 신화」("The Myth of the Pervasiveness of the Mental")라는 제목 자체가 이미 많을 것을 말해준다. 그는 맥도웰을 개념주의자로 규정한 다음에 개념주의는 신화적 허구에 지나지 않는다고 주장하였다. 그는 맥도웰은 표면적으로는 그렇지 않게 보일 수도 있지만

'궁극적'으로는 개념주의자로 규정하였다. 궁극적이라는 단서를 붙인 이유는, 맥도웰이 세계와 지식(표상, 개념)을 이분법적으로 구분했던 전통적 의미의 개념주의자와는 거리가 있기 때문이다. 맥도웰은 이원론을 거부한다. 그리고 인간은 세계를 향해서 열린 존재로서, 세계를 대상으로 객관화시키는 것이 아니라 세계에 적극적으로 참여하는 존재로서 이해하고 있다. 달리 말해서 현상학자인 드레이퍼스 자신과 마찬가지로 맥도웰에게도 인간은 세계에서 벗어난 초월적 존재가 아니라 세계 내적 존재, 즉 다자인(Dasein)이다. 인간은 세계의 방관자나 구경꾼이 아니라 참여자인 것이다. 그럼에도 불구하고 드레이퍼스는 맥도웰을 궁극적으로는 개념주의자라고 낙인을 찍는다. 그는 맥도웰 저서 『마음과 세계』의 다음 대목을 증거로 제시한다.

> 경험은 개념적 능력이 필수불가결한 우리 감각적 본성의 실현이다. 양자의 유사성은 다음과 같다. 우리의 지향적인 신체적 능력은 개념적 능력이 필수불가결한 우리의 행동적 본성의 실현이다.[1] (McDowell 1994, p. 89)

드레이퍼스는 이 대목이 맥도웰이 칸트처럼 개념주의자라는 사실을 증명한다고 설명한다. 그렇다고 드레이퍼스 자신이 우리 지각이나 행동에 개념이 전혀 개입하지 않는다고 주장하는 반개념주의자로 생각해서는 안 된다. 그는 개념적 개입을 인정하기 때문이다. 예를 들어, 커피잔을 들어서 커피를 마실 때 우리는 그것이 녹차가 아니라 커피라는 것을 알고 있다. 커피와 녹차의 구별은 개념적 구분이다. 그런데 문제는, 맥도웰은 여기에서 그치지 않고 한 발자국 더 나가서 인간의 모든 활동에는, 행위 주체가 의식하건 의식하지 않건, 개념적 능력이 전제되어 있다는 주장, 즉 개념적 능력의 보편적 만연성의 주장에 있다. 이 점을 확실히 해두기 위해서 그는 맥도웰의 또 다른 저서의 한 대목을 인용한다. "일반적으로 경험 내용을 이해하기 위해서는, 그것을 자기 비판적 활동(a self-critical activity)에 있는 역동적 위치 속에서 보아야 한다. 그러한 활동은 우리의 감각을 침범(impinge)하는 세계를 이해하려는 활동이다"(Dreyfus, 2013, p. 16).[2] 여기에서 우리는 특히 자기 비판적이라는 구절과 침범하다(impinge)라는 표현에 주목해야 한다. 외부 세계는 감각적 자극은 우리에게 호의적이지 않다. Impinge라는 동사는 세계의 자극이 화살처럼 공격적으로 우리에게 충돌해 들어온다는 점을 암시한다. 자칫 방심하고 있으면 그러한 자극의 공격에 우리 신경이 망가질 수도 있다. 그렇지는 않더라도 자신을 자극한 대상이 정체가 무엇인지 몰라서 혼란에 빠질 수가 있다. 그러지 않기 위해서는 자기비판적으로 방어를 해야 한다. 자기 비판적이라는 말의 중요성은 아무리 강조해도 지나치지 않을 것이다. 맥도웰은 우리가 경험 내용을 '맹목적으로' 있는 그대로 받아들이는 것이 아니라 그것의 옳은 것인지 비판적으로 검토해야 한다. 감각적으로 각인된 인상(impression) 자체가 곧 지식은 아니기 때문이다. 감각적 자극에 매몰되는 것이 아니라 그것으로부터 거리를 두고 그것의 정체를 반성적으로 평가하고 판단할 수 있어야 한다. 가령 물속에 꽂힌 막대기는 가운데 부분이 휘어져 보인다. 그리고 지붕 위로 둥실 떠오른 보름달은 나무가지에 걸려있는 듯이 보인다. 그러한 감각적 정보가 대상과 일치하는 것으로 판단하면 커다란 실수를 할 수도 있다. 먹음직스럽게 보이기 때문에 먹었는데 상한 음식이래서 배탈이 날 수도 있다. 우리는 그러한 감각적 정보가 대상의 실재라고 착각하면 안 되는 것이다. 이때 비판적 활동은 오로지 이성적 존재인 인간에게만 가능하다. 인간은 현상을 초월하는 지적 능력을 가지고 있는 것이다. 그런데 과연 맥도웰이 주장하듯이 그러한 비판적 활동이 커피를 마시고 길을 걷는 것과 같은 모든 활동에 보편적으로 수반되는 것일까? 그렇다면 몰입의 순간에는 어떠할까?

현상학자들 가운데 특히 체화의 중요성을 강조하고 주체와 대상의 이분법을 재고한 철학자가 메를로-뽕띠이다. 그는 지각이 주체의 일방적 활동이 아니라 세계와의 상호작용 속에서 발생하는 현상이라고 주장하였다. 드레이퍼스는 몰입의 순간에는 맥도웰이 주장하는 비판적 활동이 개입하지 않는다는 사실을 주장하기 위해서 메를로-뽕띠의 텍스트 일부를 인용하였다. 아래에서 메를로-뽕띠는 축구 경기의 예를 든다.

> 경기 중인 선수에게 축구장은 '대상'이 아니다. 그것은 힘의 선들로 가득 차 있으며 ... 구역들로 나누어진다 (예를 들어, 상대 선수들 사이의 '빈틈'을 생각해보라.). 이는 특정한 행동 방식을 요구한다. 경기장 자체는 주어져 있지 않다; ... 선수는 경기장과 하나가 된다((fait corps avec lui) ... 이 순간 의식은 환경과 행동의 변증법일 뿐이다. 선수가 취하는 각 동작은 경기장의 성격을 수정하고, 그 속에서 행동이 전개되고 이루어지는 새로운 힘의 선을 형성하며, 다시 현상적 경기장을 변화시킨다." (Dreyfus p. 17에서 재인용; Merleau-Ponty, 1963, pp. 168-69)

이 축구 경기에 대한 설명은 메를로-뽕띠의 『행동의 구조』에서 가져온 것이다. 그는 대상에 인용부호를 붙였다. 대상이라는 개념의 사용을 좋아하지 않기 때문이다. 그것은 1인칭 주체에 대립되는 것으로서 낯선 제삼자라는 의미를 담지하고 있다. 과연 축구 선수는 축구장과 동료 선수, 상대방 선수를 대상으로서 의식하는 것일까? 참고로 필자라면 축구장의 모든 상황을 대상으로서 의식을 할 것이다. 공을 패스해야 할 동료와 거리가 얼마나 되는지, 얼마나 힘을 주어서 공을 발로 차내야 하는지, 또 상대방 선수가 공을 가로채지나 않을지, 이 모든 것들을 필자는 계산에 넣어야 한다. AI가 경기에 임하듯이 모든 상황과 변수를 알고리즘으로 변환시켜야 한다. 이유는 너무나 단순하다. 축구를 못할 뿐 아니라 좋아하지도 않기 때문이다. 축구장이라는 낯선 상황에 적응하기 위해서는 모든 것을 개념화하고 비판적인 자세를 취해야 한다. 그런 이유로 나는 축구에 몰입할 수가 없다. 그런데 축구 선수도 과연 그러할까? 어린 시절부터 축구장에서 공과 더불어서 성장한, 축구공이 자기 몸의 일부처럼 느끼는 축구선수는 어떠할까? 물론 그러한 선수도 축구의 상황을 비판적으로 의식할 수는 있다. 경기가 뜻대로 풀리지 않고 실수를 연발할 때는 그러할 것이다. 그러나 경기가 순조롭게 잘 풀릴 때에 선수들은 축구장을 자신의 손바닥처럼, 공은 수족처럼 느껴질 것이다. 패스를 하기 위해 자신과 동료의 위치를 자로 재듯이 따지고 반성적으로 점검할 필요가 없다. 그런 생각이 비집고 들어올 틈이 없다. 상황을 의식하기도 이전에 그의 몸이 알아서 이미 동료에게 패스를 하고 있기 때문이다. 메를로-뽕띠에 따르면 이와 같은 몰입의 상황에서는 주체와 대상을 딱 부러지게 구분하는 것이 불가능해진다.

이러한 일심동체의 경험은 우리에게 낯설지 않다. 그것은 예외적인 경험이 아니라 일상적 경험의 본질이다. 지금 필자가 그러하듯이 컴퓨터로 글을 쓰고 있는 상황을 생각해보라. 키보드를 대상으로 의식하면서, 어떤 자판이 어떤 자음이나 모음과 일치하는지 아닌지 따지면서 타이핑을 하는 것일까? 우리는 눈을 감고서도 자기 손가락을 자유롭게 움직일 수 있듯이 키보드를 보지 않고도 자유롭게 타이핑을 한다. 키보드와 나의 거리가 사라지는 것이다. 심지어 가장 지적인 활동이라 할 수 있는 독서의 경우에도 마찬가지이다. 우리는 흰 백지에 찍힌 검은 잉크를 의식하면서 독서를 하지는 않는다. 것일까? 그렇지 않다. 우리는 낱말이 아니라 문장을, 문장이 아니라 문단을, 문단이 아니라 이야기를 읽는다. 이때 의미는 생각하지 않아도 본능처럼 직관적으로 이해가 된다. 이와 같이 주체와 대상의 거리가 사라진 순간을 몰입이라고 한다. 미하이 칙센트미하이(Mihaly Csikszentmihalyi)에 의하면 우리가 무언가에 완전히 몰입하여 최적의 경험을 할 때의 심리적 상태를 몰입으로 설명하였다.

　드레이퍼스는 몰입에 대한 태도에서도 맥도웰이 지나치게 주체와 대상의 비판적 거리를 강조한다고 주장하였다. 그렇다고 맥도웰이 데카르트처럼 마음과 몸의 분리를 주장하는 이원론자라는 것은 아니다. 드레이퍼스 자신과 마찬가지로 맥도웰도 인간 주체가 체화되어 있으며, 세계에 "관여"하고, 심지어 "세계에 몰입"한다고 주장한다는 사실을 인정한다(p. 17). 그럼에도 드레이퍼스가 보기에 맥도웰은 몰입의 순간에도 마음이 대상이나 세계와 여전히 거리를 유지하고 있다. 맥도웰은 마음이 세계와 합일되는 것을 인정하지 않는다는 것이다. 그에게 맥도웰의 주체는 자기와 독립해서 존재하는 객관적 현실에 대해 비판적 거리를 유지하고 있다. 반면에 드레이퍼스는 하이데거와 메를로-퐁티가 그러하였듯이 우리가 몰입의 상태에서 상황에 대처할 때 익숙한 세계와 하나가 된다는 사실을 강조한다. 반면에 맥도웰은 체화를 인정하지만 그럼에도 대상으로부터 비판적 거리를 포기하지 못하는 초월적인 사상가이다. 그에게 몰입의 순간에도 주체는 여전히 주체이고 대상은 여전히 대상으로 남아있다.

II

앞서 드레이퍼스가 인용했던 맥도웰의 주장에서 출발하기로 하자. 그는 인간을 본질적으로 개념적 능력을 가진 존재, 합리적인 역량을 가진 존재로서 정의한다. 개념적 능력은 우리가 세상을 의미 있게 지각하고 이에 대한 사유와 소통을 가능하게 해주는 지적 능력이다. 우리는 세상을 그냥 있는 그대로 감각적으로 경험하지는 않는다. 지적 능력의 매개를 통해서 개념적으로 경험을 한다. 우리는 책상에 놓인 대상을 길쭉한 나무가 아니라 연필로서, 필기도구로서 지각을 한다. 먹을 수 있는 음식과 먹으면 큰 일 나는 독약을 구분할 수 있는 이유도 그러한 개념화의 능력에 있다. 우리는 어쩌면 혼란스러울 수도 있는 날 것의 감각적 소여를 개념적으로 구조화하고, 그럼으로써 세상을 합리적이고 반성적으로 이해할 수 있다. 맥도웰은 이와 같은 개념화의 능력이 인간에게 본유적으로 내재하는 것이라고 주장하였다. 경험은 그러한 내재적 능력의 실현이다.

드레이퍼스의 비판에 대한 답변으로 쓴 「분리된 마음이라는 신화」(The Myth of the Mind as Detached)에서 맥도웰은 무엇보다도 드레이퍼스가 자신의 주장을 터무니없이 왜곡하였다고 불만과 더불어 논의를 시작하였다. 자신의 마음 이론을 분리된 마음으로 규정하고 비판하는 것은 허수아비 논증이라는 것이다. 자신이 "마음을 그것 자신과 떨어진 실재로부터 물러나서 거리를 두고서 관조하는 초연한 주체"(42)로서 제시하였다는 드레이퍼스의 비난과 반대로 맥도웰은 마음이 세상에 참여하고 상호작용하는 측면을 도외시하지 않았다. 그에게 인간은 마음과 몸, 어느 한쪽에 편중된 것이 아니라 양자가 통합되어 있기 때문에 경험도 한편으로 개념적이면서 또 다른 한편으로는 신체적이며 실용적이다. 그가 옹호하는 이성은 몸으로부터 분리된 것이 아니라 몸과 통합된 이성이라는 것이다. 사실 적지 않은 학자들이 지적하듯이 맥도웰의 주저 『마음과 세계』은 마음과 몸을 통합할 수 있는 이론을 구상함으로써 데카르트의 이원론을 극복하였다는 점에서 높은 평가를 받았다. 드레이퍼스에 못지 않게 그 자신도 분리된 마음이라는 데카르트적 명제를 거부하고 있다는 것이다. 그런데 이 지점에서 우리는 맥도웰이 데카르트의 이원론에 못지않게 감각적으로 주어진 자료를 지식의 근거로 수용하는 경험론 전통에 대해서도 비판적이었다는 사실을 지적해야겠다. 데카르트적 마음은 경험이 없이도 진리를 파악할 수 있다는 입장이라면 경험론자들은 이론이나 개념이 없이도, 무매개적으로 감각적 자료를 통해서 실재를 알 수 있다는 입장을 취한다. 이것이 바로 그가 "주어진 것의 신화"라는 이름으로 비판하는 소박한 실재론이다. 사진처럼 외부의 실재가 자신의 진리를 우리 몸에 각인시킨다는 것, 개념이나 해석의 과정을 거치지 않아도 날 것의 경험 자체가 지식으로 주어진다는 믿음은 허구에 지나지 않는다는 것이다. 것이다. 맥도웰은 이러한 믿음을 신화의 이름으로 비판하는 이유를 짐작하기는 어렵지 않다. 그는 인간을 본질적으로 개념적 능력을 가진 존재로서 정의하기 때문이다. 우리는 날 것의 감각적 소여를 그대로 수용하는 것이 아니라 개념적 틀(space of concepts)을 통해서 이해한다. 필자가 앞서 소개한 독서 행위가 적절한 사례가 될 수 있겠다. 우리는 잉크 자국을 보는 것이 아니라 텍스트의 의미를 읽는다. 즉 본다는 행위는 읽는 행위이고, 그것은 곧 해석의 행위이다. 텍스트를 보는 감각적 행동과 그것을 이해하는 행동 사이에는 개념적 틀이 매개되어 있는 셈이다. 그렇지만 그러한 개념적 틀이 없는 은어나 종이벌레는 책을 먹이로 직관한 나머지 야금야금 파먹는다.

경험에서 개념적 틀의 중요성을 강조했음에도 맥도웰은 드레이퍼스가 주장하듯이 자신이 개념주의자와는 거리가 멀다고 주장하였다. 본질적으로 개념적 능력이 내장된 인간은 자신의 그러한 능력을 의식하든 의식하지 않든, 그러한 능력이 전경화되든 아니든 경험 자체가 그러한 능력의 실현이기 때문이다 (41). 주체가 대상으로부터 비판적 거리를 취하지 않더라도 이미 경험은 개념적 능력이 실현하고 있다. 이 점에서 개념적 능력은 이론이 아니라 실천, 사유가 아니라 행동이 된다. 그의 글을 인용하면

"행동 속의 자기 인식은 이론적이 아니라 실천적이다. 이는 '나는 생각한다'가 아닌 '나는 한다'의 문제이다. ... 행동을 '나는 한다'의 관점에서 이해하는 것은, 그러한 행동이 실천적 이성 능력의 실현으로서 본질적으로 1인칭적이라는 것을 의미한다."[3]

앞서 말했듯이 독서삼매경에 빠져있을 때 우리는 책으로부터 비판적 거리를 유지하지 않는다. 책의 마법에 사로잡힌 듯이 우리 자신을 잊고서 독서를 한다. 우리는 책의 플롯을 생각하는 것이 아니라 플롯을 수행한다고 말해야 옳다. 그럼에도 불구하고 맥도웰에 의하면 독서에는 개념적 틀이 전제되어 있다. 시력이 나빠서 안경을 쓰지 않으면 세상을 볼 수 없는 사람이 쓰는 안경이 일종의 개념적 틀인 셈이다. 어찌 보면 형식적 틀이라고 말해도 무방할 것이다. 나중에 다시 언급하겠지만 몰입의 순간에도 나라는 1인칭 주체는 사라지지 않는다. 주체는 대상 속으로 흡수되지 않는다, 드레이퍼스가 인용하는 메를로-뽕띠의 표현을 빌리면 대상에 융합(merge)되지 않는다. 아무튼 이 대목에서 맥도웰은 경험의 주체가 마음이 아니라 체화된 마음, 생각이 아니라 행동이라는 사실을 강변하고 있다.

이때 다음과 같은 반문이 있을 수 있다. 즉 경험이 '한다'는 활동과 동일하다면, 그것은 인간뿐 아니라 모든 동물들에게도 보편적으로 적용되는 경험이 아닌가? 표범은 사슴을 보면 사냥하는 행동을 하고 반대로 사슴은 도망가는 행동을 한다. 맥도웰은 이러한 반문을 예상하고 있었던 듯이 보인다. 프리스비 놀이를 예로 들어서 그러한 오해를 불식시키기 때문이다. "날아가는 프리스비를 잡는 것은 강아지도 할 수 있는 일이다. 그러나 강아지의 그러한 능력 발휘는 이성에 의한 것이 아니다. 이성적 동물인 인간만이 이 날아오는 프리스비를 잡을 때에 이성적 능력을 발휘한다"(45). 강아지는 프리스비 놀이가 무엇이지 모르며, 또 잡는다는 행위가 무엇을 의미하는지를 모르고서 프리즈비를 잡는다. 여기에는 개념적 관여가 없다. 그러나 인간은 날아간다와 달려간다, 잡는다와 놓는다 등의 개념적 차이를 알고 있다. 물론 그 순간에 그러한 차이를 의식하고 있지는 않다. 그럼에도 그러한 차이에 대한 지식이 그의 행동에 전제되어 있다는 사실에는 변함이 없다.

이러한 맥도웰의 주장에 대해서 드레이퍼스는 어떻게 재반박을 할까? 그가 「분리된 마음이라는 신화」에 답하는 글을 발표하지는 않았기 때문에 그의 반응을 확인할 수는 없다. 아마도 맥도웰이 심각한 이성주의자라는 처음의 주장에 수정을 가할 것이다. 경험을 '생각하다'가 아니라 '하다'의 관점에서 접근하고 있기 때문이다. 메를로-뽕띠도 데카르트적 코기도를 비판하기 위해서 생각하다는 얼밀한 의미에서 하다라는 점을 기회가 있을 때마다 강조하였다(*Perception* lxxvi). "의식은 본래적으로 생각하다가 아니라 할 수 있다 이다"(Consciousness is originarily not an "I think that," but rather an "I can." Perception, p. 139. 괴테도 강조하였듯이 우리는 생각하는 존재이기 훨씬 이전에 행동하는 존재이다. 행동이 생각에 선행한다. 커피를 마실 때도 그러하다. 우리는 손을 뻗어서 커피잔을 잡고 커피를 마신다. 커피나 커피잔에 대해서 생각하지는 않는다. 커피잔이 잡을 때에도 그것이 어디에 있는지도 의식하지 않고, 또 때로는 자신이 마시는 차가 무엇인지도 생각하지도 않으면서 습관적으로 커피잔을 들어서 커피를 마신다. 그럼에도 불구하고 메를로-뽕띠는 인간이 사유하는 존재라는 사실을 부정하지 않았다. 다만 사유에 대한 행동의 우위를 강조하였을 따름이다. 과연 맥도웰은 그러할까? 필자는 그렇지 않다고 생각한다. 맥도웰은 체화와 행동을 강조하기는 하였지만 그에게 우선적인 것은 행동이 아니라 개념적 틀이다. 행동은 개념적 능력의 실현인 것이다. 그리고 개념적 능력은 어디까지나 주체의 속성이다.

III

다시 커피를 마시는 상황으로 되돌아가보자. 너무나 당연한 말이지만 우리는 진공 속에서가 아니라 차를 마시는 문화권에서 커피를 마신다. 이러한 차 문화의 세계 속에 살고 있기 때문에 우리는 커피를 마시기 이전에 이미 커피가 무엇인지 알고 있다. 명시적 지식의 형태가 아니라 하더라도 암묵적으로 알고 있다. 커피의 사전적 의미가 아니라 커피를 어떻게 마시는지 또 맛이 어떠한지를 알고 있다. 즉 내가 커피를 마시는 행동에는 그러한 세계 내적 친밀성이 배경에 깔려 있다. 만약 그러한 친밀성이 없다면 우리는 커피에 대해서 개념적이며 지적인 분석을 수행해야 할 것이다. 그렇다면 이렇게도 말할 수 있지 않을까? 내가 커피가 무엇인지에 대해 개념적 지식이 없다고 해도 사회가 그것을 알고 있다고. 사회가 커피 문화로 구성되어 있다고. 그래서 친구가 커피를 대접하면 굳이 그것이 독약인지 아닌지 확인해볼 필요가 없다. 내가 속한 상황 자체가 그러한 불안감을 배제하고 있기 때문이다. 그래서 나는 아무 생각 없이, 혹은 마음과 의식을 내려놓고서, 그 상황에 내 자신을 맡기고서 커피를 탐닉할 수가 있다. 이러한 상황을 가정해볼 수가 있다. 내가 부산대학교를 찾아 가야 한다고 생각해보자. 나는 서울에서 부산대학교까지 가는 길의 지형에 대해서 알지 못한다. 그렇지만 그러한 지식이 없어도 걱정 없이 부산에 갈 수가 있다. 서울역에 가서 KTX를 타면 기차가 알아서 나를 부산역에 내려줄 것이고, 부산의 지리를 알지 못하더라도 걱정할 이유가 없다. 택시를 타면 목적지에 데려다 주기 때문이다. 나는 요금만 지불하면 된다. 즉 내가 알 필요가 없다. 세상의 구조와 질서가 나를 대신해서 지식을 제공하기 때문이다. 이 점에서 세계는 객관적인 세계가 아니라 현상학적 세계, 훗설적인 의미에서 생활세계이다. 맥도웰이 주장하는 나의 개념적 틀이 실현되지 않아도 좋다. 세계 자체가 개념적 틀이기 때문이다. 나라는 주체의 바깥에 개념적 틀이 작동하고 있는 것이다. 그렇다면 우리는 맥도웰이 주장하듯이 "그러한 행동이 실천적 이성 능력의 실현으로서 본질적으로 1인칭적"이라고 주장할 수 있을까?

이제 커피가 무엇인지 모르는 문화권을 상상해보자. 맥도웰과 드레이퍼스 모두 인간의 이성은 세계로부터 분리된 것이 아니라 세계 내적이라는 사실에 동의하였다. 메를로-뽕띠의 표현을 빌리면 우리는 객관적 세계가 아니라 현상학적 세계, 집처럼 친밀한 세계에 살고 있다. 그렇지만, 당연한 이야기가 되겠지만 세계가 처음부터 그렇게 우리에게 친밀한 형식과 질서로 주어진 것은 아니었다. 우리가 커피를 모르는 문화권에 살다가 처음으로 커피를 접하게 되었다고 가정해보자. 아마도 우리는 마시기 전에 이 낯선 '대상'에 대해서 그것의 무엇인지 정체를 탐색하는 작업에 임할 것이다. 그리고 이러한 탐색의 과정을 거친 다음에서야 커피는 마셔도 좋은 차라는 개념적 지식으로 자리를 잡을 것이다. 이와 같이 낯선 상황에서는 맥도웰이 주장하는 개념적 틀이 작동하기 시작한다. 목에 걸린 가시처럼 커피가 친밀한 생활세계에 이물질로서 출현하였기 때문에 그것의 이질성을 친밀성으로 순화시켜야 하는 것이다. 그렇지만 일단 친밀한 생활세계로 편입되고 나면 우리는 더 이상 그런 개념적 작업을 수행하지 않아도 된다. 세계 자체가 개념화되어 있기 때문이다. 그것은 악마처럼 검고 지옥처럼 쓰디쓴 액체가 아니라 에스프레스 커피이다. 이 대목에서 이러한 질문이 가능하지 않을까? 맥도웰은 "주어진 것의 신화"를 빌어서 "순수하고 비개념적으로 "주어진" 지식"이라는 것은 존재하지 않는다고 주장하였다. 과연 그러할까? 우리는 커피의 정체가 순수하고 비개념적인 형식으로 주어진 커피문화의 세계에 살고 있지 않은가. 우리는 그냥 커피를 마신다. 커피에 대한 지식을 세계에 내장되어 있다. 마찬가지로 우리는 스마트폰이 무엇인지 모른다. 오작동을 하면 고칠 엄두도 내지 못한다. 굳이 내가 스마트폰의 기계적 메커니즘을 알아서 직접 수리할 필요가 있을까? AS 센터가 잘 알고 있지 않은가! AS 센터가 어디에 있는지 몰라도 걱정할 필요가 없다. 100미터 직진하다가 사거리에서 50미터 우회전하면 눈앞에 보이는 것이 AS 센터이다. 나는 스마트폰을 즐기기만 하면 된다. 나머지는 세상이 알아서 한다. 그렇다면 나는 스마트폰을 즐기는 주체이지 그것에 대한 지식의 주체는 아니지 않을까? 맥도웰이 주장하듯이 스마트폰 조작도 개념적 틀의 개입에 의한 것일까?

필자는 맥도웰과 드레이퍼스 사이의 본질적인 차이는 한편으로 친밀한 세계와 그렇지 않은 세계의 차이, 또 다른 한편으로는 주체와 타자의 존재론적 차이에 있다고 생각한다. 다음의 논의로 넘어가기 전에 우선 지금까지 얘기된 내용을 정리하기로 하자. 명시적으로 주제화하지는 않았지만 양자의 차이의 중심에는 몰입 행동 시에 발생하는 주체와 대상의 관계의 변화(merge)에 있다. 낯선 세계에서는 몰입이 발생하지 않는다. 모르는 세계에서 주체는 대상에 몰입하는 대신에 그것으로부터 비판적 거리를 유지하지 않으면 안 된다. 이때 주체와 대상 사이의 관계를 매개하는 것은 개념적인 작업이다. 이러한 개념적 작업이 완료되는 순간에 낯설었던 세계는 친밀한 세계로 전환되기 시작한다. 즉 1인칭 주체와 3인칭 '그것'이었던 관계가 '우리'의 관계로 발전하는 것이다. 그러면서 주체와 대상 사이의 거리고 소멸하기 시작한다. 그런 친밀한 세계는 구조적으로 집과 같다. 가정에서 우리는 가족을 대상(object body)으로 바라보거나 경험하지 않는다. 간주체로서, 나의 복수형인 우리(we)로서 관계하기 때문이다. 이러한 우리의 세계에는 원칙적으로 타자가 존재하지 않는다. 모든 것이 각자의 이름을 가지고 의미로서 존재한다. 이 점에서 메를로−뽕띠는 존재와 존재 사이에는 밀거나 잡아당기는 자기장이 있다고 주장하였다. 몰입의 순간은 상황에 나를 온전하게 내맡겨도 좋은 순간, 거리가 최소화되는 순간이다. 이때에는 주어진 것은 신화가 아니라 실재이다.

이 점에서 드레이퍼스와 맥도웰은 상보적이 된다. 드레이퍼스가 친밀한 세계를 현상학적으로 조명하였다면, 우리 존재의 세계있음을 부각하였다면 맥도웰은 친밀한 세계로 진입하는 과정에 중점을 두었다. 낯선 세계에서 우리는 이성주의자가 될 수밖에 없다. 돌다리도 두드려보고 건너야 하기 때문이다. 그러나 매일 건너는 돌다리라면 감각적으로 주어지는 정보가 실재 자체라고 믿고서 다리를 건너면 된다. 돌다리는 '대상'이 아니라 안전한 다리, affordance이다. 나는 그것의 안전함을 지적으로 판단해서 다리를 건너는 것이 아니라 그것의 초대에 응해서 나를 다리에게 내

맡긴다. 내가 주체이며 다리는 대상이라는 이분법적 구도가 여기에 적용되지 않는 것이다. 나는 다리에게 merge되기 때문이다. 그렇지만 이러한 주장에 맥도웰은 동의하지 않을 것이다. 그 이유는 드레이퍼스와 다른 그의 존재론에서 찾을 수 있다. 그것은 관계론적 존재론과 실체론적 존재론의 차이이다.[4]

IV

관계론적 존재론과 실체론적 존재론의 차이는 개체를 바라보는 관점의 차이에 있다. 실체론적 존재론을 대변하는 아리스토텔레스는 실체는 다른 것에 의존하지 않고서 스스로 독립적으로 존재하는 것으로서 정의하였다. 장미는 장미로서, 참나무는 참나무로서 서로 다른 속성을 가지고서 개별적으로 존재한다. 물론 그는 그러한 개체의 시간과 공간에 따른 변화도 인정하였다. 그러한 변화를 설명하기 위한 장치가 속성과 우연성, 물질과 형식, 잠재성과 현실성 등의 개념들이다. 아리스토텔레스와 달리 개체의 변화에는 관심이 없었지만 데카르트도 실체론적 존재론을 가지고 있었다. 그에게 모든 물질은 공간 속에서 연장(extension)으로 존재한다. 각 개체는 다른 개체와 구별되는 자신의 경계와 거리를 가지고 있으며, 그것의 안과 바깥의 구분이 뚜렷하다. 만약에 이러한 구분과 경계가 무너진다면 개체로서 존립할 수가 없다. 바로 이러한 이유로 인해서 타자의 마음이라는 인식론적 문제가 등장하게 된다. 타자의 마음은 몸에 가려져 있으며, 몸은 피부의 경계에 의해서 투시를 허용하지 않는다. 우리는 타자가 무엇인지 원칙적으로 알 수 없는 것이다. 맥도웰이 인간의 이성적 역량과 개념적 틀의 필요성을 주장한 이유가 여기에 있다. 타자는 시각적으로 우리의 감각을 자극하고, 그럼으로써 시각적 정보를 우리 몸에 흔적처럼 남긴다. 앞에 걸어가는 대상은 사람처럼 보인다. 그렇지만 그렇게 보이는 시각적 현상이 곧 그 대상의 본질 자체라고 착각하면 안 된다. 그것은 "주어진 것의 신화"를 맹목적으로 수용하는 것이다. 이때 우리는 개념적 작업을 수행함으로써 그것의 정체에 대한 지식을 확보해야 한다. 이러한 상황에서 지식의 주체는 개체로서 나이다. 이것이 개체로서 존재자가 타자에 대한 지식을 획득하는 방법이다. 달리 말해서 나와 타자 사이에는 개념적 틀이 있다. 나와 그의 관계는 개념에 의해서 매개되어 있는 것이다. 이때 개념적 장치는 나를 타자에게로 흡수되지 않도록 나의 개체성을 지켜주는 일종의 방어막이다.[5] 그것은 한편으로 나와 타자의 관계를 맺어주면서 다른 한편으로는 양자가 융합을 금지한다. 물론 이것과는 전혀 다른 타자와 관계를 맺는 방식이 가능하다. 논의의 편의를 위해서 커피의 예로 다시 돌아가기로 하자. 다음과 같은 질문이 가능하다. 우리가 커피를 마시지 않고서 그것이 무엇인지 알 수가 있을까? 이 질문이 중요한 이유는, 몸은 그 자체로 독립적으로 존재하는 개체가 아니라 다른 것과의 관계 속에서 변화하는 역량이며, 그러한 역량의 변화에 따라서 커피는 몸에 좋은 것일 수도 있고 나쁜 것일 수도 있다. 달리 말해서 커피의 본질은 커피에 내재하는 속성이 아니라 그것과 결합되면서 발생하는 역량의 증가와 감소에 있다. 즉 두 물질이 만나서 일으키는 화학반응이 중요하다. 따라서 커피라는 자기동일성이나 본질이 존재하지 않는다. 이것은 축구공과 선수의 관계에 대해서도 마찬가지이다. 공이 자신이 위치한 지점으로 굴러오면 축구선수는 마치 인력의 힘에 끌려가듯이 공을 향해서 달려간다. 물론 상대 선수에게 공을 뺏길 수도 있다. 그렇지만 공이 잡아끄는 힘이 있다는 사실을 부정할 수는 없다. 물론 축구공이 모든 사람을 똑같이 유혹하지는 않는다. 축구를 좋아하는 사람, 공을 자기 몸처럼 자유자재로 가지고 노는 사람에게만 유혹적이다. 이때 그가 거주하는 공간은 물리적이고 객관적인 장이 아니라 현상학적인 장이다. 반성적이거나 이론적 분석 이전에 즉각적으로 살아지고 지각되는 생활세계인 것이다. 여기에서는 모든 존재는 추상적 개념이나 과학적 설명, 지적 작업의 매개 없이 직접적으로 상호작용하고 있다.

주체와 세계의 관계가 개념에 의해서 매개되어 있는 것일까? 아니면 몸과 몸의 변증법적 변화가 세계를 구성하는 것일까? 하이데거와 메를로-뽕띠는 개념적 지식보다 훨씬 더 근원적인 것은 우리가 세계와 갖는 친밀함이라고 주장하였다. 개념적 지식은 그러한 친밀함을 전제하고 있다. 일차적인 친밀함으로부터 지식이 파생되는 것이다. 우리가 생활세계와 맺는 관계가 그러하다. 우리는 대상으로 세계를 이해하는 것이 아니라 세계와 교류하면서 자기도 모르는 사이에 세계와 익숙해지기 시작한다. 아이가 부모를 따라서 발성을 하다보면 어느새 말을 하고 있듯이 자신을 둘러싼 온갖 물건과 도구, 동식물에 대해서 체화된 지식(know how)을 갖는다. 그것이 체화된 지식인 이유는, 몸으로 스며들어 몸의 움직임으로 표현되는 실용적 지식이기 때문이다. 비트겐슈타인 표현을 빌면 사물(어휘)의 의미는 그것의 사용법이다. 그리고 그러한 사용이 중심에는 의식이 아니라 주체의 몸이 있다. 멀고 가까움, 높고 낮은, 크고 작음, 이 모든 차이는, 훗설이 주장하듯이 몸을 정위의 원점으로 하고 있다. 이 점에서 현상적 세계는 객관적 세계가 아니라 나의 몸과 쌍방적으로 조율된 세계이며, 세계는 나의 몸으로 체화되어 있다.

축구를 설명하기에 좋은 모델은 실체론적 존재론일까? 아니면 관계론적 존재론일까? 축구를 잘 모르는 사람은 공의 움직임, 득점 상황, 큰 반칙 등 눈에 띄는 개별적인 사건을 본다. 눈에 보이지 않는 경기의 흐름이 아니라 흥미로운 순간이나 화려한 플레이와 같은 개인기에 관심을 가진다. 그러나 축구를 잘 아는 사람은 선수들의 팀웍, 전술, 포메이션 변화 등을 중심으로 경기의 흐름을 파악한다. 특정 선수가 공을 가지고 있을 때, 어떤 패스를 할지 예상하거나, 팀이 수비에서 공격으로 전환하는 순간을 주의 깊게 관찰하는 것이다. 그엔 중요한 것은 경기의 속도, 흐름, 강도, 즉 페이스, 모멘텀, 템포, 압박과 같이 힘의 변화들이다. 이러한 요소들은 개별 선수나 공처럼 정해진 윤곽과, 안과 밖의 경계, 고정된 물질적 형식을 지니고 있지 않다. 예를 들어, 운동 에너지를 생각해보자. 그것은 선수의 몸무게와 키가 결정하는 것이 아니라 여기에 속도라는 변수가 더해져야 한다. 속도는 공간을 차지하는 물질적 연장으로 설명할 수가 없다. 그렇지만 힘의 관점에서 보면 개체와 개체를 구분하는 확정된 경계가 없는 것이다. 그래서 신통치 않았던 선수도 사기가 오르면 놀라운 능력을 발휘할 수가 있다. 판세의 변화에 따라서 그의 힘이 증가하기도 하고 축소하기도 하는 것이다. 경기를 좌우하는 것은, 개인 능력의 총합이 아니라 상황과 결합되어 발휘되는 가변적 힘들의 종합, 즉 관계이다.

이제 다시 드레이퍼스와 맥도웰에 대한 논의로 돌아가기로 하자. 우리는 몰입의 순간에 주체가 상황에 흡수되듯이 융합되는가 아닌가 하는 질문을 검토하다가 두 가지의 존재론을 소개했었다. 맥도웰은 주체가 대상과 합일이 될 수 있다는 드레이퍼스의 주장을 수용하지 않는다. 몰입의 순간에도 "그러한 행동이 실천적 이성 능력의 실현으로서 본질적으로 1인칭적"이라고 주장하였다. 그리고 드레이퍼스가 제시하는 다음과 같은 메를로-뽕띠의 주장을 다만 비유적으로 이해할 따름이다. 여기에서 문제의 초점은 merge에 있다.

대상을 지각할 때 우리는 대상에 대해 생각하지 않으며, 우리가 그것을 생각하고 있다는 것조차 생각하지 않습니다. 우리는 대상에 몰두하며, 우리보다 세계에 대해 더 잘 알고 있는 이 몸에 합일됩니다. 이 몸은 우리가 가진 동기와 우리가 사용할 수 있는 수단에 대해 더 잘 알고 있습니다.

In perception we do not think the object and we do not think ourselves thinking it, we are given over to the object and merge into this body which is better informed than we are about the world, and about the motives we have and the means at our disposal (Merleau-Ponty, 2002, p. 277).[6]

이 대목에 대해서 맥도웰은 말도 안 되는 궤변이라고 혹평을 한다. " 이 몸'으로 합일된다고 말하는 것은 탈신체화된 지성의 신화를 은폐하기 위한 수사적 제스처의 하나라고 생각합니다. 내가 생각하는 존재인 나 자신을 이 몸과 분리한 순간, 전자를 후자와 합일시키려는 시도는 이미 너무나 때가 늦습니다. "(McDowell, "What Myth?", 350). 맥도웰에게 합일은 신비주의에 다름 아니다. 그는 우리가 대상과 합일하기 위해서는 두 가지의 불가능한 조건이 충족되어야 한다고 주장한다. 먼저 몸·마음의 인격체에서 몸의 구속을 벗어난 순수한 정신의 추출, 그 다음에는 이러한 추출된 탈신체화된 마음이 몸의 지혜를 깨닫고서 자발적으로 재신체화되는 과정이 이어진다. 맥도웰이 메를로-뽕띠의 주장을 탈신체화와 재신체화로 이중작업으로 해석하려는 이유를 짐작하기는 어렵지 않다. 그의 철학에서는 모든 행동의 배경에는 나라는 의식이 전제되어 있기 때문이다. 그것은 몰입의 순간에도 마찬가지이다. 정신을 잃을 정도로 어떤 상황에 몰입된 상황에서도 그러한 주체의 배경에는 여전히 나라는 자아가 버티고 있다. 그는 경험의 주체인 나가 경험의 현장에서 사라질 수 있는 가능성은 철학적 환상에 지나지 않는다고 주장하는 것이다.[7] 물론 드레이퍼스는 이와 같이 합일의 불가능성을 강조하면서 메를로-뽕띠를 단순한 수사적 몸짓으로 취급하는 맥도웰의 태도를 지나친 이성주의적 발로라고 반박을 한다. 그는 우리가 일상에서 어떤 일에 몰두하면 일과 하나가 되는 경험이 발생한다고 주장한 하이데거와 메를로-퐁티를 다시 상기시킨다. 유명한 목수의 예를 들면 망치질을 하는 목수는 망치와 한몸이 되어 있다. 그러다가 망치 손잡이나 못이 부러지면 그러한 몰아일체의 경지에서 깨어나 지금까지 몸의 일부처럼 여겨졌던 망치를 새삼 대상으로서 의식을 하게 된다. 중요한 것은, 우리가 살고 있는 생활세계는 무색무취의 중립적인 공간이 아니라 자기장처럼 밀고 끌어당기는 공간이라는 사실에 있다. 망치는 목수를 끌어당기는 인력을 가지고 있다. 축구공에게도 선수를 매혹하는 힘이 있다. 우리는 그러한 힘의 초대에 응하는 것이다. 이때 맥도웰이 나의 마음이나 의식이 몰입의 행동에 수반되는 것은 아니다. 의식이나 생각에 앞서서 몸이 알아서 축구공과 망치에 반응을 하기 때문이다. 여기에는 맥도웰이 말하는 의미에서 마음도 깃들지 않는다. 망치의 몸과 못의 몸, 목수의 몸이 서로를 조율하는 협업이 있을 따름이다.

V

이제 몰입의 예와 더불어서 이 논의를 마무리하기로 하자. 드레이퍼스가 마음없는(mindless) 몰입의 예로 언급했던 활강하는 스키선수의 사례이다. 번개처럼 깎아지른 듯한 비탈을 고속으로 활강하는 스키선수는 자기의 몸과 행동을 의식하지 않는다. 그는 몸과 일체가 되어 있기 때문이다.

그리고 몸은 눈의 결빙상태, 비탈의 각도, 지형의 변화, 날씨, 바람의 속도, 햇살의 방향 등 어느 다양한 상황의 변수와 일체가 되어있다. 스키선수의 몸도 개체로서 존재하지 않는다. 이러한 다양한 상황의 일부로서 존재한다. 이러한 관계의 망 속에서 안정되고 고정된 항수는 없다. 문맥에 따라서 어휘의 의미가 변화하듯이 이들 요소들은 상호작용하면서 서로를 규정하고 규정당하며 변화하고 변화를 당하는 과정이며 현상이다. 선수와 스키, 눈, 비탈의 각도는 서로 분리될 수 없는 힘의 균형을 이루고 있는 것이다. 이러한 균형이 유지되면 스키선수는 상황의 흐름을 자신을 내맡기기만 하면 된다. 자신을 상황에 내어줌으로써 최선의 역량을 발휘할 수가 있다. 중요한 것은 스키 선수의 의식이나 몸이 아니라 다양한 요소들이 발휘하는 힘의 결합과 배치, 강도들이다. 이러한 관점에서 스키선수(A)는 변치 않는 자기동일성을 가지고 있지 않다. 스키를 착용하기 전의 A는 스키를 착용한 A와 같지 않다. 그러나 이러한 힘의 관계가 아니라 실체의 관점에서 스키선수를 바라보면 개체가 출현하기 시작한다. 바라볼 수가 있다. 이때 선수는 상황의 중심에서 상황을 통제하는 유일한 행위자이고 나머지는 배경으로 물러난다. 그는 바람의 영향을 받는 것이 아니라 바람을 통제하며, 눈의 결빙 정도나 지형은 그가 참조해야 하는 상황의 일부에 지나지 않는다. 선수는 선수이고 스키는 스키이며, 양자가 섞여서 존재론적 경계가 무너지는 일을 생기지 않는다. 스키화를 벗으면 선수는 다시 본연의 자신으로 되돌아가기 때문이다.

우리는 몸이 없는 마음도 아니고 그렇다고 마음이 없는 몸도 아니다. 우리는 몸마음이다. 그렇지만 몸-마음이 언제나 안정되고 고정된 단일체로 존재하는 것은 아니다. 우리는 상황과 더불어서 또 상황과 뗄 수 없는 관계 속에서 그러한 관계의 변화에 따라서 시소처럼 몸의 비중이나 역할이 커지기도 하고 마음의 몫이 커지기도 한다. 그러나 이러한 유동성은 데카르트의 실체론적 존재론으로 설명이 되지 않는다. 그런데 축구와 축구선수를, 춤과 춤꾼을 구분할 수가 있을까? 춤은 춤꾼과 분리되어 독립적으로 존재하는 것이 아니라 춤꾼으로 체화되어서 춤꾼의 몸으로 현상한다. 그렇지만 춤을 추지 않는 춤꾼은 개체로서 존재한다고 말해야 하지 않을까? 과연 춤을 추지 않아도 춤꾼은 여전히 자기 동일적인 춤꾼(A)일까? 엄밀한 의미에서 어제의 우울했던 A와 오늘의 행복한 그는 동일하지 않다. 마찬가지의 논리를 확대하면 10년 전의 A와 오늘의 그도 동일하지 않다. 이와 같은 논리를 적용하면 경기가 잘 풀릴 때의 축구선수 B와 그렇지 않을 때의 B는 동일하지 않다. 그럼에도 우리는 B가 여전히 동일한 B라고 생각한다. 스스로도 자기 동일적인 자아라고 느낄 것이다. 그렇지만 이러한 존재론적 안정성은 주어진 것의 신화처럼 착각이 아닐까? 우리는 상황과 더불어서 부단히 변화하고 있지만 그러한 변화의 진폭이 지킬과 하이드처럼 극적이지 않기 때문에 차이를 식별하지 못하는 것이 아닐까? 만일 우리가 미세한 변화도 현미경처럼 예민하게 포착할 수가 있다면 자기동일성의 환상은 무너지지 않을까? 반면에 박쥐나 모기처럼 약한 시력을 가지고 있자면 우리는 A와 B의 차이를 식별하지 못하고 양자를 동일한 존재로 경험할 것이다.

　모든 존재는 계속해서 변화한다. 스피노자적 관점에서 보면 이러한 변화는 주위의 상황과 맞물려서 이루어지는 상호작용의 결과이다. 그는 그러한 변화를 정동이라고 이름하였다. 정동의 변화는 코나투스의 증가와 감소를 의미한다. 단순화의 위험을 무릅쓰고 말하면 혼자 있을 때 10이던 코나투스는 친구와 함께 있으면 20으로 증가할 수도 있다. 그리고 술을 마실 때 15로 증가했던 코나투스가 다음 날 숙취에 시달릴 때에는 5로 급

감할 수도 있다. 그러한 상황적 관계와 분리되어 자율적이고 독립적인 개체로서 존재하는 나라는 것은 없다. 나는 세계 내 존재, 다자인이다. 뿐만 아니라 Mitda-sein(Heidegger, 110-118)이다. 원자처럼 독립된 개체가 아니라 언제나 다른 존재들과 더불어서 Mitda-sein으로, 혹은 어셈블리로서 존재한다. 순수한 개체로서 나를 추출하기 위해서 어셈블리를 분리하다보면 어느 순간에 내가 거품처럼 사라져버릴 것이다. 이처럼 상황과 구분이 불가능할 정도로 밀접하게 결합되어 있다면 나의 안과 바깥을 구분하는 것도 불가능해진다. 존재하는 것은 '나'라는 개체가 아니라 코나투스의 증가와 감소이다. 마음도 마찬가지이다. 마음은 있지만 실체가 아니라 몸의 부수적 현상으로서 존재한다. 나의 모든 경험과 변화, 기억을 일관되게 통합하는 불변의 중심으로서 나는 없다. 버지니아 울프는 다음과 같이 말한 적이 있다. "제가 판단할 수 있는 한, 아름다움과 훌륭한 아이디어는 무심결에 떠오릅니다. 세르반테스는 자신이 쓴 작품의 진정한 의미가 무엇인지 알고 있었던 적이 없었습니다. 독자가 이해하는 모습으로 돈키호테를 이해하지도 않았습니다." 또 다음과 같이 말하기도 하였다. "내가 쓰고자 하는 것을 의식하면 마음이 불편해집니다. 글이 경직되고 나에게서 자발성과 자연스러움이 사라집니다." 즉 훌륭한 글은 주체의 의식과 통제를 벗어나 있다는 것이다. 춤꾼이 춤에 자신을 내맡기듯이 작가도 자신의 의식을 글에 맡긴다. 작가는 글을 쓰는 것이 아니라 작가가 쓰임을 당하는 것이다. 글의 주체는 글이다. 마찬가지로 축구선수는 자신의 행동을 계산하면서 의식적으로 축구를 하지 않는다. 그는 공을 차는 것이 아니라 공에 의해서 차여진다고 말해야 옳다. 축구가 축구를 하고 공이 공을 하는 것이다. 이때 축구선수와 작가, 춤꾼은 그러한 힘들의 계기에 지나지 않는다.

더 읽을 거리 ─────────────────────────────

모리스 메를로 퐁티. 2002. 『지각의 현상학』. 류의근 옮김. 문학과지성사. 과거에 몸을
　　　폄하하고 이성에서 인간의 본질을 찾았던 몸과 마음의 이원론을 비판함으로써
　　　몸의 중요성을 철학적으로 논증한 몸철학의 고전.
샹탈 자케. 2021. 『몸: 하나이고 여럿인 세계에 관하여』. 정지은, 김종갑 옮김. 그린비.
　　　'몸'이 무엇인가는 질문을 철학사적으로 고찰하면서 몸이 가진 예술적 · 윤리
　　　적 · 성적 역량에 대해 포괄적으로 다룬 저술.
몸문화연구소. 2021. 『몸의 철학: 영혼의 감옥에서 존재의 역능, 사이보그의 물질성까
　　　지』. 필로소픽. 플라톤과 데카르트, 스피노자, 메를로-퐁티와 푸코, 들뢰즈,
　　　이리가레와 해러웨이와 같은 철학자들을 빌어서 몸의 본질을 이론적으로 규명
　　　한 저술.

체화된 우주:
몸속의 세계, 세계 속의 몸

1. 몇 겹의 '집'의 은유

동양의 철학에는 기본적으로 '하늘과 땅[天地]'이라는 시공간의 '집'이
전제돼 있고, 인간은 그 속에서 나그네처럼 살며 떠돌다가(=여행하다가)
죽는다. 인간의 유한한 삶은 무한한 세월 속에서 잠시 꿈처럼 즐거워하다
끝난다.

이러한 내용을 매우 적절하게 표현한 것이 당나라 시인 이백(李白. 701-
762)의 시 「춘야연도리원서(春夜宴桃李園序)」이다. "무릇 하늘과 땅이라는
것은 만물이 잠시 쉬어가는 숙소요,/세월이라는 것은 영원한 나그네라./
덧없는 인생은 마치 꿈과 같으니 이 세상에 즐거움이 얼마나 될까./옛사
람들이 촛불을 켜고 밤에 놀았다 하니, 과연 그 까닭이 있네."[1] 다시 말해
서, 인간을 포함한 만물은 이 집(숙소)에서 잠시 머물다가 떠나는 유한한
나그네이다. 이에 비해 세월(흐르는 시간)은 영원한 나그네이다.

'집'이란 살기 위한 목적으로 추위, 더위, 비바람 등을 막으려 지은 건물을 말한다. 간단히 말하면 사람과 동물이 '거주하는 곳'이다. 그런데 '집'이라는 개념은 몸을 매개로 동심원적으로 여러 층을 이루며 은유적으로 사용된다. 위의 「춘야연도리원서」에서는 '천지'라는 집에서 시작하지만, 사실 그 외곽에는 '우주(宇宙)'[2]라는 무한의 광대한 집이 한 채 더 설정된다. 우주는 동양적 최대 시공간의 형식으로서 상하·전후·좌우(무한공간)의 '우(宇)'와 과거·현재·미래(무한시간)의 '주(宙)'가 합쳐진 것이다. '우'는 하늘이 천지 만물을 덮고 있는 모양새로 무한공간의 집(地-方을 포함)으로 안정되어 있다. '주'는 하늘의 해, 달, 별자리 및 변화를 나타내는 무한시간의 집(天-圓을 포함)으로 부단히 움직인다. 집이라는 건물에서 비유하자면, 외곽 및 내부의 고정된 형식이 '우'이고, 그 속에 전기선이 있어 전등을 밝히고 수도 배관이 있어 물을 공급하는 쉼 없는 유동체의 형식이 '주'이다. 소우주인 신체는 시간적인 몸인 '신'(身. 생리적 몸, living body, Leib)과 공간적인 몸인 '체'(體. 형식적 몸, Body, Körper)로 이루어져 있다.

우주-천지 내의 인간은 '가정집'(陽宅)에 거주하며 자고 쉰다. 그리고 그 속에서 사는 우리의 몸도 하나의 집이므로 '몸집'이라고 한다. 또한 몸집에는 방촌(方寸)의 '마음(심)'이 있다고 본다. 그래서 몸집을 다른 형태로 변형하거나 몸집과 마음을 관리하는 공부(수행)를 한다.[3] 이처럼 인간은 실제와 은유라는 몇 겹의 '집' 속에서 살고 있음을 알 수 있다. 즉 ①우주의 집, ②천지의 집, ③ 가정집, ④몸집, ⑤마음집(심)의 다섯 겹 한 세트 - 우주⊃천지⊃가정⊃몸⊃마음 - 로 된 집은 마치 인형 안에 같은 디자인의 더 작은 인형이 들어있는 러시아 전통 인형 마트료시카를 닮아있다. 우리는 태어나서 어린 시절부터 늙어 죽을 때까지 이 다섯 겹 한 세트에서 산다. 죽고 난 뒤 이후에는 무덤이라는 자연 혹은 인공의 또 다른 집(陰宅)에서 산다고 보았다. '우주-천지'의 사이에 태어나 살다가 죽어서 다시 '천지-우주'라는 집으로 돌아가는 과정에 우리는 '몸-마음의 집'을 관리하는 '수양'을 상정한다. 이 수양론의 내용은 결국 바깥 우주-천지(세계, 환경)의 질서 속에 몸-마음이 공명과 감응하는 자연스러운 합일을 체험하는 것이다. 이것은 결국 세계 속의 몸을 체험하고 나아가 체화된 우주 즉 몸속의 살아있는 세계를 인지하는 일이다.

아래에서는 몸과 우주의 공감과 합일의 내밀한 메커니즘을 체험하는 예를 포함하여, 동양철학에서 논의되어 온 체화된 우주에 대해 살펴보고자 한다. 이를 통해서 그 근저에 살아 움직이고 있는 '다섯 겹 한 세트'의 '집'[우주⊃천지⊃가정⊃몸⊃마음]이라는 영상도식(image schema)과 다양한 은유(Metaphor)를 논의할 것이다.

2. 우주 속 '인간'의 지위

1) 대우주-소우주의 합일 메커니즘

동양에서는 전통적으로 천지인(天地人) 삼간(三間)을 중시하였다. 보통 천(天)은 시간성(temporality)을 말하며 추상성(abstraction)을 상징하고, 지(地)는 국부성(locality)을 말하며 구체성(concreteness)을 상징한다. 천지인 삼간에서 천간(天間)은 시간이며, 지간(地間)은 공간이며, 인간(人間)은 지의 국부성(=공간)에 발을 붙이고 살면서도 천의 보편성(=시간)에 따른다고 본다.[4] 인간에게는 이미 천과 지가 체화된 것으로 간주된다. 그리고 우주라는 개념은 천지인 내부에 숨는다,

우주-천지·만물-인간의 탄생과 소멸의 도식은 북송 시기 주돈이(周敦頤, 호는 濂溪. 1017~1073)의 「태극도(太極圖)」와 그 설명(태극도설)에 잘 드러나 있다.[5] 다시 말하면, 우주 내에서의 만물의 생성, 인간의 우월성, 기질의 차이, 삶과 죽음의 의미, 만물의 유기적·전일적 결합과 관계성, 동일성과 차별성이 '태극-음양-오행-만물'이라는 도상을 통해 체계적으로 설명된다.[6]

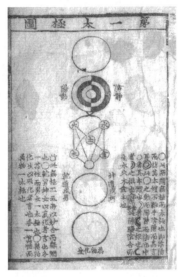

도표1 이황의 『성학십도』중「제1도 태극도」]

「태극도」는 퇴계 이황의 『성학십도』제일 첫 그림에 들어있다.[7] 송대 신유학의 교육에서는 세계 속의 인간, 인간 속의 세계를 설명하기 위해 제일 먼저 「태극도」를 두었다. 이러한 '우주 만물 생성의 논리적 도식'을 통해 "인간 만물은 어디서 와서, 어디로 가는가?"라는 존재의 탄생(유래)과 소멸의 이유(Why)와 그 의미를 설명하고자 했다. 이를 통해서 "우리는 무엇을 어떻게 해야 하는가?" 즉 '어떻게-무엇을(=How)'을 찾도록 유도해 간다. 마치 폴 고갱의 그림 '우리는 어디서 왔으며, 우리는 누구이며, 우리는 어디로 가는가?'(Where Do We Come from? What Are We? Where Are We Going?)처럼 말이다.

결국 인간 만물은 우주만물의 궁극적 원리인 '태극'에서 와서, 다시 그곳으로 돌아간다. 태극이란 무엇인가? 전통 한옥 건물에서 말한다면 '용마루' 즉 '건물 지붕 중앙의 수평으로 된 부분'을 말한다. 건물의 제일 윗부분으로 더 이상 나아갈 수 없는 끝 간 곳이다. 사람의 머리로 말하면 정수박이(머리 꼭대기)를 말한다. 이 태극을 말함으로써, 이 우주는 허무한 것이 아니라 궁극적 이치(=의미) 속에서 순환하고 있음을 논증하려 한다. 인간 만물은 이 우주의 궁극 원리 속에 위치하는 이른바 '우주-내-존재'임을 밝힌다.

2) '직(直)'의 숨은 뜻

주자는 "천지는 곧 커다란 만물이며, 만물은 곧 천지이다"[8], "사람은 곧 하나의 작은 천지이다"[9]라고 표현하여, 우주 속의 나, 나 속의 우주라는 우주-인간의 상호적 위치를 짚어 최고의 지식과 인간형을 제시하였다. 내가 곧 우주요, 우주가 곧 나라는 대우주-소우주의 합일 즉 '천인합일'이 중국에서도 최고의 깨달음이자 공부의 목표였다. 이 점은 고대 인도의 우파니샤드 철학에서 "브라흐만이 아트만이요, 아트만이 브라흐만"이라는 '범아일여(梵我一如)'를 깨닫는 지식이 최고였던 것[10]과 닮아있다.

고대적 천인합일의 주요 단서를 살필 수 있는 문자가 있다. 곧을 '직(直)' 자다. 이 글자는 일종의 우주와 신체의 연관을 밝히는 하나의 타임캡슐이기도 하다. '곧을 직' 자는 〈目(목) + 十(십) + 乚(隱의 생략형)〉으로 되어 있다. 이것을 풀이하면, 하늘에는 해와 달과 별들, 그리고 땅 위에는 사람과 새와 높은 산과 언덕 같은 이른바 '천지신명'의 '많은'(=十) '눈들'(=目)이 쳐다보고 있으니 '감추거나 숨길'(隱→乚) 수 없다는 뜻이 된다.

直	目(목)	+	十(십)	+	乚(隱의 생략형)
	눈		열(→많은)		감추다/숨기다

도표3 直 자의 의미

고대인들의 사유에는 천지신명이 지켜보고 있으니 속일 수 없다고 보았다. 우리는 외부의 환경(해달별=천지신명)과 타자(사람, 귀신)의 시선(눈)에 둘러싸여 있다. 현대에는 이것이 도처에 설치된 감시카메라로 대체되었다고 하겠다.

그리고 천지신명은 이미 내 몸속에도 들어와 있다. 『대학』에는 이 점을 잘 보여주는 구절이 있다: "증자가 말했다. 열 눈이 보는 바이며 열 손이 가리키는 바이니 엄중하도다(曾子曰 十目所視 十手所指 其嚴乎)" '열 눈, 열 손가락'이란 몸 바깥과 몸 안쪽의 천지신명을 가리킨다.

내 몸에 있는 천지신명은, 먼저 왼쪽 오른쪽의 두 눈이다. 중국 명대에 간행된 일종의 백과사전인 『삼재도회(三才圖會)』의 반고상(盤古像)에다 스기우라 고헤이(杉浦康平)는 '해'(왼눈: 동쪽)와 '달'(오른눈: 서쪽)을 새겨넣어[11] 우리 몸에 해와 달이 들어있음을 보여주었다.

도표4 『삼재도회』의 반고상과 두 눈의 해와 달

우리 몸에 두 눈이 해와 달에 해당하므로 이것이 바깥 세계의 해와 달과 조응한다. 서양에서는 괴테가 이와 유사한 언급을 하고 있다.[12] 몸에는 두 눈이 해와 달에 대응한다. 이처럼 우리 몸에는 외부 환경에 감응하는 기관들이 있다. 이것은 '스스로 아는'(獨知, 自知) 지각 능력에 근거한다.

『중용』에서는 이것을 "숨은 것보다 잘 드러나는 것이 없으며(莫見乎隱), 미세한 것보다 잘 나타나는 것이 없다(莫顯乎微)"고 했다. 천지신명이 인간의 내면에 들어와 있는 것을 다른 말로는 '밝은 덕'(明德)이라고 부르다. 밝은 빛처럼 곧게 펼쳐지는 덕성이다. 이 '덕' 자에도 '곧을 직' 자가 들어 있다. 덕 자는 '곧게(直) + 나아가는(彳=行) + 마음(心)'이다. 덕의 옛 글자는 '곧을 직'과 '마음 심'을 합한 글자인 '悳'이다. 한마디로 양심의 소리를 따라 '올곧게 마음을 내는 것'이다. 흔히 하는 말인 "마음 바로 쓰거라!"라는 말에 잘 드러나 있다. 『논어』, 「옹야」에서는 "사람이 살아가는 것은 곧음 때문(人之生也直)"이라고 했다. 저 하늘에 빛나는 해와 달과 별처럼 인간의 내면에도 양심이란 것이 있다. 스스로 행한 잘못이나 악행을 제일 잘 알 수 있는 건 바로 자신의 양심 아닐까. 고대인들에게 우주는 몸속에 이렇게 살아 있었다.

3) 천지만물과 인간의 감응

몸속에 살아있는 우주와의 감응 능력과 감각을 왕수인은 양지(良知)로 보았다. 양지란 생각하지 않아도 알기에 항상 쉽게 험난한 상황을 알고, 배우지 않아도 할 수 있기에 항상 간단하게 막혀있는 상황을 알아내는 것[13]이라고 한다. 따라서 양지는 천지 만물과 끊임없이 교감한다. 즉 "낮 동안의 양지는 사물의 움직임에 따라 순응하여 머무름이 없으나, 밤 동안의 양지는 수렴하여 엉기게 된다. 꿈을 꾸는 것은 앞으로 있을 일의 조짐(先兆)이다."[14] 이렇듯 인간의 몸은 양지를 통해 타고난 그리고 후천적으로 학습된 행위의 가능성을 주위 환경을 향해서 항상 암묵리에 '투사'하고, 투사된 것의 반향(反響. 공명, 감응 = 일기유통)을 지각한다. 몸을 통해서 양지가 주변 상황에 투사하여 지각하는 메커니즘은 메를로 퐁티는 말하는 이른바 '지향궁'(志向弓, intentional arc/arc intentionnel)과 닮아있다.[15] 양지는 이 '지향궁'을 총괄하며 인지를 즉각적으로 구성해가는 능력이라 볼 수 있다.

이렇게 우주적 교감이 가능한 원만한 생태적 심성의 인간을 왕수인은 '대인(大人)'이라 불렀다. 대인은 앞서 언급한 대로 "생각하지 않아도 알기에 항상 쉽게 험난한 상황을 알고, 배우지 않아도 할 수 있기에 항상 간단하게 막혀있는 상황을 알아내기에" 장애가 없이 소통한다. 이에 반해 소

인(小人)은 에고에 갇혀 있어 상황과 순수하고 섬세한 소통이 불가능하다고 보았다.[16]

우주적으로 감응하는 생태적 심성의 대인은 "군신, 부부, 붕우, 더욱이는 산천, 귀신, 조수, 초목에 이르기까지 실로 이들을 친애하여 나의 일체의 인을 널리 이르도록 하지 않음이 없다."[17]고 왕수인은 말한다. 에고에 갇혀 있지 않고, 상황과의 순수하고 섬세한 소통이 가능하다면 인간은 만물과 일체를 이루는 생태 감성을 회복할 수 있다고 본 것이다.

3. 몸의 우주 환원에 대한 두 관점: 천장(天葬)과 매장(埋葬)

1) 천장과 매장

천지 속에 인간의 위치를 자연과 문명이라는 두 관점이 있다. 우선 자연의 입장은 도가가 택한 것으로, 인간을 자연 속에 흡수시킨다. 이 경우에는 예법이 없는 자연장(自然葬) 즉 천장(天葬)을 택한다. 이어서 문명의 입장은 유가가 택한 것으로 자연을 인간 속에서 재해석하고자 한다. 이 경우에는 상례를 통한 매장(埋葬)을 택한다.

도가의 경우 『장자』에 잘 드러나 있는 것처럼, 천지가 그대로 관이고 무덤이니[18] 그냥 바깥에 아무 데나 내버려 두라고 한다.

장자가 죽으려 하자, 제자들이 장사를 성대히 지내려고 했다. 그러자 장자가 말했다.

"나는 하늘과 땅을 관과 관 뚜껑으로 삼고, 해와 달을 한 쌍의 구슬 장식으로 삼고, 별자리들을 진주와 옥 장식으로 삼고, 만물을 부장품으로 삼으려 하니, 나의 장례 용품은 다 갖추어진 것이 아니냐? 여기에 더 무엇을 보태려 하느냐?"[19]

이러한 장자의 사유를 입증하는 내용이 『맹자』에 실려있다. 맹자는 장례에 대해 이렇게 말했다.

> 대체로 상고 시대에 부모를 매장하지 않는 사람이 있었으니, 그 부모가 돌아가시자 들것에 들어다가 시신을 산속 계곡에 내다 버렸다. 며칠이 지나서 그 사람이 그 곳을 지나다가, 여우와 살쾡이가 뜯어 먹고 쉬파리와 등에가 파먹는 것을 보고서는, 그 사람은 이마에 진땀을 흥건히 흘리며 곁눈질로 볼 뿐 차마 똑바로 쳐다 보지 못하였다. 그가 이렇게 진땀을 흘린 것은 남들에게 보여주기 위해 그런 것이 아니요, 진실로 마음속으로 뉘우쳐 얼굴에 드러나게 된 것이니, 아마도 그는 집으로 돌아와 삼태기와 삽을 가지고 가서 시신을 다시 매장하였을 것이다. 시신을 매장하는 것이 참으로 옳은 일이라면, 효자와 어진 이들이 자신의 부모를 장례 치르는 것도 반드시 그 나름의 도리가 있다.[20]

여기서 "시신을 산속 계곡에 내다버려…여우와 살쾡이가 뜯어 먹고 쉬파리와 등에가 파먹는" 경우는 중국 상고시대의 천장(天葬)을 말한다.

천장이란 풍장(風葬)을 의미한다. 풍장이란 사체를 지상 혹은 나무 위, 암반 등의 자연상태에 방치해두고 비바람을 맞아 부패하여 자연 소멸시키는 방법이다. 뼈를 수습하지 않고 그대로 내버려 둔다. 이 점에서, 풀무덤=초분(→1차 葬)을 통해서 탈육한 후 세골장(→2차 葬. 원장/본장)을 하

는 이중장제와도, 시신의 소멸을 조류에 맡기지 않는다는 점에서 조장과
도 다르다. 천장을 조장(鳥葬)으로 보기도 하는데, 조장이란 풀이 우거진
수풀 속에 내다버려 새나 짐승, 벌레가 시신을 처리하는 방식을 말한다.

그런데 후술하는 조(弔) 자가 말해주듯이 짐승들을 쫓는 데서 조장으로
보기는 어렵다. 물론 조장과 풍장에도 지역에 따른 차이가 있다.[21] 이를
증명해주는 기록들이 있다. 즉『오월춘추(吳越春秋)』에서는 이렇게 말한
다.

　　옛날에는 사람들이 질박하여…사람이 죽으면 띠풀로 싸서 들판에 버
　렸는데, 효자는 부모가 날짐승 들짐승에게 먹히는 것을 차마 보지 못해
　서 활을 쏘아서 지키고, 날짐승 들짐승의 해를 끊었다.”[22]

이를 보면 매장 이전에 천장을 하지만 들짐승 날짐승들이 시신을 해치
는 것을 막았음을 알 수 있다. 이렇게 풍장 혹은 조장 같은 ‘천장’이 진행
되다가 차츰 유교적 ‘매장’으로 바뀌었음을 살필 수 있다.

2) 천장의 흔적: ‘장(葬)’과 ‘조(弔)’

천장을 증명하는 문자가 있다. ‘장(葬)’ 자와 ‘조(弔)’ 자가 그것이다. 이
두 글자는 천장의 정보를 지니고 있는 일종의 타임캡슐이다.

먼저 장사 지낼 ‘장(葬)’ 자는 ‘잡풀 우거질 망(茻)’ 자와 ‘죽을 사(死)’ 자
를 합한 것이다. 글자 그대로 사람이 죽으면[死(=屍身)] 풀섶[茻]으로 싸
서 들판에 내다 버려두던 풍습과 관련된 것이다.

망(茻)은 풀[屮]이 우거진 모양이다. 사(死) 자는 앙상한 뼈 알(歹) 자에

사람 인(人) 자를 합친 것으로 사람이 죽어서 뼈만 앙상하게 남은 것을 말한다. 그러니까 장(葬)은 원래 죽은 이를 풀섶으로 싸서 들판에 내다 버린 모양이다. '사(死)' 자는 시(尸, 屍)의 최초표기로 보인다. 사(死) 자 밑의 일(一) 자 표시는 시신을 놓아두는 깔개를 표시한 것이거나[23] 섶으로 두텁게 옷처럼 입힌 것으로 보인다. 풀섶[茻]이 깔개와 옷의 역할을 한 것이라 하겠다. 이것은 우리 나라에서도 살필 수 있다. 예컨대 청산도에서 초분을 만들 때 미물들의 접근을 막으려고 돌 위에 솔잎을 깔거나 초분의 지붕에 솔잎, 솔가지를 꽂아 벌레들의 근접을 방어했던 것이 풀섶의 역할이라 하겠다.

	茻	
	死(=尸, 屍)	茻 + 死
	一	
	茻	
소전(小篆)에 나오는 장사지낼 장(葬) 자	글자의 구성	

도표6 葬 자의 이해

이어서 '조(弔)' 자에 숨은 천장의 풍경을 살펴볼 필요가 있다. 사실 시신을 들판에 내다 버리면 새(날짐승)나 들짐승들이 쪼아 먹으러 오는 게 자연스러운 현상이다. 물론 금수에만 머물지 않고 온갖 벌레들도 달려들기 마련이다. 그러면 유족들이 그것을 그대로 방치했을까? 아니다. 이것은 다음의 '조(弔)' 자가 잘 알려준다.[24]

	人
 쥐 	弓
소전(小篆)에 나오는 조(弔) 자	글자의 구성

도표6 弔 자의 이해

소전(小篆)에 나오는 조(弔) 자를 보면 사람 인(人) 자에 활 궁(弓) 자가
보인다. 마치 동이(東夷)의 '이' 자가 '대'(大: 사람)와 궁(弓)을 합하여 사람
이 활을 들고 있는 모양을 나타낸 것과 같이, 사람이 활을 지닌(=들거나
메고 있는) 모습을 보여준다.

허신의『설문해자』에서는 "마지막 가는 길의 안부를 묻는 것이다. 옛날
장사를 지내는 자는, 섶으로 두텁게 옷을 입히고, 사람들이 활을 가지고,
모여서 새를 쫓는다."[25]고 설명하고 있다. 앞서 인용한『오월춘추』에서도
"옛날에는 사람이 죽으면 띠풀로 싸서 들판에 버렸는데, 날짐승 들짐승
에게 먹히는 것을 차마 보지 못해서 활을 쏘아서 지키고 날짐승, 들짐승
의 해를 끊었다."고 나오며, 안사고(顔師古)는『급취편(急就篇)』에서 '조'자
를 이렇게 풀이하였다: "조(弔)는 죽음을 위문하는 것이다. 문자에서 사람
이 활을 지닌 것을 조(弔)로 하였다. 상고시대의 장례는 섶으로 두르고 관
곽(棺槨)이 없었다. 항상 날짐승 들짐승들]이 해할까 염려하였다. 그런 까
닭에 조문하는 이가 활[弓]을 지니고 모여서 (상주의) 활 쏘는 일을 도왔
다."[26]

이처럼 '장'과 '조'라는 한자는 천장의 모습을 잘 보여주고 있다.『주역』
「계사·하」에서는 "옛날의 장례는 풀 섶으로 두껍게 입혀서 들판에다 장사
지내고는 봉분이나 표식을 세우지 않았다. 상을 치르는 기간에 (정해진 법
식의) 날짜가 없었다. 후세에 (예법과 문화를 만든) 성인이 관곽으로 바꾸었

다"[27]는 하였다. 이것은 천장에서 매장으로의 이행을 알려주는 대목이다.

어쨌든 몸의 우주로 환원되는 것에 대해 천장은 자연의 관점에서, 매장은 예법이라는 문명이라는 관점에서 해석하고 있음을 알 수 있다.

4. 우주 환경과 신체의 교감 학습

1) 우주-신체의 생명 교감의 예들

인간이 만물과 일체로 살아있다는 생명의 교감은 이른바 '만물이 하나되는 사랑'[萬物一體之仁]을 체험하는 일이다. 우주와 신체의 감응을 몸으로 직접 경험하려는 기록은 북송의 정호(程顥, 호는 明道, 1032~1085), 주돈이(周敦頤, 호는 濂溪, 1017~1073) 등에서 보인다.

정호는 "절맥(切脈: 맥박을 짚어서 진찰)할 때 가장 잘 인을 알 수 있다"[28]고 했다. 절맥이란 맥박이 뛰는 상태를 살펴서 병의 원인과 부위 및 상태를 판단하는 한의학의 진단법이다.

그리고 주돈이는 창문 앞의 무성한 잡초가 "내 뜻과 같은 것(與自家意思一般)"이라 하여 뽑지 말도록 주의하며[29] 우주와 신체가 하나 되는 감성을 일깨워주기도 하였다. 마찬가지로 왕수인도 꽃밭의 풀을 뽑는 것을 두고 "천지의 생명 의지는 꽃이나 풀이나 한가지이다"[30]라고 하여 풀과 꽃 사이에 선악이 없음을 말한다. 이것은 주재자가 없는 동양의 문화에서 우주와 만물의 일체적 연관에 대한 심성 즉 '범신론적 감정'[31]을 자각하게 하는 것이었다.

조선시대에는 유소년기에 "하늘은 검고, 땅은 누르다. 우주는 넓고 크다. 해도 달도 차면 기운다."[32]로 시작하는『천자문』[33]을 비롯하여, 『계몽편(啓蒙篇)』,[34] 『동몽선습(童蒙先習)』[35]을 통해 우주와 신체가 감응하는 원리를 일찍부터 가르쳤던 것이 특징이다. 유소년기의 텍스트는 대체로 '하늘 천, 따 지'로 시작하여 '사람 인'으로 돌아오고 있다.

『계몽편』의 첫머리는 다음과 같이 시작한다.

> 위에는 하늘이 있고 아래에는 땅이 있으니, 하늘과 땅 사이에 사람이 있고, 만물이 있다. 해와 달과 별은 하늘이 매달고 있는 것이고, 강과 바다와 산은 땅이 싣고 있는 것이고, 부자 · 군신 · 부부 · 장유 · 붕우는 사람의 커다란 윤리이다.[36]

그리고『동몽선습』또한 이렇게 시작한다.

> 천지 사이에 있는 만물의 무리 가운데에서 오직 사람이 가장 존귀하다. 사람을 존귀하게 여기는 까닭은 오륜(五倫)이 있기 때문이다.[37]

천지 우주를 말하고, 그 사이에 위치하는 인간의 의미와 역할을 언급하고 있다. 이렇게 천지, 우주를 신체로 끌어당겨 이해하려는 노력은 북송의 장재(張載, 호는 橫渠, 1020~1077)가 지은『서명(西銘)』즉 서재 서쪽 창문에 걸려있던 교훈적인 글에 잘 드러나 있다. 여기에는 천지가 부모이며 사해가 같은 동포라는 라는 사상이 들어 있다. 이황도『성학십도』에서 「태극도」 다음에 「서명도」를 두어 나와 우주－국가－사회의 관계를 논한다. 같은 근원에서 나왔는데 왜 빈부, 귀천 등의 사회적, 정치적인 차별－차등－차이가 생기는가를 설명하고 이것을 결국 통치자의 '사랑[仁]'으로 해

소하고자 한다. 그래서 이런 이야기를 무엇보다도 자기 자신의 문제로 절실하게 생각할 필요가 있다고 보았다. 이황은「서명도」에 등장하는 열 글자의 '나'(予, 吾)에 주목한다. 우주의 만물화생하는 이치를 국가를 통치하는 선조 자신이 스스로의 문제로 절실하게 자각할 것을 권유하고 있다.[38]

일찍이 장재는 "천지를 위하여 마음을 세우고, 생민을 위하여 명을 세우고 끊긴 학문을 잇고 만세를 위하여 태풍을 연다"[39]고 하여 학문하는 스케일을 말한 바 있다. 이 가운데는 우주 속의 인간이 해야 할 역할, 사명감이 녹아있다.

명대가 되면 이런 정신적 지향들이 더욱 주체화되고 열정적으로 논의되기도 한다. 예컨대 왕수인의 제자 왕간(王艮, 호는 心齋. 1483~1541)는 심즉리를 적극적으로 해석하여 자기의 운명을 자기가 창조한다는 이른바 '조명(造命)'론을 제시한다. 왕간은 "대인은 운명을 창조한다"[40]고 하고 "나는 지금 고질병에 걸려있다. 나의 운명이 비록 하늘에 있다고 해도 운명을 만드는 것은 나로부터 연유한다"[41]고 단언한다. 즉 운명은 하늘에 있다고 해도 자신의 운명은 자신이 창조하고 개척한다는 대담한 자력적 불굴의 의지를 표명한다. 한 마디로 동양판 오디세우스를 만나는 듯하다.

왕간의 조명(造命) 사상은 하늘이 무너지고, 해와 달과 별의 질서가 흐트러진 것[=혼돈]을 손수 원래대로 정리해 놓는[=질서 회복] 꿈 체험에 잘 드러나 있다.

왕간 선생이 어느 날 저녁에 꿈꾸기를, 하늘이 무너져 (사람들의) 몸을 누르고, 수많은 사람이 구해 달라고 소리 지르자, 선생 홀로 팔을 뻗어 하늘을 밀고 일어나, 해와 달과 별들의 질서가 흐트러진 것을 보고는 또 손수 원래대로 정리해 놓으니, 수많은 사람이 춤을 추고 기뻐 감사하였다. 꿈에서 깨니 땀이 비 오듯 하였고, '느닷없는 깨달음[頓覺]'이 심체(心體)를 뚫고 나니, 만물이 일체라서 우주가 나에게 있다는 생각을 더욱 진정으로 용납하지 않을 수 없었다.[42]

왕간은 마치 무너진 집을 수리하듯이, "해와 달과 별들의 질서가 흐트러져 있는 혼란한 하늘을 손수 원래대로 정리"해 놓는다. 이것은 혼돈에서 질서를 회복하는 것이다. 그의 심정은 왕수인이 말한 "천지의 고통을 나의 고통으로 생각"하는 '양지가 살아있는 인간'[43]의 충실한 계승임을 알수 있다.

이것은 왕수인의 마음에는 내외가 없다는 논지 속에 있다: "생각건대 사건의 밖에는 마음이 없다. 그래서 옛사람이 '만일 사람이 마음을 깨닫는다면 그 너른 대지에 조그마한 땅덩어리도 없게 된다'고 말한 것이다. 이것이 바로 내외를 합하는 학문이다."[44] 주체의 작용이 곧 사물세계를 만들고 공간을 만든다. 마음의 발동이 사물에 붙어있고, 그것이 곧 사건이니, 사건이 곧 마음인 것이다. "마음은 한 덩어리의 혈육이 아니라, 무릇 지각하는 곳이 바로 마음이다. 예를 들어 눈과 귀는 보고 들을 줄 알고, 손과 발은 아프고 가려운 것을 아는데, 이 지각이 바로 마음이다."[45] 지각하는 피부, 신경, 이것이 곧 마음이다.

2) '막(膜)' – '닫힌' 혹은 '열린' 두 공감 장치

천지 만물이 이상적인 질서를 갖춘 이미지는 조선시대 양명학자 정제두(鄭齊斗, 호는 霞谷, 1649~1736)의 「양지체용도(良知體用圖)」[46]에 잘 드러나 있다.

도표7 정제두의 「양지체용도」

정제두는 ①천지, ②만물, ③인간(심지성, 심지정)이 서로 '막(膜)' — 정제두는 권(圈)이라 표현함[47] — 을 '경계[界分]'로 상호 감응하면서 일체를 말한다. 이 막은 마치 하나의 '집'이 벽과 문을 매개로 여러 방을 이루듯이 인간과 만물의 배타적 경계이자 소통적 매개라는 이중성을 갖는다. 그 포함 관계는, 공간적 의미에서는 ①천지, ②만물, ③인간이라는 각각의 집이 ①⊃②⊃③으로 되어 있지만, 지성적 의미에서는 ①⊂②⊂③이 되어 있다. 그래서 막은 외부(타자)와 내부(자신)를 구분하면서 항상된 자아(일종의 '코나투스Conatus')를 유지하는 경계선이다.

시몽동은 "생명체는 막을 매개로 외부와 내부를 구분하고 항상성이라는 내부 환경을 만들어내는 동시에 개체에 고유한 기억을 축적한다"[48]고 했다. 그러나 이 막은 절대적인 것이 아니라 공감에 따라 유연하고도 느슨하게 일체를 만들어 간다.

유종주(劉宗周, 1578~1645)는 이렇게 말한다.

몸은 천지만물 가운데 있으며 내가 사사로이 할 수 있는 것이 아니다. 마음은 천지만물의 바깥을 포용하므로 하나의 막(膜)으로써 제한할 수 있는 것이 아니다. 천지만물을 두루 하여 한 마음으로 하니, 따로 안·바깥이라고 말할 수 없다. 천지만물을 몸으로 하여 하나의 근본으로 삼으니, 따로 근본을 찾을 수 없다.[49]

다시 말해서 "바깥을 포용"할 수 있는 '마음'이 있으면 막은 장애가 되지 않는다. 각 개체가 '고유한 기억을 지니며 항상성을 유지하는' 채로 일체를 이룰 수 있는 것이다.

이것은 예컨대 "마침내! 그러니까 이제 나는 어둠의 늪 속에서 휴식할 수 있게 되었다! 먼저 자물쇠를 이중으로 잠그자. 이렇게 자물쇠를 잠가두면, 나의 고독은 더욱 깊어지고, 지금 나를 외부로부터 격리시키는 바리케이드가 더욱 단단해지는 것 같다."[50]는 이른바 보들레르 식의 '고독' 지향, '명상의 독방'에 '혼자 있기'[51] 이미지와는 다르다. 정제두의 '양지체용도'가 보여주는 막을 매개로 한 천지-인간-만물의 고유한 집 이미지는 고립된 것이 아니다. 닫힌 막이 있으면서 '**열린**-공감하는 집'이다.

이와 좀 다른 경우이긴 하나 이황이 15세 때 쓴 시 '가재(石蟹)'에서도 닫힌 막이 있고 바깥으로 열린 형식을 하고 있다. 하지만 여기서는 밖으로 향하는 것이 아니라 더 나아갈 곳이 없는 안쪽을 향하는 데 무게가 실려있다. 따라서 이 경우는 '**닫힌**-공감하는 집'이라 해도 좋겠다.

돌을 지고 모래를 파더니 어느새 집이 생겼네
앞으로 쪼르륵 뒤로 쪼르륵, 발이 많기도 하네.
한평생 한 움큼 산골 샘물 속에 살면서

강호에 물이 얼마나 많은 지 묻지 않으리.[52]

   물론 이 시는 가재는 "한 평생 한 웅큼"의 샘물 속에서 집을 만들어, 다른 곳으로 가지 않고 거기서만 줄곧 산다. 일상 세계에서 느끼는 안락한, 안전한 공간에 머무르고자 하는 서양의 요나 콤플렉스와 닮아있다.

   레비 스트로스는 『슬픈열대』에서 "사람들은 각기 그가 보고 사랑했던 모든 것으로 구성된 하나의 세계를 자기 안에 지니고 있으며, 이질적인 세계 속에서 돌아다니는 듯 보일 때조차도 항상 자기 세계로 돌아오고 있다."[53]는 언급하였다. 이렇듯 인간은 자신이 좋아하는 공간인지를 가슴 속에 품고 산다. 어딘가 낯선 곳으로 멀리 떠돌더라도 결국 자신의 세계에 머물러 있게 된다.

   위 이황의 시 '가재'는, 가스통 바슐라르가 "우리가 어머니의 태반 속에 있을 때 우리들의 무의식 속에 형성된 이미지로서, 우리가 어떤 공간에 감싸지듯이 들어 있을 때 안온함과 평화로움을 느끼는 것은 요나 콤플렉스 때문이다."[54]라는 말에 적용할 수 있다. 아울러 질베르 뒤랑의 의견에도 일맥상통한다.

     집은 인간의 육체라는 소우주와 우주 사이에서 2차적 소우주를 구성하면서 어떻게 이루어지느냐에 따라 심리적이고 심리사회학적인 진단을 하는 데 매우 중요한 역할을 한다. **우리는 이렇게 물을 수 있다. "네가 상상하는 집을 내게 말해주어라. 그러면 나는 네가 누구인지 말해주겠다."** (중략) 우리는 **"아무런 문제도 없는 최초의 안전을 되찾기 위해" 큰 것 안의 작은 집을 원하며, '구석' 어두운 작은 방, 극도로 은밀한 곳, 가장 신성한 장소 등이 맡는 역할이 바로 그것이다. 기도실 역시 그러한 역할을**

한다. 중국인과 인도인은 내적인 수행을 위해 거처 중 가장 외딴 곳, "어머니의 품처럼 어둡고 닫힌" 장소에 머물도록 권한다."[55](강조는 인용자)

실제 이황의 시에서 보면 '①강호의 샘물, ②한 웅큼의 샘물, ③돌 속의 가재집'처럼 3겹의 집 구조를 살필 수 있다. 이런 집의 구조는 내용적으로 ①⊃②⊃③이라는 포함 관계이지 그 반대는 아니다. 바로 이 점이 이황에게 체화된 공간 인지 구조였다. 그것이 도산서당이나 '경(敬)'의 철학으로 펼쳐져 갔다고 본다.

이황은 서울에 있으면서도 항상 물러나 안동의 고향으로 돌아가려 했다. 그곳이 그가 안기고 싶었던 안전, 안락한 공간이었다. 그는 안전을 되찾기 위해 큰 것 안의 작은 집으로, 다시 '구석' 어두운 작은 방, 은밀한 그러나 신성한 장소로서 찾아 나섰다. 이황에게 체화된 공간은 마치 가재가 뒷걸음치며 살았던 조용하고 소박 경건한 공간이었다.[56]

5. 나오는 말

위에서는 몸속의 세계, 세계 속의 몸이라는 개념 속에서 체화된 우주의 문제를 다루었다. '다섯 겹 한 세트'의 '집'[우주⊃천지⊃가정⊃몸⊃마음]의 동양철학자의 사유 속에 들어있음을 살필 수 있었다. 논의한 내용을 요약하면 다음과 같다:

첫째, 〈우주 속 '인간'의 지위〉에서는 '대우주-소우주의 합일 메커니즘'을 밝혔다. 특히 주돈이의「태극도」를 통해서 인간 만물은 이 우주의 궁극원리 속에 위치하는 이른바 '우주-내-존재'임을 알 수 있었다. 그리고 고대적 천인합일의 주요 단서를 살필 수 있는 문자로서, 우주와 신체의 연관을 밝히는 하나의 타임캡슐로서의 '직(直)' 자를 들어 천지신명이 인간의 신체 속에 들어와 있음을 논했다. 우리의 두 눈은 바깥의 해와 달과 같은 존재로서 조응하고 있다고 보았다. 왕수인은 우리 몸속에 살아있는 우주와의 감응 능력과 감각을 양지(良知)로 보았다. 에고에 갇혀 있지 않고, 상황과의 순수하고 섬세한 소통이 가능하다면 인간은 만물과 일체를 이루는 생태감성을 회복할 수 있다고 본 것이다.

둘째, 〈몸의 우주 환원에 대한 두 관점: 천장(天葬, 자연장)과 매장(埋葬)〉에서는 먼저 천장과 매장의 의미를 설명하였다. 천지 속에 인간의 위치는 자연과 문명이라는 두 관점에서 파악할 수 있는데, 우선 자연의 입장은 도가가 택한 것으로, 인간을 자연 속에 흡수시킨다. 이 경우에는 예법이 없는 천장을 택한다. 이어서 문명의 입장은 유가가 택한 것으로 자연을 인간 속에서 재해석하고자 한다. 이 경우에는 상례를 통한 매장을 택한다. 어쨌든 몸의 우주로 환원되는 것에 대해 천장은 자연의 관점에서, 매장은 예법이라는 문명의 관점에서 해석하고 있었음을 알 수 있었다.

셋째, 〈우주 환경과 신체의 교감 학습〉에서는 먼저 우주-신체의 생명 교감의 예들을 살펴보았다. 인간이 만물과 일체로 살아있다는 생명의 교감은 이른바 '만물이 하나 되는 사랑'(만물일체의 인)을 체험하는 일이다. 정호는 '절맥'에서, 주돈이는 창문 앞의 무성한 잡초가 "내 뜻과 같은 것"이라 하여 뽑지 말도록 주의하며 우주와 신체가 하나 되는 감성을 일깨워주기도 하였다. 조선시대에는 유소년기에 『천자문』을 비롯하여, 『계몽편』, 『동몽선습』을 통해서 우주와 신체가 감응하는 원리를 가르쳤음을 살폈다. 대체로 유소년기의 텍스트는 보통 '하늘 천, 따 지'로 시작하여 '사람 인'으로 돌아오고 있었다. 이렇게 천지, 우주를 신체로 끌어당겨 이해하려는 노력을 살필 수 있었다. 다만 세계와 공감함에 있어 인간과 만물에게는 '막(膜)'을 상정하기도 한다. 그런데 이 막은 '닫힌' 혹은 '열린' 두 공감 장치였다.

더 읽을 거리 ───────────────────────────────

이영의 외, 『체화된 마음과 몸』, 한국문화사, 2022. 체화된 마음 이론에 따르면 마음은
　　몸-뇌-세계의 역동적 상호작용을 통해 창발한다. 이 책은 그 첫째 요소인 몸
　　에 초점을 맞추어 체화된 마음과 몸의 관계를 탐구한다.
이영의 외, 『체화된 마음과 뇌』, 한국문화사, 2022. 이 책은 뇌중심주의적이고 내재주
　　의적인 접근을 학제적으로 비판하고 있으며, 그 대안으로서 인지를 뇌만의 작
　　용이 아니라 몸-뇌-세계 간 역동적 관계에서 창발하는 것으로 볼 것을 주장한
　　다.
고미숙, 『동의보감: 몸과 우주 그리고 삶의 비전을 찾아서』, 그린비출판사, 2011. 『동
　　의보감』을 통해 동양에서 살아가는 사람들의 무의식 속에 들어있는 몸-우주-
　　삶의 관계를 살필 수 있다.
에반 톰슨, 『생명 속의 마음 – 생물학, 현상학, 심리과학』, 박인성 역, b, 2016. 생물학
　　과 심리과학을 후설의 현상학과 함께 다룬 책이다. 톰슨은 바렐라가 일구어낸
　　자가생성 개념을 현상학적 관점에서 파악하고 있다.

박길수

왕양명의 감응 이론과
의미론적 세계

1. 들어가기

앞서 출판된 저서들에서는 왕양명(王陽明, 1472-1528)의 철학에서 체화된 마음과 몸, 그리고 뇌의 가소성과 체화된 마음의 문제를 살펴보았다.[1] 이 글에서는 앞선 내용을 바탕으로 기(氣)와 감응(感應), 심즉리(心卽理)의 현상학적 함의, 그리고 사물과 세계의 본질로서 현상적 의미의 문제들을 살펴보고자 한다. 먼저 기와 감응에 관한 부분에서는 인간을 포함한 모든 사물과 세계의 존재 방식을 기(氣)의 존재론적 내감(內感)으로 설명한 후에 우주적 기와 인간의 영명성과 주재성의 상호 관계 및 작용은 인식론적 감응으로 설명할 것이다. 다음으로 심즉리(心卽理) 부분에서는 왕양명이 사구(四句)의 형태로 제시한 '심외무X(心外無X)'의 본의 및 논리에 대한 분석을 통해서 그 목적이 유심주의와 객관주의를 넘어서 현상학적 심물동체(心物同體) 이론을 확립하는 데 있다는 점을 강조할 것이다. 마지막

부분에서는 왕양명이 기존의 사물과 세계 개념을 사건으로서 사태의 범주로 일관되게 해명한 내용을 다루고 그것이 갖는 철학적 배경과 의의에 대해 개괄할 것이다. 이를 통해서 그가 현상을 그 자체로 존재이자 의미체로 규정하였고, 그 배경에는 인간의 인지와 세계의 관계를 현상학 외에 또한 체화된 인지의 관점에서 재확립하려고 했다는 점을 역설할 것이다.

이러한 그의 철학적 탐구의 중심에는 무엇보다도 주객의 주객 이원주의와 언어적 인식을 중심으로 진리 체계를 추구하려는 철학적 경향을 극복하려는 철저한 비판적 의식이 자리 잡고 있다. 왕양명의 관점에서 사태의 발생은 그 자체로 의미의 생성을 가리키므로 양자는 원본적으로 분리되지 않는 현상이다. 다시 말해 세계의 사건으로서 사태는 그 자체로 인식론적 현상이기 전에 선술어적인 존재론적 의미체인 셈이다. 그런데 그가 이처럼 기존의 정적이고 실체화된 사물과 세계를 역동적이고 현상학적 사태-의미 개념으로 전환시킨 배경에는 인간의 인지의 본성과 특징에 대한 새로운 깨달음이 자리 잡고 있다. 그것은 행위적 실재론과 관련된 것으로 사물과 세계는 오직 주체의 행위를 매개로 해서만 실재하며 이때 현상학적 상관자로서 체현되는 사물과 세계는 그 자체가 존재론적 현상으로서 물질과 의미의 교직체로 존재한다고 본 것이다.

2. 주객 통일의 우주론적 근거로서 기의 감응

왕양명은 인간과 우주의 통일적 근거를 기(氣)의 흐름에서 비롯되는 감응(感應)으로 설명하였다.

물었다. '사람의 마음과 사물은 몸을 같이하는데, 예를 들면 내 신체는 원래 혈기가 유통하므로 한 몸이라고 할 수 있습니다. 하지만 만약 타인에 대해서 말하면 곧 신체가 다르고, 금수와 초목은 더욱 멉니다. 그런데 어떻게 한 몸이라고 말할 수 있습니까? 선생께서 대답하셨다. "그대는 오직 감응의 기미 상에서 봐야 하니 어찌 다만 금수초목 뿐이겠는가? 비록 천지라도 또한 나와 몸을 같이하고, 귀신도 나와 몸을 같이한다." (제자가) 가르침을 청했다. 선생께서 말씀하셨다. "그대가 보기에 천지에서 무엇이 천지의 마음인가?" 대답하였다. "사람이 천지의 마음이라고 들었습니다." 선생께서 말씀하셨다. "사람은 또한 무엇을 마음이라고 하는가?" 대답하였다. "단지 하나의 영명입니다." 말씀하셨다. "천지의 사이를 가득 채운 것은 오직 이 영명이라는 것을 알 수 있다. 사람은 단지 육체 때문에 스스로 간격이 벌어지는 것일 뿐이다. 나의 영명은 곧 천지귀신을 주재하는 것이다.

위의 내용에서 문인은 마음과 육체를 구분한다. 왜냐하면 그가 보기에 마음은 육체의 한계를 초월하여 사물과 일체가 될 수 있지만, 반면 육체는 폐쇄적 혈기(血氣)로 구성되므로 타자와 분리된다고 보았기 때문이다. 하지만 왕양명은 우주를 구성하는 보편적인 기가 감응하는 기미의 측면에서 인간과 사물을 볼 것을 강조하였다. 그러면 마음과 마찬가지로 신체도 다른 사물들과 근원적인 기로 연결되어 있으며 그 근거는 인간의 영명(靈明)에 내재되어 있는 우주의 마음이라는 것이다.[2] 이러한 견해는 이미 북송(北宋)의 유학자인 정명도(程明道, 1032-1085)가 단일한 기(氣)의 차원에서 우주만물의 일체성을 설명한 관점과 일치한다.[3]

그러면 영명은 무엇인가? 영명은 원래 '허령명각(虛靈明覺)'을 줄인 말인

데 왕양명은 이 용어를 '허령불매(虛靈不昧)'나 '영소불매(靈昭不昧)' 등으로 표현하기도 하였다.[4] 송명(宋明) 유학에서 이 용어는 원래 마음의 본체나 명덕(明德)이 선험적으로 모든 도리를 갖춘 상태를 가리키며 또한 그 결과로 마음의 지각 활동이 모든 일을 제대로 인식하고 주재할 수 있는 능력을 가리켰다.[5] 따라서 왕수인이 제시한 마음의 영명성과 주재성도 일차적으로 이러한 견해를 계승하였다고 볼 수 있다. 하지만 그는 기존의 영명 개념에 좀 더 새로운 의미를 부여하였다.

(선생님이 말씀하셨다.) "하늘은 나의 영명이 없다면, 누가 그 높음을 우러러보겠는가? 땅은 나의 영명이 없다면, 누가 그 깊음을 굽어보겠는가? 귀신은 나의 영명이 없다면, 누가 그 길흉 및 재앙과 상서로움을 변별하겠는가? 천지, 귀신, 그리고 만물이 나의 영명에서 분리된다면, 곧 천지, 귀신, 그리고 만물은 사라진다. 마찬가지로 나의 영명도 천지, 귀신, 그리고 만물과 분리된다면 또한 나의 영명도 사라진다. 이와 같은 이유는 곧 단일한 기가 유통하기 때문이니 어떻게 그들 사이에 틈이 있겠는가?" 또 물었다. "천지, 귀신, 만물은 태고부터 있던 것인데, 어떻게 나의 영명이 없다고 모두 사라집니까?" 대답하셨다. "이제 죽은 사람을 보면 그의 정령은 이리저리 흩어졌으니, 그의 천지와 귀신, 그리고 만물은 오히려 어디에 있는가?"[6]

왕양명의 견해에 따르면, 인간의 영명은 천지, 귀신, 만물의 존재성을 주재할 수 있는 선천적인 능력을 가졌는데, 그 근거는 이러한 존재들이 모두 애초부터 동일한 기로 연결되어 있기 때문이다.[7] 물론 현대적 관점에서 보면 이러한 견해는 다소 신비적이고 과장된 것처럼 보일 수 있다.

이 때문에 일부 연구자들은 왕양명의 영명 이론을 종교학적 영성(靈性)과 연결시켜 논의하기도 하였다.[8]

하지만 위의 인용문을 좀 더 세밀하게 이해할 경우, 그가 제시한 영명의 주재성은 유심주의나 절대적 관념론에서 말하는 창조성이나 관념을 가리키는 것이 아니라, 존재론적 의미의 생성을 말한다. 구체적으로 말하면 '하늘의 높음', '땅의 깊음', '귀신의 길흉' 등은 우주적 기의 다양한 감응이 인간의 영명성을 경유하여 사물의 양상으로 현상하는 방식을 규정한 것이다. 이 점은 '산중관화(山中觀花)'로 알려진 다음의 일화를 보면 살펴보면 좀 더 분명해진다.

> 선생께서 남진으로 유람 갔을 때 한 벗이 바위에 꽃나무를 가리키면서 물었다. "'천하에 마음 밖에 사물이 없다'고 하였는데, 가령 이 꽃나무는 깊은 산 속에서 절로 피고 지니 내 마음과 또한 무슨 상관이 있는가?" 선생께서 대답하셨다. "그대가 아직 이 꽃을 보지 않았을 때 이 꽃과 너의 마음은 다 같이 적(寂)으로 돌아간다. 그대가 이 꽃을 보았을 때 이 꽃은 모습은 한 순간에 또렷해지니 이 꽃이 너의 마음 밖에 없다는 것을 알 수 있다.[9]

여기서 왕양명은 꽃나무의 존재 방식을 '봄(seeing)'이라는 행위의 관점적 인식과 특성으로 설명하고 있다. 다시 말해 심신의 영명한 지향 활동이 시각 장의 '봄'의 형태로 사물과 서로 감응할 때 '꽃'의 존재성이 현상된다고 본 것이다. 주의할 점은 꽃의 존재성이다. 왕양명은 꽃의 존재성을 유무(有無)의 범주를 설명하지 않고 '적감(寂感)'의 범주로 설명하였다. 적감(寂感)은 원래 『주역』에 나오는 말로 '적연부동(寂然不動)'과 '감이수통

(感而遂通)'을 줄인 용어인데, 이후 송명(宋明) 성리학에서 본체론(本體論)과 심성론의 체용(體用) 관계를 해명할 때 매우 빈번하게 사용되었다.

먼저 적감은 본체론에서 본체의 상태와 작용을 가리킨다. 개별 사물들이 비록 각기 그들만의 고유한 개체성과 특수성을 갖지만 모두 우주의 이(理)나 기(氣)로 대변되는 보편적이고 공통적인 본질과 특징을 갖는다고 본다. 따라서 본체론의 관점에서 보면 개별 사물들의 동정(動靜)은 결국 우주적 차원의 보편적이고 절대적인 감응 운동의 분화와 절화를 구현한다는 것이다.[10]

남송의 유학자인 주자(朱子, 1130-1200)는 이러한 감응 이론을 좀 더 발전시켜서 사물의 내감(內感)과 외감(外感)의 형식을 확립하였다. 그는 비록 우주 차원의 감응이 모든 사물의 적감을 횡단하므로 사물들은 이러한 우주의 존재론적 산물이더라도, 사물들의 차원에서 볼 때 적감은 주체와 객체, 또는 동(動)과 정(靜)의 설정 기준에 따라 여전히 상대적으로 감과 응의 주체와 객체로 여전히 구분할 수 있다고 보았다.[11] 그러므로 그는 다음과 같이 말하였다.

물었다. "느낌은 단지 내적 느낌입니까?" 대답하였다. "사물에는 본디 절로 내적 느낌의 차원이 있다. 하지만 또한 전적으로 내적 느낌만은 아니니 본디 외적 느낌의 차원도 있다. 이른바 내적 느낌은 마치 한 번 움직이고 한번 고요하며, 한 번 가고 한 번 오는 것처럼 감응하는 것이니 이것은 단지 한 사물의 선후가 절로 서로 느끼는 것과 같다. 가령 사람의 말이 다하면 반드시 침묵하고, 침묵이 끝나면 반드시 말하는 것과 같으니 이것이 곧 내적 느낌이다. 만약 바깥에서 온 것이 자신의 것이 되었다고 말하는 사람이 있으면, 단지 내적 느낌이라고 부를 수 있을 것이다.

안에서 느끼는 것은 원래 안이고, 밖에서는 느끼는 것은 바깥이다. 이렇게 이해해야 비로소 두루 공평하고 바르다. 단지 내적 느낌이라고만 말한다면 상당히 치우친 것이다.[12]

다시 말해서 음양과 같은 우주 차원의 감응에서 볼 때는 사물들의 감응이 모두 그 안의 운동이므로 내적 감응으로 정의할 수 있지만, 사물 차원에서 감응 작용은 진행 방향과 감수의 주체 및 방향에 따라 주체에서 사물에 이르는 내감과 사물에서 주체로 이르는 외감으로 구분할 수 있다는 것이다.

이러한 감응 이론은 대체로 두 가지 의의를 지닌다. 첫째, 생기론의 긍정이다. 송명 유학자들이 볼 때 우주와 만물을 관통하는 존재는 생기이므로 존재론의 관점에서 볼 때 우주와 사물들의 적감은 모두 이러한 보편적 생기의 감응 작용의 산물이다. 둘째, 사물의 관점에서 볼 때 우주의 감응은 개체의 고유한 사물성(존재성)에 따라 감응 방식이 무수하게 차별화되므로 그에 따른 인식도 무궁하게 전개된다. 이 두 가지 의의를 종합하면, 결국 우주 차원의 감응은 사물들이 탄생하는 존재론적 기반이지만 일단 사물이 탄생한 후에는 타자를 인식할 수 있는 인식론적 근거가 된다. 따라서 왕양명이 제시한 인간의 영명 개념은 이 두 가지 감응의 의미를 통합하여 설명한 것으로 볼 수 있다.

사실 왕양명이 심신의 감각과 지각을 매개로 제시한 꽃의 존재성도 이러한 감응의 이중성을 내포하고 있다. 가령 우주의 내감 차원에서 인간의 영명성과 꽃의 존재성은 주체가 꽃을 보지 않을 때도 보편적 기의 차원에서 그 존재성이 잠재적 형태로 존재한다. 그러다 주체의 영명한 지향성이 시각 장의 형태로 그 잠재적 존재성과 상관 관계를 구성하는 순간 우주 차원의 존재론적 감응은 개체 차원의 인식론적 감응으로 체현되는 것이다. 따라서 감응과 관련된 수양의 관건은 개체 차원에서 이루어지는 인식론적 감응의 기미를 단서로 삼아 우주 차원의 보편적이고 절대적인 감응의 원사태를 소급적으로 파악하는 것이다.

> 성(誠)은 실재적인 이치이니 단지 양지일 뿐이다. 실재적인 이치의 오묘한 작용과 유행이 신(神)이고, 그것이 싹터 움직이는 것이 기(幾)이다. 참되고 신묘하며 기미를 아는 것을 성인이라고 한다. 성인은 앞서 아는 것을 귀하게 여기지 않는다. 화복이 이르는 것은 성인이라도 벗어날 수 없다. 다만 성인은 단지 기미를 알아서 변화에 따라 통할 따름이다. 양지에는 전후가 없으니 다만 현재의 기미를 알아서 곧 한 가지를 깨달아 백 가지에 통달할 뿐이다. 만약 미리 알려는 마음을 생기면 이것은 사적 마음이니 이로운 것을 추구하고 해로운 것을 피하려는 의도가 있을 것이다.[13]

그는 『중용』이 성인의 경계로 제시한 선지(先知)[14] 능력을 양지(良知)의 기미를 파악하는 것으로 정의하고 있다. 다시 말해 성인이란 전혀 발생하지 않은 미래의 사건을 예측하고 파악하는 인물이 아니다. 오히려 그러한 마음은 존재하지 않는 가상의 존재를 사전에 설정하고 억측한다는 점에서 사심이나 사의에 불과하다. 그가 보기에 우주는 실재적인 이치들의 감응으로 충만하고 또한 이러한 우주적 감응의 전환체로서 양지의 영명성은 본래 신묘하므로 이 둘의 존재론적 감응은 주체의 의식적인 인식 여부와 무관하게 기미의 형태로 현전한다고 보았다. 따라서 수양의 관건은 우주의 존재론적 내감이 사물들 사이의 인식론적 적감으로 전환되는 기미의 우주론적 연원을 철저하게 파악하는 데 있다. 그러므로 지극한 성인이란 다름 아닌 이러한 우주 차원의 감응이 개체 차원의 기미로 전화되는 자연성에 따라 매우 자연스럽게 순리적으로 일을 처리하는 사람을 가리킨다.

3. 심즉리(心卽理)의 현상학적 함의

앞서 왕양명은 인간의 영명성의 근거로 활기(活氣)와 생존(生存)을 제시하였다. 다시 말해 인간의 영명성은 오직 살아 있을 때만 활동한다는 것이다. 체화된 인지 관념에서 볼 때 이것은 매우 중요한 통찰이다. 왜냐하면 인간의 인지의 성립 조건과 한계를 생(生)에 귀속시키고 있기 때문이다.

주지하는 것처럼 정주학(程朱學)에서 이(理)와 기(氣)는 유한하게 존재하는 개별 사물들과 달리 모든 사물들의 원리 및 원질로서 시공간을 초월하여 보편적으로 존재하는 것으로 간주되어 왔다. 그런데 왕양명은 개체의 생기와 생존을 초월하는 이기(理氣)의 보편적 초월성과 절대적 선재성을 부정하고 있다. 이처럼 주어진 인간학적 한계 상황에 근거하여 인간의 영명성과 이기의 상관 관계를 재정립한 태도는 일종의 실존주의적 인간관과 현상학적 태도를 잘 보여준다고 볼 수 있다.

> 이는 기의 조리(條理)이고, 기는 이의 운용이다. 조리가 없으면 기가 움직여 작용할 수 없고, 기가 움직여 작용할 수 없으면 또한 그것의 조리를 볼 길이 없다.[15]

그는 보편적이고 절대적인 이(理)의 존재를 부정하고 그 내용과 범위를 단지 생기의 조리(條理)로 제한한다. 다시 말해 사물의 원리와 법칙은 객관적이고 보편적이며 초월적인 영원한 존재가 아니라 단지 지금 여기서 끊임없이 생성하고 변화하는 기의 운동의 내적이고 조직적인 규칙이나 패턴을 가리킨다고 본 것이다. 따라서 사물의 원리와 법칙은 생기의 한시적이고 국지적인 자기조직화의 기제를 가리킨다. 따라서 개체 인간이 죽는 경우 그가 살아 있을 때 생성되는 이기의 법칙과 운동도 함께 소멸한다.

이러한 관점은 왕양명이 마음의 오덕(五德, 인의예지신)을 설명하는 내용에서도 확인할 수 있다. 오덕은 전통적으로 오성(五性)으로 불리며 인간의 본성에 선험적으로 갖춰진 성리(性理)로서 보편적이고 초월적인 도덕 법칙으로 간주되어 왔다. 하지만 왕양명은 오덕은 단지 양지가 구체적인 사태에서 자연스럽게 유행할 때 그 상황에 적합하게 현상하는 규범의 조리(條理)로 강조하였다.[16]

이러한 관점들을 종합하면, 왕양명의 심즉리(心卽理), 곧 '마음이 곧 이치'라는 명제는 '마음에 보편적인 원리나 법칙들이 선험적으로 갖춰져 있다'거나 '마음이 사물의 이치를 창조한다'는 의미를 강조하는데 있지 않다. 오히려 이 명제는 현상학적 차원에서 마음과 이치의 상호 구성적 본질과 특징을 천명한 것으로 마음이 구체적인 사물과 지향적 상관 관계를 구성할 때만 그에 연관된 이치가 체현된다는 점을 강조한 것이다. 이 점은 그가 심즉리의 내용을 사구(四句)의 형식으로 요약하여 설명한 내용을 살펴보면 가장 분명하게 알 수 있다. 그는 심즉리를 '심외무리(心外無理, 마음 밖에 이(理)가 없다)'로 부연한 후에 그 네 가지 의미를 '심외무물(心外無物, 마음 밖에 사물이 없다), '심외무사(心外無事, 마음 밖에 사태가 없다)', '심외무선(心外無善, 마음 밖에 선이 없다)', '심외무의(心外無義, 마음 밖에 의리가 없다)로 설명하였다.[17]

네 명제 가운데 심외무물과 심외무사는 마음과 사물 및 사태의 상관성을 설명한 것이고, 반면 심외무선과 심외무의는 마음과 규범의 상관성을 설명한 것이다. 그런데 흥미로운 점은 이 명제들의 형식이 모두 공통적으로 '심외무X', 곧 '마음 밖에 X가 없다'의 형식으로 되어 있다는 사실이다. 하지만 논리적 관점에서 볼 때, '마음 밖에 X가 없다'가 '마음 안에 X가 있다'와 곧바로 동치가 아니라는 점이다. 만일 앞의 두 명제가 같은 의미라면 굳이 '심외무X'라는 부정 명제의 형식으로 기술하지 않았을 것이고 곧바로 "마음 안에 사물, 사태, 선, 의리가 있다."라는 긍정 명제 형식으로 표현했을 것이다. 따라서 부정 형식으로 명제들을 표현한 본의는 일차적으로 사물이나 사태의 존재성 및 규범성은 마음의 활동 영역, 곧 지향 활동을 벗어나서는 성립될 수 없다는 것을 강조하는 데 있다. 이 점은 그가 지향성을 중심으로 몸, 마음, 앎, 그리고 사물을 정의하는 내용을 보면 가장 분명해진다.

> 마음이 없으면 몸도 없고, 몸도 없으면 마음도 없다. 다만 그 꽉 찬 측면을 가리켜서 몸이라고 하고, 그 주재하는 측면을 가리켜서 마음이라고 하며, 마음이 드러나 움직인 측면을 가리켜서 의(意)라고 하고 그 의(意)의 영명한 측면을 가리켜서 앎이라고 하며, 그 의(意)가 지향하여 곳을 가리켜서 사물이라고 하니 이것들은 단지 한 가지 사태이다. 의(意)는 일찍이 공허한 곳에 매달린 적이 없으니 반드시 사물을 정착되어 있다.[18]

위에서 왕양명은 몸과 마음의 통합성을 전제로 마음의 지향성이 몸, 마음, 앎, 사물을 관통한다는 논리를 제시하고 있다. 다시 말해 몸, 마음, 앎, 그리고 사물로 인식되는 대상들은 단지 이들을 횡단하며 통섭하는 단일한 지향성의 다른 매듭들일 뿐 실체적으로 서로 구분되거나 분리되는 대상들이 아니라는 것이다. 이것은 마치 현상학에서 노에마(noema) 개념이 마음과 사물의 지향 관계의 한 극점(pole)을 가리키는 것처럼[19], 인간의 심신을 포함하여 모든 사물들을 양지와 필연적 상관관계를 구성하는 극점들로 해명하려는 것으로 볼 수 있다.[20] 이러한 맥락에서 왕양명은 정주(程朱)가 제시한 '재물위리(在物爲理)'의 주장을 정면으로 비판하였다.

> 제자가 또 물었다. "(선생님께서는) 심즉리에 대해 말씀하셨지만, 정자는 '사물의 측면에서는 이(理)라고 한다'고 했으니, 어떻게 심즉리라고 할 수 있겠습니까?" 선생께서 대답하셨다. "'사물의 측면에서는 이(理)라고 한다'는 구절에 마땅히 '심(心)' 자를 추가해야 한다. 이 마음이 사물 차원에 있는 것이 이치가 되니, 가령 이 마음이 부모를 섬기는데 있으면 효(孝)가 되고, 군주를 섬기는 데 있으면 충(忠)이 되는 것과 같다."[21]

'재물위리'는 '사물의 측면에서는 이치라고 한다'는 의미로, 천명(天命)에 의해 사물이 형성될 때 천리(天理)가 사물의 보편적이고 객관적인 이치로 전환되어 내재된 과정을 설명한 구절이다.[22] 그런데 왕양명은 '재물위리'의 앞에 '심(心)' 자를 추가하여 '마음이 사물에 있을 때만 이치라고 한다'고 수정했을 때만 비로소 그 의미가 온전해진다고 보았다. 왜냐하면 그가 보기에 사물의 원리와 법칙은 보편적이고 객관적인 우주의 원리와 법칙이 전환되어 형성된 것이 아니라, 어디까지나 마음의 지향 활동이 해당 사물과 상관관계를 형성했을 때만 구성되는 것이기 때문이다. 동일한 문제의식에서 왕양명은 정좌와 같은 공부를 통해 마음에서 우주나 사물의 원리나 법칙을 직관하려는 반관(反觀) 공부를 비판하였다.

> 선생께서 앉아 있는 문인들에게 '근래 공부가 어떠한가'라고 물었다. 한 문인이 마음이 허명(虛明)한 상태를 들어서 설명하였다. 그러자 선생께서 "이것은 광경(光景)을 설명한 것이다." 다른 문인은 이전과 현재의 마음 상태의 같고 다름으로 설명하였다. 그러자 선생께서는 "이것은 효과이다."라고 말씀하셨다. 그러자 두 문인은 망연자실하여 가르침을 청했다. 선생께서 "…만약 오로지 광경만을 추구하거나 효과만을 말하면 이것은 오히려 조장과 외부로 치달은 병폐이지 공부가 아니다.[23]

여기서 그는 두 가지 상반된 공부 방법을 비판하고 있다. 하나는 격물치지처럼 외부 사물에 대한 점진적인 탐구 및 그에 따른 인식을 통해서 마음의 지식이 확장되는 효과를 추구하는 공부 방법과, 다른 하나는 비고 밝은 마음의 본 모습과 상태를 내성적으로 직관하려는 공부 방법이다. 왜냐하면 이러한 공부법들의 가장 큰 문제점은 주체들이 몸의 안팎을 기준으로 내외와 동정을 구분하여 공부의 대상을 설정하기 때문이고, 특히 반관처럼 고요한 곳에서 내면으로 침잠하는 공부는 사물의 존재성을 몸 밖의 유한하고 가치 없는 존재로 치부하여 철저하게 외면한 채 오로지 마음 안에만 존재한다고 설정한 절대적이고 보편적인 이치를 실체화하고 그것을 직접적 인식의 대상으로 삼기 때문이다.[24]

하지만 왕양명은 이처럼 마음의 허명한 본체를 실체적인 진리로 절대시하거나 착각하는 공부 방법론을 모두 '이장(理障, 잘못된 인식에서 비롯된 진리의 장애)'으로 규정하였다.[25] 이러한 내용들은 왕양명이 제시한 심즉리 이론이 마음을 내외로 구분하거나, 또는 내외의 구분 아래 마음 속 이치를 긍정하기 위한 것이 아니라는 사실을 잘 입증해준다. 그러면 마음의 지향 활동 안에서 사물들의 조리를 온전히 실현하는 공부법은 무엇인가? 그것은 집의(集義)이다.

> 군자의 학문은 죽을 때까지 오직 집의에 있을 뿐이다. 이때 의(義)는 '마땅함[宜]'을 말하니 마음이 그 마땅함을 얻는 것을 '의(義)'라고 한다."[26]
> 집의는 심의 본래 모습을 회복하는 공부이다.[27]

왕양명은 마음의 본래성을 회복하는 공부법으로 집의를 제시하고 그 실천으로 '마땅함[宜]'을 성취하는 행위를 강조하였다. 다시 말해서 어떤 사태와 관련된 합당한 도리를 습득하는 태도와 인식은 그 해당 사태를 주어진 맥락적 상황(환경) 적합하게 처리하려는 실천적 행위를 습관화하는 과정에서 얻게 된다고 본 것이다.

그는 자신의 새로운 관점을 정당화하기 위해서 전통적으로 보편적인 오덕 가운데 하나로 중시된 의(義)의 규범적 내용을 구체적인 상황에서 사태를 적절하게 처리하고 실현할 수 있는 능력으로 전환시키고 있다는 점을 확인할 수 있다. 실제로 그는 우주와 인간의 본질을 무엇보다도 중(中), 곧 역동적 평형성(homeostasis)로 규정하였다. 다시 말해 그는 우주와 인간의 본질을 객관적이고 보편적이며 초월적인 원리나 법칙이 아니라, 그 자체로 끊임없이 자기생성과 자기조직화의 존재로 본 것이다.[28] 그러므로 오직 매순간 발생하는 사태들의 최적점을 실천적으로 탐구하여 적절하게 처리하는 실천을 통해서만 비로소 중의 본성은 체화된 인지로 전환된다.[29]

이상의 내용을 종합하면, 왕양명이 심즉리를 제시하고 그것을 실현할 수 있는 집의 공부법을 제시한 본의는 현상학의 관점에서 심신과 사물의 지향 관계를 재구성하여 유심주의나 객관주의에서 말하는 마음과 사물, 그리고 잘못된 실천 방법을 극복하고 주객 또는 내외를 횡단하고 통섭하는 명실상부한 체화된 인지 공부법을 제시하려는 데 있다는 점을 알 수 있다.[30]

4. 사태의 의미론적 본질과 특징, 그리고 의의

왕양명이 마음과 사물의 이치를 분리하는 견해들을 시종일관 철저하게 비판한 까닭은 마음의 인식과 실천적 행위를 분리하는 결과를 낳기 때문이다.[31] 마음과 사물의 이치를 분리하는 관점의 배후에는 사물의 존재성을 마음의 지향 활동과 상관없이 외부에 객관적이고 독립적으로 정립하려는 생각이 깔려 있다. 하지만 왕양명은 이러한 소박실재론이나 객관적 실재주의는 사물의 존재성을 올바로 인식하지 못한 것으로 본다. 왜냐하면 모든 사물은 그 자체로 마음의 지향성과 상관 관계를 구성하는 현상으로서 사태들이기 때문이다.

> 물(物) 자는 '사(事)' 자이니 모두 마음의 측면에서 말한 것이다.[32]
> 의(意)의 작용은 반드시 그에 따른 사물이 있으니, 사물이 사태이다.[33]

송명 유학에서 '사물[物, things]'은 원래 일차적으로 형상과 형체를 가진 모든 존재자를 가리킨다.[34] 그리고 그 내용과 범위는 모든 인간의 행위

뿐만 아니라[35] 또한 정신 활동도 포괄한다.[36] 이 밖에도 사물은 원래 정적인 사물의 존재뿐만 아니라 동적인 사태[事, affairs] 일반도 포괄한다.[37] 이 때문에 주자학에서는 사물을 존재 일반을 총칭하는 개념으로 사용하였다.

하지만 왕양명은 이러한 주자학의 관점을 전복시켜서 오히려 사태로 사물을 대체하였다. 다시 말해 주자학에서는 사물과 사태가 구분된다는 전제 아래 사물 개념이 사태를 포괄하는 범주라면, 이와 대조적으로 왕양명은 광의의 사물 개념을 오로지 사태의 범주에 귀속시킨 것이다. 그런데 왕양명의 철학에서 이러한 견해는 당연한 것이다. 왜냐하면 그의 관점에서 모든 사물은 그 자체로 이미 심신의 지향 활동이 투영된 소재이므로 그 내용과 특징상 심신의 행위와 무관한 독립적이고 객관적인 대상은 존재할 수 없기 때문이다. 이 점은 마음과 이치, 그리고 사물의 상호 관계에 대한 주자와 왕양명의 관점을 비교하면 좀 더 명확해진다.

> 주자: 마음은 인간의 신명으로 온갖 이치를 갖추고서 온갖 일에 대응하는 존재이다.[38]
> 왕양명: 마음의 허령불매하므로 온갖 이치가 갖춰지고 사태가 생출한다. 그러므로 마음 밖에 이치가 없고, 마음 밖에 사태가 없다.[39]

주자는 이치와 사물은 마음의 주관적인 활동으로부터 객관적인 실재성을 갖는다고 생각했으므로 마음이 그 이치를 갖추고 그 대상에 응대한다고 설명하고 있다. 이때 마음과 이치, 또는 마음과 사물은 주체와 객체로 구분되므로 양자의 관계를 표현하기 위해서 '구(具)'와 '응(應)'을 타동사의 용법으로 사용되고 있다. 이와 대조적으로 왕양명은 이치와 사태는 마음의 지향성의 필연적 상관자로서 출현하므로 양자를 분리할 수 없으므로 술어 '구(具)'와 '생(生)'을 자동사의 용법으로 사용하는 동시에 그 구체적인 의미를 '심외무리'와 '심외무사'로 부연하고 있다. 따라서 왕양명의 관점에서 사물은 모두 사태를 가리키고 또한 사태의 이치는 언제나 마음과 필연적 상관관계를 구성한다.[40]

주의할 점은 사물의 이치가 마음의 지향 활동 아래 현출한다고 해서 이것들을 마음의 주관적 산물로 치부해서는 안 된다. 왜냐하면 마음의 지향성은 그 자체로 우주적 감응이 인간의 영명으로 전환되어 형성된 것이자 또한 형성된 후에도 우주의 감응과 부단히 감통하는 존재이기 때문이다.[41] 이 밖에도 모든 사물과 이치가 이처럼 실존하는 인간의 심신의 필연적인 상관물인 이상 그것들은 본성상 체화된 인지의 속성을 지닐 수밖에 없으므로 선험적이고 객관적인 초월성보다는 구체적이고 사실적인 역사성을 띨 수밖에 없다. 이 점은 왕양명이 그의 문인인 서애(徐愛)와 육경(六經)의 정체성에 대해 토론하는 내용을 살펴보면 좀 더 분명해진다.

서애가 물었다. "선대의 유학자들은 『육경』을 논의할 때 『춘추』를 역사서로 간주하였습니다. 역사서는 일을 전문적으로 기록한 것이니 오경의 편제와는 좀 다른 것 같습니다." 선생께서 대답하셨다. "일의 측면에서 말하면 '역사'라고 하고, 도(道)의 측면에서 말하면 '경'이라고 한다. 그러니 일이 곧 도이고, 도가 곧 일이다. 그러므로 『춘추』도 또한 경전이고, 오경도 또한 역사이다. 『역경』은 복희(伏羲) 씨의 역사이고 『서경』은 요순(堯舜) 이래의 역사이며 『예경』과 『악경(樂經)』은 하은주(夏殷周) 삼대의 역사이다. 그 일이 같고 그 도가 같으니, 어떻게 다르다고 할 것인가?[42]

얼핏 보면 위의 토론은 『춘추』의 정체성, 곧 그것이 역사서인가 아니면 경전인가에 대한 토론처럼 보일 수 있다. 하지만 논의의 초점은 성현의 도와 역사적 사실의 관계를 어떻게 규정할 것인가와 직결되어 있다. 특히 서애(徐愛)는 성현의 도는 보편적이고 영원한 데 반해 역사적 사실은 특수하고 가변적이라는 전제 아래 『춘추』는 역사적 사건을 기록한 것이므로 성현의 도를 담은 『오경』과 구분되어야 한다고 주장한다.

하지만 왕양명은 '사태가 도이고, 도가 사태이다.'라는 전제 아래 『오경』과 『춘추』는 모두 각기 서로 다른 시대를 산 성현들의 삶과 가르침을 기록한 것이므로 모두 역사서인 동시에 경전이라고 강조한다. 이러한 견해는 사실상 도(道)로 대변되는 진리를 역사적 지평의 차원에서 긍정한 것으로 오직 구체적인 시공간의 축을 실존의 토대와 한계상황으로 삼는 체화된 인지만이 진리성을 담보할 수 있다는 점을 역설한 것이다. 이것은 마치 서양에서 후기의 현상학이 선험론적 현상학에서 발생적 현상학으로 이행함에 따라 초월론적 역사의 이념 아래 세계의 선소여성을 무한한 의미의 역사적 지평으로 환원하여 설명한 방식과 일치한다.[43]

이상의 내용을 종합하면 왕양명이 심신의 지향성을 전제로 기존의 사물 개념을 언제나 생기하는 사건으로서 사태 개념으로 전환시키고, 이와 동시에 그것을 우주의 감응이 인간의 심신을 통하여 체화된 인지 형태로 체현되는 것으로 설명한 것과, 또한 이러한 체화된 인지로서 사태가 언제나 역사적 지평을 내포한다는 견해는 결국 진리는 오직 현상학적 의미의 현상적 세계의 지평에서만 존재한다고 선언한 것에 다름 아니다. 이때 현상은 실체와 대비되는 표상(representation)을 가리키는 아니라, 일종의 '표상 없는 실재'를 가리킨다.

이 밖에 왕양명이 사태의 이치로 제시한 개념은 일차적으로 실체론이나 규범론의 색채를 띠는 것이 아니라 의미론적 성격을 띤다. 하지만 이때 의미는 언어적 해석과 인식을 전제로 한 표상적 의미론 또는 재현적 의미론이 아니라, 마치 현대의 신유물론자인 바라드(K.M.Barad)가 행위적 실재론에서 제시한 '존재론적 현상'으로서 의미 개념에 가깝다. 그녀는 일찍이 주체적 행위의 내부-활동 안에서는 물질과 담론(의미)이 존재론적 얽힘 현상으로 서로를 함축된다고 지적한 적이 있다.[44] 다시 말해 현상이 존재의 위상을 갖는 측면에서 보면 사태는 그 자체로 이미 선술어적 의미라는 것이다.

이러한 견해들은 왕양명이 체화된 인지를 획득하는 것과 관련하여 제시한 실천적 방법들을 올바로 파악하는 데 적지 않은 도움을 준다. 그 대표적인 예로 왕양명은 지행합일(知行合一)의 이념 아래 최상위의 수양법으로 본체공부(本體工夫)를 제시하고 체인(體認)의 실천 방법으로 언어적 이해를 넘어서 마음의 현전을 직접 체득하는 심통(心通)과 묵식(默識)을 제시하였다.[45] 그런데 이러한 초언어적인 방법으로 체화된 인지를 추구하는 것은 결국 존재론적 현상의 직접적 구조와 특징을 철저하게 체험하는 것을 의미한다. 그리고 그 목적은 일차적으로 심신의 지향성의 상관자로 생기하는 사태의 본원적 의미를 선술어적으로 몸소 파악하는 동시에 궁극적으로 심신과 사태의 제한적 상관관계의 형식으로 체현되는 우주의 무한한 존재론적 감응을 체험하는 데 있다.

5. 나가기

앞서 우주적 기의 운동의 내적 기제인 감응이 주체의 심신의 지향성과 교직될 때 탄생하는 사태들이 갖는 인식론과 존재론의 내용과 특징, 그리고 의의를 살펴보았다. 이 과정을 통해서 사물과 세계는 언제나 사태로 현상하며 현상하는 과정과 내용, 그리고 특징은 우주와 주체의 감응을 관통하므로 주객의 형식으로 분리할 수 없다는 점을 살펴보았다. 그리고 현상은 언제나 심신의 지향성의 상관자로서 존재론적 성격을 띠므로 그 자체로 존재인 동시에 인식(의미)라는 점도 살펴보았다.

그런데 기존의 사물이나 현상을 사건으로서 사태와 존재론적 현상으로 전환시키고 현상학적 관점에서 사태와 의미가 존재론적으로 얽혀있다는 것을 파악하려면 추상적이고 이론적인 사유를 넘어서 무엇보다도 역동적인 체득(體得)이 요구된다. 다시 말해 일상에서 시시각각 발생하는 실존적 경험의 심신 현상학적 구조와 의미를 끊임없이 성찰해야 한다. 실제로 왕양명이 지행합일(知行合一)의 이념 아래 평생 동안 집의(集義), 치양지(致良知), 심상체인(心上體認), 본체공부(本體工夫) 등 다양하면서도 역동적인 실천 과정을 추구한 것도 이런 목적을 성취하기 위해서이다.

그런데 이처럼 마음과 사태의 필연적 상관성을 체인 공부의 출발점으로 삼아 심신의 지향성과 사태가 최초로 교직되는 원사태 지점까지 파고들어갈 경우 체화된 인지는 결국 미세한 신체성에 대한 정밀한 인식에 이를 수밖에 없다. 가령 후기에 몸의 신체성을 중시한 양명학자인 왕간(王艮, 1483-1540)은 다음과 같이 말하였다. "내 몸의 상하·전후·좌우에 있는 것이 사물이고, (사물의) 걸음쇠와 곱자는 사물을 탐구하는 행위이다."[46], "내 몸은 곱자와 같고, 천하국가는 사각형 및 원과 같다. 천하국가가 사각형이나 원이 아니면 오히려 내 몸이 사각형이나 원이 아니다."[47]라고 말한다. 이러한 견해들은 마음과 사태에 관한 의식 현상학의 관점을 넘어서 신체와 사물 또는 세계의 동근원성 및 필연적 상관관계를 신체성을 중심으로 재구성한 것으로 양명학의 체화된 인지 이론이 후기에 어떻게 발전했는지를 가장 잘 보여준다.

마지막으로 지적할 점은 이처럼 주체 차원에서 실천적으로 자득한 체화된 인지가 비록 선술어적 인지 형태를 띤다고 해서 그 결과가 반드시 전적으로 주관성에 함몰되어 객관적인 연구의 가능성이 소멸되는 것은 아니다. 가령 오늘날 체험주의(experientialism)를 제창한 학자들은 인지의 원초적인 형성은 이미 신체의 운동−감각 도식, 은유적 범주, 그리고 무의식적 인지 등처럼 언어화되기 이전의 신체화된 인지 단계에서 발생한다는 점을 해명하였고, 그 성과는 이미 다양한 분야에 많은 영향을 끼치고 있다. 이러한 사례들은 선술어적인 체화된 인지가 성립 가능하며 또한 그에 대한 활발한 연구가 인간의 심신 및 체화된 인지의 본질과 특징을 심층적으로 해명하는데 오히려 더욱 타당하고 유익하다는 사실을 잘 보여준다.

더 읽을 거리

이영의, 숀 갤러거 외 지음. 2023. 『체화된 마음과 뇌』. 이 책은 체화된 인지의 문제 가운데 마음과 뇌의 문제 및 관계를 중심으로 이 분야에 다양한 전문가들이 다각도로 고찰하고 있다.

마크 시더리츠, 에반 톰슨, 단 자하비 편저, 이산 동광, 김태수 옮김. 2022. 『자아와 무아』. 이 책은 자아의 실재와 본성의 문제를 분석철학, 현상학, 그리고 인도철학 등 다양한 관련 분야의 융복합적 연구를 통해 해명하고 있다.

문규민. 2022. 『신유물론 입문:새로운 물질성과 횡단성』. 이 책은 최근 다양한 과학과 철학 분야에서 새롭게 부상하는 신유물론의 개념을 소개하고 이 분야의 주요 개척자들의 사상을 개괄하고 있다.

마크 존슨 저. 김동환, 최영호 옮김. 2012. 『몸의 의미』. 이 책은 신체화된 인지와 의미의 개념을 철학, 언어학, 심리학, 신경 과학, 미학 등의 다양한 학문적 관점에서 상세하게 설명하고 분석하고 있다.

노양진 지음. 2013. 『몸이 철학을 말하다』. 이 책은 최근 30년간 철학계에 새롭게 등장한 체험주의의 등장 배경, 주요 사상, 그리고 철학사적 의의를 전체적으로 개설하고 있다.

도덕적 성격과 세계로의 확장:
확장된 성격과 내장된 성격 가정에 대한 비판적 고찰[*]

I. 들어가는 말

현대 덕윤리 혹은 덕이론의 논의 중 중요한 것 가운데 하나는 성격 개념에 회의적인 태도를 보이는 상황주의(situationism)의 도전이다.[1] 상황주의에 따르면, 성격은 이론적으로 유용한 개념이 아니다. 상황주의자들은 성격적 특성이 안정적이거나 지속적이지 않다고 주장한다. 왜냐하면 인간은 고정된 성격에 의해 특정한 행동을 하기 보다는 주어진 상황의 여러가지 요소에 의해 특정 방향으로 행동하게 되기 때문이다. 환경 속의 다양한 가변적인 요소에 의해 이끌려 행동하기 때문에 인간에게 지속성이 요구되는 성격적 특성을 부여하기 어렵다는 주장이다. 널리 알려졌듯이, 동전 실험, 감옥 실험, 밀그램 실험, 사마리아인 실험 등 다양한 심리 실험들이 이런 주장을 지지한다고 알려져 있다.[2] 이런 주장은 덕윤리를 지지하는 사람들에게는 심각한 도전이 아닐 수 없다.[3] 만약 지속성을 지니는 고정된 성격이라는 것이 존재하지 않는다면, 덕윤리의 기반적인 개념이라고 할 수 있는 칭찬할 만한(praiseworthy) 혹은 감탄할 만한(admirable) 성격적 특성인 덕을 말할 수 없기 때문이다. 경험과학의 연구 결과를 통해 드러나는 인간의 상태를 무시하고 유덕한 인간이 되어야 한다는 지향점을 제시하는 것은 인간으로서 도달할 수 없는 목표를 제시한다는 비판을 받을 수 있는 것이다.

이 글에서 다루는 알패노(Mark Alfano)와 스콜버그(Joshua August Skorburg)의 주장은 상황주의가 주장하는 상황 혹은 환경의 중요성을 반영하면서 성격 개념을 유지하는 하나의 전략이고 할 수 있다.[4] 알패노와 스콜버그는 내장된 성격(embedded character)과 확장된 성격(extended character) 가정을 통해 성격과 환경적 요소가 통합된 형태를 가질 수 있다는 것을 주장한다.[5] 만약 이 제안이 성공적이라면, 덕윤리와 상황주의의 주장을 절충하는 입장으로 여겨질 수 있을 것이다. 따라서 이 글은 상황주의의 도전에 대응하는 덕윤리 혹은 덕이론의 한 가지 방식을 검토한다는 점에서 현대의 덕 개념에 대한 논의에 기여할 수 있을 것이다. 이 글에서 나는 알패노와 스콜버그가 제시하는 주장들이 가진 문제점을 지적할 것이다. 하지만 이러한 비판이 성격 개념을 유지할 수 없다는 상황주의의 입장을 전적으로 옹호하는 것을 의도하진 않는다. 이 글의 목표는 단지 상황적 요소를 성격에 통합 혹은 포함시키는 알패노와 스콜버그의 시도가 가진 문제점을 지적하는 것이다. 그렇다고 성격에 상황적 요소를 반영하는 모든 방식이 문제가 있다는 것을 주장하는 것은 아니다. 성격과 상황적 요소의 관계를 좀 더 분명히 하고 상황적 요소를 반영해 성격을 설명하는 다양한 방식은 이 분야의 중요한 과제라고 할 수 있을 것이다.

이 글의 목적은 알패노와 스콜버그가 제시한 내장된 성격 가정 그리고 확장된 성격 가정을 비판적으로 검토하고 그것이 가진 문제점을 제시하는 것이다. 목적을 성취하기 위해 다음과 같은 식으로 논의를 진행할 것이다. 우선, 알패노와 스콜버그가 제시하는 내장된 성격과 확장된 성격 가정이 무엇인지 설명할 것이다. 두 가정을 보다 확실하게 드러나게 해주는 고정관념 위협(stereotype threat) 사례와 애쉴리(Ashley)와 아짐(Azim)의 우정 사례를 이용할 것이다. (II절), 다음으로 확장된 성격 가정을 비판적으로 검토하고 그것이 가진 문제점을 제시할 것이다. 이를 위해 우선 체화된 인지(embodied cognition)에서 제시되는 확장된 마음 이론을 살펴봄으로써 성격이 확장된다는 것의 의미를 보다 분명하게 밝힐 것이다. 그다음에 확장된 성격 가정이 가진 문제점 두 가지를 제시할 것이다. 첫째, 통제할 수 없는 변화와 성격 평가의 문제를 제기할 것이다. 둘째, 확장된 성격 가정은 마마보이 같은 사람들의 정당화 혹은 핑계로 사용될 수 있다는 것을 제기할 것이다. (III절) 다음으로 내장된 성격 가정을 비판적으로 검토할 것이다. 알패노와 스콜버그가 성격에 관한 가정을 제시할 때 확장된 마음 이론에 기반을 두고 있다고 명시하고 있기 때문에 내장된 인지 이론은 각주를 통해 간단하게 설명할 것이다.[6] 그리고 고정관념이 사회에서 큰 영향을 미치는 것 중 하나라는 것과 앞으로도 계속 문제가 될 수 있다는 것을 지적할 것이다. 그 다음에 내장된 성격 가정에 반대하여 두 가지를 주장할 것이다. 첫째, 우리의 성격을 결정짓는 것은 환경적 요소가 아닌 그러한 환경적 요소에 대응하는 우리의 태도일 수 있다고 주장할 것이다. 둘째, 고정관념 위협과 같은 것을 성격에 통합되는 것으로 간주할 경우 수많은 외부적 요소를 성격의 요소로 간주해야 할 수 있고 이런 경우에 행위자는 자신이 온전히 파악하지 못해 반성의 대상으로 삼기 힘든 것을 성격에 통합시키게 될 수 있다는 것을 지적할 것이다. (IV절)

II. 내장된(embedded) 성격과 확장된(extended) 성격[7]

알패노(Mark Alfano)와 스콜버그(Joshua A. Skorburg)가 제시하는 내장된 성격과 확장된 성격 가정(The embedded and extended character hypotheses)에 따르면, 한 행위자의 성격을 보다 잘 설명하기 위해선 그 행위자가 처한 사회적 환경이 그 성격에 미치는 영향을 보다 정확하게 보아야 한다. 이 이론에 따르면, 한 행위자의 "도덕적 그리고 지적 성격은 그 사람의 사회적 환경에 의존하거나 그 환경에 의해 구성된다."[8] 한 행위자가 특정한 도덕적인 혹은 지적인 덕을 가지는 이유는 그 행위자가 외부적인 것이라고 할 수 있는 도구나 다른 사람과 적절하게 통합되었기 때문일 수 있다.

이 가정의 주장을 좀 더 명확하게 이해하기 위해선, 몇 가지를 검토해 봐야 한다. 우선, 누군가는 환경적 요소가 성격에 관한 기존의 견해에서도 이미 고려되었다는 것을 지적할 수 있다. 행위자의 성격을 설명할 때 그 행위자가 환경에 의해 영향을 받을 수 있다는 점을 무시하지 않았다는 것이다. 널리 알려졌듯이, 아리스토텔레스의 견해에서는 덕을 가지기 위해선 적절함이 있어야 한다. 양 극단에 치우치지 않고 적절함을 유지해야 한다.[9] 이러한 적절함을 가지기 위해선, 환경 속의 대상들도 중요한 요소가 된다. 한 행동의 적절함은 그 행동을 하는 방법이나 그 행동을 하는 시간 혹은 그 행동을 하는 대상 등이 연관될 수 있다. 스완톤(Christine Swanton)의 견해에서도, 환경 속의 대상이 덕을 정의하는 데 주요 요소가 되고 있다. 스완톤에 따르면, "덕은 성격의 좋은 성질로서 좀 더 자세하게 말하면 분야 혹은 분야들 내에 있는 대상들에 탁월한 혹은 충분히 좋은 방식으로 대응하거나 그것들을 인정하는 경향성이다."[10] 이 정의에서 말하는 분야 혹은 분야들이 환경의 일부라고 할 수 있고 그 대상들에 대응하는 것을 덕이라고 한다는 점에서 환경은 덕을 설명하는 주요한 요소가 된다는 것을 지적할 수 있다.

하지만 알패노와 스콜버그의 주장은 환경적 요소가 단순히 성격 혹은 덕을 설명하는 주요한 요소가 된다는 것에 그치지는 않는 것처럼 보인다. 위에서 제시되었듯이, 알패노와 스콜버그는 도덕적 덕과 지적인 덕이 환경에 의존하거나 환경에 의해 구성된다고 주장한다. 환경을 주요한 요소로 인정하고 있는 전통적인 견해는 도덕적 덕과 지적인 덕이 환경에 의존한다는 점은 어느 정도 포섭할 수도 있다.[11] 하지만 도덕적 덕과 지적인 덕이 환경에 의해 구성된다는 견해를 포섭하는 것은 어려워 보인다. 이런 점을 고려하면, 알패노와 스콜버그의 견해가 정확하게 무엇인지 그리고 그것이 적절한 견해인지를 논하는 것은 의미 있는 일이라고 할 수 있다.

다음으로 'embedded'와 'extended'의 의미가 좀 더 분명해야 한다.[12] 그 개념의 의미들이 완전히 분명하진 않지만, 위의 설명들에서 그것들에 대해 조금 드러나는 것은 다음과 같은 것이다. 'embedded'와 'extended'는 성격을 말할 때 전통적으로 제시되던 내적인 특성과 사회적 환경과 같은 외부적인 것의 통합을 드러내는 것이다. 행위자가 내적으로 가지고 있다고 여겨지는 성격적 특성들과 타인을 비롯해 사회적 환경 속에 있는 여러 가지 대상들과의 통합의 방식이 'embedded'와 'extended'인 것이다.

이러한 통합에 대한 분명한 이해를 가지기 위해선 다음과 같은 질문들에 답해야 한다. 도덕적인 혹은 지적인 성격이 사회적 환경에 의존한다는 것은 무슨 의미인가? 그것들이 사회적 환경에 의해 구성된다는 것은 무슨 의미인가? 도구나 다른 사람 등과 같은 사회적 환경과 적절하게 통합한다는 것은 무슨 의미인가?

이런 질문들에 대한 답을 하기 위해, 알패노와 스콜버그가 제시하는 구체적인 예를 살펴보자. 그들은 내장된 성격과 확장된 성격을 구분하면서 두 개의 구체적인 사례들이 이것들을 설명할 수 있다고 한다. '고정관념 위협' 사례는 내장된(embedded) 성격을 그리고 '우정' 사례는 확장된(extended) 성격을 설명해 준다고 한다.

내장된 성격을 드러내 준다고 하는 '고정관념 위협' 사례를 살펴보자. 고정관념은 특정 집단에 대한 고정된 생각을 가지고 개인의 개별적인 성질이나 능력을 무시하고 그 집단에 속한 구성원들을 그 집단에 대한 고정된 생각에 속한 존재로 이해하는 것이다. 예를 들어 백인들이 주를 이루는 대학에서 흑인 학생이 지적으로 도전적인 강의를 수강한다고 해 보자.[13] 이런 상황 속에서 시험을 치르게 되는 그 흑인 학생은 자신의 인종과 관련된 부정적인 고정관념을 신경 쓰게 될 수 있다. 그 학생은 자신이 그 시험에서 좋은 성적을 거두지 못하는 것이 자신의 인종에 대한 부정적인 고정관념을 강화시킬 가능성에 대해 생각할 수 있다. 그런 고정관념은 일종의 위협으로 작동하기 때문에 타인의 관점뿐만 아니라 스스로의 관점에서도 자신을 바라보는 강력한 틀로 작용한다. 시험에서 자신에 대한 고정관념을 의식하는 것이 시험 점수에 영향을 미칠 수 있다는 것이 실험을 통해 드러나기도 했다. 어떤 시험이 지적인 능력(intellectual ability)을 평가하는 것으로 설명되었을 때와 문제-해결 과제로 설명되었을 때 상이한 결과를 나타냈다. 지적인 능력을 평가받고 있다고 생각할 때는 고정관념이 작동해 백인 학생들의 성적에 비해 흑인 학생들의 성적이 떨어졌다. 하지만 그런 능력을 반영하는 것이 아니라고 제시되었을 때 흑인 학생들의 성적이 현저하게 개선되어 백인 학생들과 비슷한 수준으로 나타났다.[14]

알패노와 스콜버그는 이러한 사례가 행위자의 내적 특성과 환경적 요소가 통합된 모습을 보여준다고 주장한다. 위 사례에서 흑인인 행위자의 내적 특성과 고정관념의 대상이 되는 흑인 집단이라는 환경적 요소가 통합된 것으로서 이러한 통합은 내장된 형태라고 주장한다. 이런 통합은 아주 강한 형태는 아니어서 행위자가 환경에 의존한다는 것으로 표현된다. 행위자의 지적인 성격은 "때때로 사회적 환경 속에 있는 고정관념에 의존할 수 있고 행위자와 사회적 환경의 연관된 특성 사이의 연결과 피드백 순환은 그 지적인 성격이 사회적 환경에 내장되었다고 생각할 수 있을 정도로 충분히 긴밀하고 신뢰할 만할 수 있다."[15]

이러한 의존형태의 통합이 가지는 중요한 특징이 있다. 행위자와 환경적 요소와의 관계가 일방향적이라는 것이다. 행위자와 환경적 요소가 내장된 형태로 통합될 때 행위자는 환경적 요소에 의해 신뢰할 만하게 영향을 받게 되지만 반대 방향으로는 그렇지 못하다는 것이다. 행위자와 환경 사이의 관계는 비대칭적이고 일방향적이다.

한편, 확장된 인격은 우정 사례에 의해 설명된다.[16] 애쉴리(Ashley)와 아짐(Azim)은 깊은 우정의 관계를 형성하고 있다. 둘은 많은 시간을 함께 보내고 서로를 소중히 여긴다. 서로를 소중히 여기는 마음은 서로에 대해 여러 가지를 신경 쓰게 만든다. 단순히 물질적인 필요를 충족시키는 문제를 넘어서서 도덕적으로 선한 사람이 되는 문제도 관심의 대상이다. 그리고 서로는 상대방이 자신을 소중히 여기고 있다는 것을 알고 있다. 그 둘은 상대방이 가진 문제점에 대해서 상대방을 위하는 우정의 마음으로 지적을 해 준다. 우정의 관계를 형성하고 있는 애쉴리와 아짐은 무엇인가를 결정하는 숙고 과정에서 내면화된 서로의 목소리를 듣는다. 애쉴리에게는 내면화된 아짐이 있고 아짐에게는 내면화된 애쉴리가 있다. 계획을 세울 때나 행동할 때 상대방이 어떻게 생각할까를 염두에 둔다. 상대방이라면 어떻게 느끼고 행동할 것인가를 생각하면서 자신의 행동을 결정한다. 내면화된 애쉴리와 아짐은 고정된 형태로 남아있지 않고 상대방의 피드백에 의해서 지속적으로 업데이트된다. 이 둘은 서로 영향을 미쳐서 무엇을 욕구하며 어떤 특성을 가지고 살아가야 하는가에 관한 결정에도 관여한다. 저자들은 이 사례가 확장된 성격의 경우를 보여준다고 주장한다. "우정 사례에 있는 긴밀한 결합과 신뢰할만한 피드백이 존재한다고 할 때, 우리는 우정이 확장된 도덕적 성격의 사례로 이해될 수 있다는 것을 주장한다."[17]

우정 관계는 고정관념 위협과 중요한 점에서 차이를 가진다. 고정관념 위협의 경우에 행위자와 환경의 관계는 일방향적(unidirectional)이다. 고정관념은 행위자에게 영향을 미치지만 고정관념에 해당하는 행위자는 그 고정관념에 큰 영향을 미치지 못한다. 반면에 우정의 경우에는 행위자와 환경(여기서는 또 다른 행위자)의 관계가 양방향적이다. "그들은 서로에게 즉각적으로 세심하며 상대방의 행위와 의도에 맞게 차별적으로 대응한다."[18]

III. 성격의 확장과 변화와 평가

이 절에서 나는 확장된 성격 가정이 가진 문제점을 제시할 것이다. 앞 절에서 제시했듯이, 알패노와 스콜버그는 우정의 사례를 통해 한 행위자가 확장된 성격을 가진다는 것을 주장한다. 이에 반대하기 위해, 나는 두 단계로 논의를 전개할 것이다. 우선, 체화된 인지(embodied cognition)에서 제시되는 확장 개념을 살펴봄으로써 성격이 확장된다는 것의 의미를 보다 분명히 할 것이다. 둘째, 확장된 성격 가정이 가진 문제점을 두 가지 제시할 것이다. 통제할 수 없는 변화와 성격 평가의 문제를 제시한 다음 확장된 성격 가정이 마마보이의 핑계로 사용될 수 있다고 주장할 것이다.

알패노와 스콜버그는 내장된 성격과 확장된 성격 가정을 제시하기 위해 확장된 마음 가정(The extended mind hypothesis)에 의존하고 있음을 밝히고 있다.[19] 확장된 마음 가정에 대해 그들은 다음과 같이 기술하고 있다. "확장된 마음 가정의 지지자들에 따르면, 적어도 어떤 정신 상태(믿음, 욕구, 감정)의 매개체는 (중추 혹은 말초) 신경계의 범위 혹은 행위자의 피부 내에서만 위치하지는 않는다. 외부적인 소품, 도구, 그리고 다른 체계들이 행위자의 기능적 장치에 적절하게 통합될 때, 그것들은 행위자의 인지, 동기, 기억 등의 부분적인 담지자이다."[20] 이 설명에서 드러나듯이, 확장된 마음 가정에 따르면, 외부적인 것이 행위자의 기능적 장치에 적절하게 통합될 때 그것은 그 행위자의 인지의 한 요소가 된다. 이 주장이 무엇을 의미하는지 알기 위해서, 확장된 마음 가정을 좀 더 세밀하게 살펴보자.

확장된 인지 이론의 주장들을 설명하기 위해 우선 하나의 사례를 제시할 것이다. 그 사례에 대해 전통적인 인지이론과 확장된 인지 이론이 어떻게 구별된 설명을 제시하는가를 살펴보는 것은 확장된 마음 이론을 이해하는 효율적인 방법이 될 수 있다.[21] 우선 하나의 사례를 살펴보자.

J씨는 거리를 걷다가 자신이 좋아하는 오페라 포스터를 보게 된다. 대중들에게 많이 알려지고 자신도 좋아하는 푸치니의 오페라 연주가 있다는 것을 보게 된다. 캐스팅된 연주자들이 누구인지 확인한다. 자신이 평소에 좋아하던 오페라 가수들이 있다는 것을 알게 된다. 그리고 연주 일자를 확인한다. 주말이 끼어 있어서 원하면 갈 수 있는 상황이다. 연주 장

소도 나쁘지 않다. 너무 크지 않은 홀이어서 연주자들의 발성과 울림 그리고 연기들을 보다 가까이서 볼 수 있는 좋은 기회라고 생각된다. 나이 탓인지 중요한 기억을 자꾸 잊어버리는 J씨는 자신의 스마트폰을 꺼내 캘린더 앱을 열고 자신이 가고 싶은 날에 '푸치니 오페라 가기'라고 메모를 한다.

이런 사례에 대해 전통적 인지이론은 대략 다음과 같이 설명할 것이다. J씨는 여러 대상들을 지각하며 길을 걸어가고 있다. 눈과 귀와 코 등 감각기관을 통해 여러 가지 정보들이 들어온다. 하지만 대부분의 대상들은 그냥 흘러간다. 눈을 통해 들어오는 모든 것들에 주의를 기울이진 않는다. 그런데 평소 오페라를 좋아한 J씨는 오페라 포스터에 주의를 기울인다. 포스터에 적힌 정보들은 저장될 수 있는 정보로 준비되는 과정을 거친다. 이런 과정 속에서 이성적 사고는 여러 가지 역할을 한다. 이전의 지각 혹은 경험을 통해 기억 속에 저장되어 있는 여러 정보들이 활용되어 비교 혹은 분류 등을 위한 재료가 되기도 한다. 캐스팅된 테너 가수의 이전 연주에 대한 기억들이 떠오를 수도 있다. 오페라 연주 일자 및 장소 등은 기억 대상으로 분류되어 처리된다.[22]

확장된 마음 이론을 제시한 클락(Andy Clark)과 찰머스(David Charlmers)는 인지가 한 행위자의 마음 혹은 뇌로 생각되는 내부에서 일어나는 것이 아니라 외적 실재의 세계가 함께 작동할 수 있다고 주장한다.[23] 확장된 인지의 관점에서는 종이, 펜, 스마트폰, 계산기 등 외부 세계에 있는 것들도 인지 과정의 요소로 간주될 수 있다. 위 사례의 J씨가 오페라 연주 일자와 장소를 외우려고 했지만 정확하게 외우지는 못했다. J씨는 나중에 오페라 포스터를 봤던 기억을 떠올리고 자신의 스마트폰을 통해 연주일자와 장소를 확인했고 그것의 도움을 입어 오페라 연주에 갈 수 있었다고 하자.

확장된 인지 이론에 따르면, 이 때 스마트폰에 적힌 정보는 뇌 속에 저장되어 있던 정보와 동일하게 인지를 위한 자원으로 간주되어야 한다.

외부 세계의 사물을 뇌 속에 저장된 정보와 동일한 지위를 가지는 인지 자원으로 간주하는 것이 낯설게 느껴질 수 있다. 하지만 몇 가지 사례들을 생각해 보면 위의 주장이 완전 터무니없는 소리로 들리지도 않는다. 우선, 시각에 장애를 가진 분들에게 안내견은 인지를 위한 소중한 자원일 수 있다. 안내견이 비록 외부 세계의 존재일지라도 자신의 부족한 인지를 보충하기 위한 중요한 수단이 된다. 기억력에 문제가 있어 스마트폰에 의존하지 않고는 자신의 생활이 힘든 경우 안내견이 시각장애인에게 중요한 자원이듯이 스마트폰은 인지를 위한 중요한 자원이 될 수 있을 것이다.

혹은 아이와 부모의 관계에서 부모는 아이에게 인지의 자원일 수 있다. 어린 아기는 부모에게 끊임없이 묻는다. 부모의 대답은 아이로 하여금 세계에 대한 정확한 인식을 하도록 돕는다. 아이가 부모에게 하는 질문에는 무엇을 해야 하고 하지 말아야 하는가에 관한 도덕적 질문도 포함된다. 부모의 대답은 아이가 어떤 삶을 살아야 하는지에 관한 것과 관련된 도덕적 인지에 관해서도 많은 영향을 미친다. 이런 점을 고려해 보면 부모가 아이에게는 외부적 실재에 해당되지만 중요한 인지의 자원이 된다고 할 수 있다. 이런 의존관계는 어느 정도의 시점까지는 자연스럽게 여겨진다. 흥미로운 점은 이런 의존관계가 너무 지속될 경우 문제가 될 수 있다는 것이다. 이것에 대해서는 나중에 좀 더 자세하게 논의할 것이다.

이에 더하여 미래 사회에서 일어날 수 있는 사례 혹은 상황을 생각해 볼 수 있다. 미래 사회의 기술혁명은 많은 정보를 담은 나노칩을 행위자에게 삽입하는 것을 가능하게 할 수도 있다. 특정 언어에 관한 정보일 수도 있고 자신의 직업에 필요한 기본 정보일 수도 있다. 이것이 가능해질 경우 다양한 종류의 정보를 담을 수 있는 정보칩은 외부 세계의 실재를 구성하고 있지만 그것은 행위자의 잠재적인 인지 자원이다. 나노칩이 삽입되면 뇌에 저장되어 있는 정보와 마찬가지로 인지를 위해 사용되는 자원이 된다.[24]

성격의 확장이 어떤 것을 의미하는지 알기 위해선, 확장된 인지를 설명하는 주요 논제를 살펴볼 필요가 있다. 첫 번째 논제는 결합체계(coupled system)에 관한 주장이다. 클락과 찰머스는 외부의 환경들을 인지의 대상으로 간주한 전통적인 방식에서 벗어나 외부의 환경이 인지체계의 일부로 간주되어야 한다고 주장한다.

"인간 유기체는 외부의 개체들과 양방향으로 상호작용하는 방식으로
연결되어 있으며 이것은 그 자체로 인지체계로 간주될 수 있는 결합체계
를 만든다."[25]

이 주장에서 환경은 인간과 함께 인지과정의 능동적인 역할을 하는 것으로 제시된다. 인지 과정에서 환경의 능동적 역할을 인정한다는 의미에서 이 주장은 능동적 외재주의(active externalism)를 지지하는 것으로 이해된다. 메너리(R. Menary)도 지적하듯이, 이 주장은 환경의 개체들이 뇌의 인지과정에 단순히 인과적으로 영향을 미친다는 것을 의미하는 것이 아니라 능동적 역할을 통해 환경의 개체들이 인지과정의 구성적 요소가 된다는 것을 제시하고 있다.[26] 결합체계의 부분이 되는 인간과 환경 모두는 인지과정에서 능동적인 인과적 역할을 담당하며 행동을 규제한다.

다음은 동등성 원리(parity principle) 논제이다. 클락과 찰머스는 다음과

같이 주장한다.

> "우리가 어떤 일을 수행할 때, 머릿속에서 이뤄졌더라면 주저 없이 인지 과정의 일부로 인정할만한 과정으로 세계의 일부가 기능한다면, 그 일부는 인지과정의 부분이다. (우리는 그렇게 주장한다). 인지과정은 (모두가) 머리 안에 있는 것은 아니다!"[27]

환경 속의 개체이지만 머릿속에서 이뤄졌더라면 인지과정의 일부로 간주할만한 것으로 인지 기능을 담당하고 있는 경우는 위에서 제시한 예를 통해 확인할 수 있다. 만약 J씨가 오페라 연주 일정과 장소를 스마트폰의 도움 없이 정확하게 외웠더라면 머릿속에 저장되었을 것이고 필요할 때 사용되었을 것이다. 하지만 J씨는 스마트폰을 이용해 오페라 연주일정과 장소를 확인했다. 이 경우 머릿속에서 떠올려진 기억과 스마트폰은 동일한 기능을 수행하고 있다고 할 수 있을 것이다. 그렇다면 이 두 가지는 동등하게 인지과정의 일부라고 여겨져야 한다는 것이 클락과 찰머스의 주장이다.[28]

확장된 인지에 대한 위의 설명들은 확장된 성격 가정이 의미하는 바를 좀 더 확실하게 해 준다. J씨의 스마트폰이 그의 인지를 가능하게 하는 구성 요소이듯이, 애쉴리와 아짐은 서로에게 각각의 성격을 설명하는 한 구성 요소가 된다고 생각할 수 있다. 애쉴리와 아짐은 양방향으로 상호 연결되어 있으며 성격의 결합체계를 만든다. 이제 확장된 인지 가정이 가진 문제점을 살펴보자.

첫째, 통제할 수 없는 변화와 성격 평가의 문제이다. 확장된 성격 가정에 따르면, 애쉴리와 아짐은 서로에게 성격의 한 구성 요소가 된다. 그런데 애쉴리 혹은 아짐이 어느 시점에서 심각하게 변화할 수 있고 이 변화에 대해 상대방은 전혀 의식하지 못하거나 아무 일도 할 수 없는 상태일 수 있다. 애쉴리와 아짐의 예에서 다음과 같은 부분들을 추가적으로 가정해 보자. 위의 예에서 제시한 바와 같이 애쉴리와 아짐은 깊은 우정 관계를 유지해 오고 있다. 이들 우정의 중요한 기반적 요소 중 하나는 특정 종교에 대한 믿음이다. 동일한 믿음을 가진 믿음의 공동체 일원이라는 요소는 둘의 우정을 더욱 강화시켰다. 그런데 어느 날 아짐은 아주 특별한 경험을 하게 되었고 그 결과 다른 종교로 개종을 하게 되었다. 그런데 그가 새롭게 믿게 된 종교는 이전 종교와는 조화를 이룰 수 없다. 급격하게 일어난 이러한 변화의 과정을 애쉴리는 알 수 없었고 이러한 변화에 대해 아무 것도 할 수 없었다. 우정 관계에 있던 사람은 보통 서로의 변화에 대해 인식하고 그 인식이 내면화된 친구의 모습에 변화를 주는 계기가 된다. 그런데 이번 경우에는 아짐이 의도적으로 그 변화를 알리지 않았다. 애쉴리는 자신이라면 이렇게 개종하지 않았을 것이라고 생각한다. 이러한 변화로 인해 애쉴리와 아짐은 삶의 중요한 기반이 되는 가치에 대해 서로 다른 견해를 가지게 되었다. 애쉴리와 아짐은 자신의 행동을 결정할 때 더 이상 상대방의 관점을 떠올리지 않는다. 상대방이 어떻게 생각할 것인가는 더 이상 고려 요소가 되지 못한다. 그럼에도 불구하고 둘 사이의 관계는 유지되고 있다. 근본적인 문제에 관한 견해가 달라졌지만 둘은 지속적으로 만남을 가지며 서로의 삶을 나누고 있다.

이 사례를 통해 말할 수 있는 것 중 하나는 우정 관계에 있는 상대방을 행위자의 성격의 요소라고 할 수 없다는 것이다. 우리는 어떤 사람이 가진 성격에 대해 평가를 할 수 있다. 그 사람의 성격이 전반적으로 훌륭하다고 생각될 경우 그 사람을 칭찬한다. 이러한 칭찬은 그 사람이 그러한 성격을 형성하기 위해 애를 썼다는 것을 전제로 한다. 만약 그 사람이 아무런 노력 없이 그러한 성격을 형성했다면 우리는 그 사람의 좋은 성격을 칭찬할 이유를 가지지 않는다고 생각할 수 있다. 그런데 성격 중 일부가 자신이 통제할 수 없는 영역의 것이라면, 이것은 성격 칭찬에 관한 일반적인 가정과 조화를 이루지 못한다. 애쉴리는 아짐의 변화의 과정을 인지하지도 못했고 알았다 해도 그 개종에 동의하지 않는다. 이렇게 자신의 통제를 벗어나서 일어나는 부분이 자신에 대한 평가를 결정하는 요소가 된다고 생각하는 것은 이상한 일이다.

아울러서 우정의 관계에 있는 애쉴리나 아짐 중 한 사람이 많은 사람들의 비난을 불러일으키는 행동을 했다고 가정해 보자. 상대방이 그런 행동을 하는 것에 대해 할 수 있는 일이 아무 것도 없었다고 해 보자. 애쉴리나 아짐이 서로에게 성격의 한 부분이라고 할 때, 이런 잘못된 행동을 실제적으로 하지 않은 사람도 그 행동에 대해 책임이 있다고 해야 할 수 있다. 하지만 이는 책임에 대해 우리가 일반적으로 가정하는 것과 조화를 이루지 못한다.[29]

이 외에도 새롭게 변화된 아짐의 선택과 행동은 애쉴리의 관점에서는 이해하기 어려운 것일 수 있다. 자신이 성격 중 일부라고 여겨지는 사람의 생각과 행동이 이해하기 어려운 대상이 되어 버렸는데 그 사람이 나의 확장된 성격이라고 말하는 것은 이상해 보인다. 만약 이러한 변화에도 여전히 확장된 성격이라고 한다면, 애쉴리는 자신이 지지하지 않는 선택과 행동을 하는 자기모순적인 삶을 살게 될 수도 있다.

누군가는 애쉴리와 아짐 사이에 더 이상 우정 관계가 성립하지 않는다고 대응할 수 있다. 하지만 아짐의 큰 변화에도 불구하고 애쉴리는 아짐과 좋은 우정 관계를 유지할 수 있다. 둘 사이에 견해 차이가 생겨서 여러 문제에 대해 다른 선택을 하게 되었지만 여전히 둘은 좋은 친구 관계가 될 수 있다. 서로 다른 종교를 가졌다고 해서 우정 관계를 가질 수 없다고 하는 주장은 우정을 너무 제한된 관계 속에서만 발생할 수 있는 것으로 만들어 버린다.

둘째, 확장된 성격 개념은 마마보이 같은 사람들의 정당화 혹은 핑계로 사용될 수 있다. 애쉴리와 아짐이 우정의 관계에 있을 때 둘은 서로의 삶에 중요한 영향을 미친다. 중요한 결정을 내리고 행동할 때 상대방이 어떻게 생각할까를 고려하게 되고 상대방의 관점이 나의 관점의 일부가 된다는 것이 확장된 성격의 핵심적인 주장 중 하나이다. 이런 식으로 타인의 관점이 결정을 위한 중요한 기준으로 작용하는 경우는 우정에만 나타나는 것이 아니다. 부모의 영향을 받는 자식의 경우에서도 이런 모습은 나타난다. 그리고 자식의 이익을 생각하면서 자식의 관점을 고려 대상으로 삼는 부모의 모습도 생각해 볼 수 있다.

어떤 사람은 우정 관계와 부모와 자식의 관계가 다르다는 점을 지적할 수 있다. 우정 관계와는 달리 부모와 자식의 관계는 부모가 자식에게 일방적으로 영향을 미치는 일방향적이라고 생각할 수도 있다. 하지만 자식이 어릴 때에도 부모는 자식의 관점을 지속적으로 고려한다는 점과 자식이 성장해서는 자식의 관점이 부모의 관점에도 영향을 미친다는 점을 고려하면, 부모와 자식은 영향을 미치는 힘에 변화가 있는 다소 역동적인 양방향의 관계에 있다고 할 수 있다. 게다가 성격이 확장된다는 것이 우정 관계에서 성립한다면 가족 관계에서도 성립할 수 있다고 생각하는 것이 이상해 보이진 않는다. 우정 관계만큼 가족 관계는 각 개인의 삶에 중대한 영향을 미친다.

그런데 이런 식의 관계가 부정적인 모습으로 나타날 때가 있는데 확장된 성격 개념이 이것을 위한 핑계로 사용될 수 있다. 위와 같은 관계가 부정적인 형태로 나타는 경우 중 하나는 마마보이의 경우이다. 마마보이는 성인이 되어서도 자신이 독립적으로 결정하지 못하고 부모에게 의존하는 정도가 너무 심한 경우를 말한다. 인생의 중요한 문제가 생길 때마다 자신이 스스로 생각하지 못하고 부모가 어떻게 생각하는지를 우선적으로 생각하고 그것에 의존하게 된다. 이런 식으로 살아가는 사람들에게 확장된 성격 개념은 좋은 정당화 구실이 된다. 자식으로서 부모의 관점에 의존하는 것은 자연스러우며 부모의 관점은 자신의 성격의 일부라고 말할 수 있다. 의존에서 벗어나 독립성으로 나아가야 하는 지점에서 확장이라는 개념이 방해 요소가 된다. 부모의 관점 혹은 견해에 지속적으로 그리고 과도하게 의존하는 것을 확장이라는 개념으로 정당화하려고 할 수 있다.

IV. 내장된 성격과 태도와 거대한 성격

행위자의 내적 특성과 환경적 요소가 통합된 모습을 보여주는 또 하나의 예로서 제시된 것은 '고정관념 위협' 사례였다. 알패노와 스콜버그는 고정관념의 영향을 받아서 행동하는 행위자의 경우를 들어 성격이 내장되었다는 것을 설명한다.[30] 성격이 확장되었을 때에는 행위자의 내적 특성과 환경적 요소의 관계가 양방향적인데 반해 성격이 내장되었을 때에는 둘 사이의 관계가 일방향적이다. 환경적 요소는 행위자에게 영향을 미치지만 행위자는 환경적 요소에 영향을 미치지 못한다고 이들은 주장한다.

대부분의('모든'이라고 해도 무리가 아닐 것이다) 사회에는 다양한 종류의 고정관념들이 존재하고 그것들은 그 사회의 구성원들에게 많은 영향을 미친다. 특히, 추천 알고리즘이 점점 더 확대되어 가고 있는 현대 사회에서는 고정관념이 더욱 강화될 수 있다. '한국 사회 및 성격 심리학회'에서는 학회 회원을 대상으로 하는 투표를 통해 2024년 한국 사회가 주목해야 할 사회심리현상이 무엇인가를 물었다. 그 결과 '확증편향'이 가장 많은 표를 얻었다고 한다.[31] 이런 확증편향은 고정관념을 강화시키는 계기가 될 수 있다. "확증편향이 특정한 소수 집단에 대해서 가지고 있는 부정적인 고정관념과 결합되는 경우, 기존의 고정관념이 더욱 강화되기도 합니다. 사람들은 소수 집단 구성원이 보이는 행동 중 선입견과 일치하지 않는 행동에 대해서는 주의를 기울이지 않는 반면, 고정관념과 일치하는 행동은 적극적으로 받아들이면서 고정관념을 더욱 강하게 믿게 됩니다."[32] 이와 같은 보고는 고정관념이 현대 한국 사회에서 크게 영향을 미치는 요소 중 하나라는 것을 확인하게 해 준다.

고정관념에 의해 많은 영향을 받으며 살아가는 사람들이 있는 것은 사실이다. 고정관념으로부터 완전히 자유로운 삶을 사는 사람은 거의 없을 것이다. 각 행위자는 정도의 차이가 있지만 스스로 고정관념을 형성하기도 하고 이미 형성된 고정관념에 의해 영향을 받으며 판단을 내리고 행동하기도 한다. 하지만 고정관념에서 벗어나지 못하는 삶을 행위자의 성격과 통합되는 것으로 파악하는 것은 부적절해 보인다. 고정관념이 행위자의 판단과 행동에 영향을 미치는 요소에 그치는 것이 아니라 그것을 행위자의 내적인 특성과 통합되는 것으로 보는 것은 다소 과도해 보인다. 내장된 성격 개념에 반대하여 다음과 반론들을 제기할 수 있다.

첫째, 우리의 성격을 결정짓는 것은 환경적 요소가 아닌 그러한 환경적 요소에 대응하는 우리의 태도일 수 있다. 고정관념의 위협에 어떤 행위자들은 아마도 알패노와 스콜버그가 제시하는 방식으로 대응할 수도 있다. 고정관념의 틀을 벗어나지 못하고 그것의 영향 아래에서 판단하고 행동할 수 있다. 이는 고정관념의 위협에 일방적으로 영향을 받으며 그것에 이끌려 살아가는 모습일 것이다. 하지만 어떤 사람들은 다른 방식으로 대응할 수도 있다.[33] 흑인에 대해서 사람들이 가지고 있는 고정관념에 과감하게 도전하고 잘못된 고정관념을 바꾸려고 애쓰는 흑인 행위자가 있을 수 있다. 그는 자신이 살고 있는 사회에서 자신이 속한 집단에 대해 사람들이 가지고 있는 고정관념을 아주 잘 의식하고 있다. 그리고 그것이 잘못된 것이라는 것도 분명하게 의식하고 있다. 그런 고정관념에 수동적으로 이끌려 살아가는 것은 문제라고 생각한다. 그리고 과감하게 그것들과 관련된 판단이나 행동들에 도전적으로 대응한다.

대응하는 태도가 행위자의 성격을 결정짓는 요소일 수 있다는 것은 표적 중심적인(target centered) 덕윤리 이론을 제시하는 스완톤의 설명에서도 잘 드러난다. 그에 따르면, 덕은 대상에 대한 적절한 대응을 하는 것과 관련된다. 이 이론에 따르면, "사물, 사람, 동물, 상황 등과 같은 세계에 대한 것이나 느낌이나 행동과의 관계에서 좋은 그리고 올바른 형태의 대응성(responsiveness)은 덕의 표적에 의해 결정된다....예를 들어, 사랑이라는 덕의 표적은 올바른 방식으로 과도하지도 부족하지도 않게 사람들과 탁월한 사랑 관계를 가지는 것이다."[34] 탁월한 성격이라고 할 수 있는 덕을 가지기 위해 사물, 사람, 동물, 상황 등과 같은 환경적 요소에 적절하게 대응해야 하며 그것이 표적을 맞추는 것이라는 견해이다. 행위자가 어떤 성격을 가지느냐는 그 행위자의 삶과 관계된 환경적 요소에 어떻게 대응하느냐에 따라 결정된다는 견해로 이해될 수 있다.

외부적 힘에 대응할 때 중요한 것은 행위자의 태도가 드러난다는 것이다. 여러 가지 외부적인 힘들이 행위자에게 영향을 미친다. 게다가 행위자의 내부에 나타나는 여러 가지 힘들도 영향을 미칠 수 있다. 그런데 외부적인 힘들과 내부의 힘들 모두가 동일한 지위를 가지는 것은 아니다. 행위자는 그런 힘들에 대해 자신의 내적인 태도를 결정할 수 있다. 어떤 외부적인 힘들에 대해 자신의 가치 혹은 원칙에 맞지 않는 것으로 생각하고 거부할 수 있다. 이러한 거부에도 불구하고 어떤 외부적인 힘들은 여전히 영향을 미치겠지만 행위자의 태도는 최소한 영향의 정도를 다르게 할 수 있다. 내부적인 힘들은 어떤가? 누군가는 내부적인 힘들이기 때문에 모두 행위자의 것들이라고 생각하기 쉽지만 그렇지 않을 수 있다. 예를 들어, 행위자의 내부에 생기는 모든 욕구가 행위자가 동의하는 것은 아닐 수 있다. 어떤 욕구들은 행위자의 내면에 나타났지만 행위자에겐 낯선 힘일 수 있다. 이런 내적인 힘들에 대해서 행위자는 자신의 태도를 결정할 수 있다. 프랭크퍼트는 동일시(identification) 개념을 통해 이런 태도를 설명한다. 그에 따르면, 행위자의 내부에 나타난 여러 가지 욕구들 중 일부를 자신과 동일시할 수 있다. 이렇게 동일시된 욕구들은 그 지위가 변한다. 더 이상 외부의 낯선 침입자가 아니라 그 행위자를 표현하는 혹은 설명하는 욕구들이 된다. 동일시된 힘은 "우리의 힘이다. 그러므로 그것이 우리를 움직일 때, 우리는 수동적(passive)이지 않다. 우리는 우리에 의해서 움직이기 때문에, 우리는 능동적(active)이다."[35] 행위자 안의 욕구를 외부적인 낯선 힘에서 우리의 힘으로 만들어 주는 것은 행위자의 동일시이다. 이러한 동일시는 행위자의 내부적 힘들에 대한 행위자의 태도 중 하나로 간주될 수 있다.

둘째, 거대해지는 성격의 문제이다. 고정관념의 위협과 같은 것을 성격

의 한 요소로 간주할 경우 수많은 외부적 요소를 성격의 요소로 간주해야
할 수 있다. 이런 경우에 행위자는 자신이 온전히 파악하지 못해 반성의
대상으로 삼기 힘든 부분을 성격에 통합시키는 결과를 맞이할 수 있다.
알패노와 스콜버그에 의해 제시된 예에서는 고정관념 위협이 행위자에게
큰 영향을 미치고 있어 행위자가 고정관념 위협이라는 요소에 끼워진 상
태로 통합된다고 제시된다. 그런데 고정관념 위협 외에도 그 행위자는 여
러 가지 다양한 요소들에 의해 영향을 받으며 살아갈 수 있다. 어떤 행위
자들은 특정 종교 공동체의 강한 영향을 받으며 자랄 수 있다. 어떤 사람
들은 특정 정치 이데올로기에 깊게 빠져들어 살아갈 수 있다. 또한 성장
하면서 겪은 여러 경험들이 그 행위자에게 영향을 미쳤을 수 있다. 이런
여러 요소들이 고정관념 위협과 같은 일방향적인 특성을 가졌을 수 있다.
이 경우 그것들을 모두 성격에 통합된다고 해야 하는데 그것은 이상할 수
있다. 그에게 영향을 미치는 종교와 정치 이데올로기는 너무 복잡해서 행
위자가 충분히 이해하기 어려운 부분을 가지고 있을 수 있다. 이에 따라
그것들을 충분히 고려하고 반성의 대상으로 삼는 것도 힘들 수 있다. 게
다가 이런 경우에 확장된 성격의 경우에 대해서 제기한 문제가 동일하게
제기될 수 있다. 행위자가 온전히 파악도 하지 못하는 부분은 자신의 통
제와 조정의 영역을 벗어난 부분일 수 있다. 이런 부분이 성격의 요소로
통합되어 칭찬이나 비난과 같은 평가의 대상이 된다는 것은 이상할 수 있
다. 이런 점들을 고려해 볼 때, 고정관념과 같은 환경적 요소가 성격에 통
합된다고 하기 보다는 그것들이 행위자에게 영향을 미치며 그것들에 대
응하는 행위자의 태도가 행위자의 성격을 형성하는 요소가 된다고 말하
는 것이 훨씬 그럴듯해 보인다.

　누군가는 행위자에게 일방향적으로 큰 영향을 미치는 모든 것들이 성

격에 통합되는 것이 아니고 그중의 일부만 성격에 통합될 수 있는 것이라고 주장하면서 대응할 수 있다. 그런데 만약 이것이 옳다면, 통합될 수 있는 것과 그럴 수 없는 것을 구분 짓는 기준이 무엇인지가 분명하지 않다. 많은 영향을 미쳐서 행위자가 마치 끼워진 상태로 살아가고 있다고 할 때, 그런 영향을 미치는 것들 중 어떤 것은 성격에 통합될 수 있고 어떤 것들은 그렇지 못한지를 분명하게 말하는 정확한 기준을 가지는 것은 어려워 보인다. 알패노와 스콜버그는 그런 명확한 기준을 제시하지 못하고 있다.

V. 나가는 말

이 글에서 나는 행위자가 고정된 성격 보다는 상황적 요소에 따라 판단하고 행동한다고 주장하는 상황주의의 도전에 대한 대응이라고 간주될 수 있는 내장된 성격과 확장된 성격 가정에 대해 비판적으로 논의하였다. 알패노와 스콜버그는 고정관념 위협 사례를 통해 내장된 성격 개념을 제시하였다. 그들은 고정관념에 의해 일방향적으로 영향을 받아서 판단하고 행동하는 행위자의 지적인 성격은 상황적 요소에 끼워진 상태일 수 있다고 주장하였다. 알패노와 스콜버그에 따르면, 우정 사례는 확장된 성격 개념을 설명해 줄 수 있다. 우정을 통해 애쉴리와 아짐은 서로 영향을 주고받는 양방향적인 관계를 형성하고 있으며 서로에게 상대방의 관점은 내면화되어 삶의 판단과 행동에 영향을 미친다. 이와 같은 모습은 한 행위자의 성격이 환경적 요소와 통합하여 확장될 수 있음을 보여준다고 그들은 주장한다.

확장적 성격 가정과 내장된 성격 가정은 확장된 마음 이론과 내장된 인지 이론 등과 같은 인지과학의 최근 연구 성과를 성격 개념에 응용한 것이라고 할 수 있다. 확장된 마음 이론에 따르면, 인지와 관련되는 정신 상태의 매개체는 행위자의 내부로 한정되지 않는다. 외부의 소품, 도구, 다른 체계 등이 행위자의 기능적 장치에 적절하게 통합될 때 그것들은 행위자의 인지를 담당하는 요소이다. 이런 주장을 성격 문제에 응용하여 알패노와 스콜버그는 애쉴리와 아짐이 서로 성격의 구성 요소가 된다고 주장한다. 내장된 인지 이론에 따르면, 행위자는 환경적 구조를 활용함으로써 자신이 수행하는 인지적 과제를 좀 더 쉬운 것으로 만들 수 있다. 환경 속에 있는 소품이나 도구 등에 의존해서 인지자의 인지적 업무의 부담을 좀 줄일 수 있다는 것이다. 수를 세거나 분류할 때 도구를 사용하면 그렇지 않은 때보다 그 일이 더 쉬워질 수 있다. 알패노와 스콜버그는 이러한 개념을 응용하여 행위자가 대상에 끼워지는 방식으로 통합될 수 있으며 이것을 내장된 성격으로 표현한다.

나는 확장된 성격에 대하여 두 가지 문제점을 제시하였다. 첫째, 통제할 수 없는 변화와 성격 평가의 문제이다. 한 행위자에게 타인이 성격의 한 요소가 되는 경우 타인의 변화는 자신이 조정할 수 있는 범위를 벗어나서 일어날 수 있다. 이 경우 둘 사이에 공유되어 통합의 중요한 기반이 된 요소가 사라질 수 있다. 이렇게 자신의 통제를 벗어난 영역의 것을 성격의 요소라고 할 경우 성격을 칭찬할 때나 비난할 때 우리가 가지는 일반적인 가정을 유지할 수 없게 된다. 둘째, 확장된 성격 개념은 마마보이 같은 사람들의 정당화 혹은 핑계로 사용될 수 있다. 누군가는 타인의 관점에 지나치게 의존적인 삶을 살면서 그것을 통합의 한 모습이라고 주장할 수 있다.

내장된 성격 개념에 반대하여 두 가지 반론을 제시하였다. 첫째, 우리의 성격을 결정짓는 것은 환경적 요소가 아닌 환경적 요소에 대응하는 우리의 태도일 수 있다. 어떤 사람들은 고정관념의 영향 아래에서 판단하고 행동할 수 있다. 또 다른 사람들은 고정관념의 영향에서 벗어나는 방식으로 판단하고 그것에 기초해 행동할 수 있을 것이다. 고정관념이라는 환경적 요소에 어떻게 대응하느냐가 그 행위자의 성격을 결정짓는 요소일 수 있다. 둘째, 거대해지는 성격의 문제이다. 고정관념의 위협과 같은 것을 성격의 한 요소로 여길 경우 수많은 외부적 요소를 성격의 요소로 간주해야 할 수 있다. 이러한 경우에 행위자가 온전히 파악하지 못해 반성의 대상으로 삼기 힘든 부분이 성격의 요소로 통합되는 것일 수 있다. 이런 결과는 성격에 대해 우리가 일반적으로 가정하는 것과 조화를 이루기 힘들다.

앞에서도 언급했듯이, 이 글의 논의가 환경적 요소를 성격에 반영시키는 모든 방식이 잘못되었다는 것을 함축하지는 않는다. 상황주의가 주장하는 환경적 요소의 중요성을 어느 정도 반영하면서 성격 개념을 유지시키는 방식을 연구하는 것은 덕윤리 혹은 덕이론을 위해 흥미롭고 중요한 일이라 할 수 있다. 덕윤리와 덕이론의 논의 전개에 중요한 방향이 될 이 연구는 우리의 지속적인 과제로 남는다.

더 읽을 거리 ————————————————————————————————————

이영의, 『신경과학철학』, 파주: 아카넷, 2021. 체화된 인지와 관련된 중요한 변화를 이
      해하는 데 훌륭한 길잡이가 되는 자료로서 자유의지와 도덕성의 신경적 기반
      등 신경윤리와 관련된 문제들에 관한 논의도 담고 있다.

Mark Alfano, *Character as Moral Fiction*, Cambridge: Cambridge University Press,
      2013. 성격 개념에 대한 경험적 연구와 철학적 성찰의 통합을 보여주는 저작
      으로서 덕윤리에 대한 상황중의의 도전을 이해하는 데 도움이 되는 저작이다.

Christian B. Miller, *Character and Moral Psychology*, Oxford: Oxford University
      Press, 2014. 도덕철학과 도덕심리학 사이의 관계를 잘 보여주는 자료로서 경
      험주의의 연구들을 어떻게 철학적 논의에 끌어들여 논의의 대상으로 삼는지를
      잘 살펴볼 수 있게 하는 연구이다.

7.

강태경

체화되고 확장된 마음으로서의 법

1. 들어가며

매일 대중 매체를 통해 수많은 법적 사건에 관한 이야기가 쏟아지는 요즘 '법 없이도 살 사람'이라는 말은 좋은 뜻으로 읽히는가? 법 없이도 살 사람이 선한 사람이 아니라 '무법자'라는 농담도 있다. 그러나 이 말을 그 본래 뜻, 즉 '마음이 곧고 착하여 법적 강제가 없어도 나쁜 짓을 하지 않을 사람'이라고 이해한다면 이 말에는 법이 나쁜 짓을 알려주는 기준이라는 사실이 내포되어 있다. 한편 형법의 대표적인 원칙인 "사실을 모르는 것은 용서받아도, 법을 모르는 것은 용서받지 못한다(Ignorantia facti excusat; ignorantia juris non excusat)."라는 말은 법체계를 가지고 있는 사회 안에서 그 구성원들은 모름지기 법을 자신의 행위 지침으로 받아야 들어야 함을 전제한다. 이렇듯 법은 우리가 공존할 수 있는 기본적 규칙이라고 할 수 있다.

그런데 우리는 법적 사건을 직·간접적으로 접하면서 그 사건의 당사자가 어떤 마음이었는지 그리고 그 사건의 처리 과정에 관여하는 목격자, 증인, 경찰, 검사, 판사 등이 어떤 마음이었는지 궁금해 한다. 추리물과 법정물이 소설과 영화의 오래된 장르로서 여전히 사랑받고 있다는 사실은 법적 사건에 관여된 수많은 사람들의 마음에 대한 우리의 관심이 얼마나 지대한 것인지 말해준다.

이와 같은 관심은 대중문화뿐만 아니라 학계에서도 지속적이다. 법과 관련된 인지 과정과 내용을 연구하는 분야는 흔히 '법심리학(forensic psychology)' 또는 '법과 마음(law and mind)'이라 불린다. 이 글에서 필자는 법과 마음을 외부적 규칙과 내적 심리 과정으로 분리될 수 있음을 전제로 양자를 연결 짓는 기존의 관점을 넘어 체화된 마음(embodied mind)과 확장된 마음(extended mind)의 관점을 취하고자 한다. 이 관점에서 법과 마음의 관계를 '마음으로서의 법(law as mind)'이라는 틀을 통해 새롭게 바라보고자 한다.

이를 위해 우선 심리학과 법학에서 '법과 마음' 연구의 흐름을 간략하게 살펴본다. '법체계 안에서의 심리학', '심리학과 법', '법의 심리학'이라는 틀 속에서 법에 관한 경험적 연구의 특징을 알아보고, 이를 바탕으로 법과 마음의 관계를 다루는 기존 연구가 법을 외부 규칙으로, 마음을 내부 과정으로 보고 있다는 점을 짚어 보고자 한다. 그리고 체화된 마음 논제와 확장된 마음 논제를 진지하게 받아들일 경우 법과 마음을 외부와 내부로 나누는 이분법을 넘어 '마음으로서의 법'이라는 새로운 이해 틀로 법적 사고를 재해석할 수 있음을 알아본다.

2. '법과 마음' 연구에 대한 두 가지 시선

2.1. 심리학적 관점에서의 법과 마음 연구

학제적 연구 분야로서의 법심리학의 역사를 간략히 살펴보자. 법심리학의 시작은 19세기 말 미국과 유럽의 실험심리학자들이 수행한 증언 연구로 볼 수 있다.[1] 미국의 심리학자인 J. M. 카텔(Cattell)은 법정에서 자연스럽게 물어볼 수 있는 기억에 관한 질문들을 자신의 강의실에 모인 56명의 대학생들에게 던졌다. 그 결과, 목격자의 진술이 부정확할 수 있음을 알게 되었다.[2] 비슷한 시기 독일에서는 망각 곡선으로 잘 알려진 H. 에빙하우스(Ebbinghaus)의 제자 W. 스턴(Stern)과 범죄학자 F. v. 리스트(Listz)가 몇몇 학생을 미리 섭외하여 강의실에서 수업 중 가짜 싸움을 벌어지게 한 후 그 싸움이 가짜인지 모르는 나머지 수강생들에게 그 싸움에 관한 목격 내용을 보고하게 하였다. 카텔의 실험과 마찬가지로 이 실험에서도 기억의 정확도가 낮았다는 사실이 발견되었다.[3]

이처럼 증언 연구로 시작된 법심리학은 학술적 관심과 실용적 목적에 따라 수사·조사절차에 관한 연구, 형사소송에 관한 연구, 민사소송에 관한 연구, 재판절차 및 사법판단에 관한 연구 등으로 그 연구 분야가 넓어졌다.[4] 수사·조사절차에 관해서는 목격 진술의 정확성, 인터뷰 기술, 자백의 신빙성, 거짓말 탐지와 최면의 정확성, 범죄 프로파일링 등이 세부적인 연구 주제이다. 형사소송에 관해서는 행위성, 고의, 책임능력 등에 대한 판단, 범죄 행위의 동기와 원인, 형사재판에서의 차별적 요소, 처벌의 효과, 처벌의 형평성 및 양형 판단 등이 세부적인 연구 주제이다. 민사소송에 관해서는 과실 판단 기준, 손해배상 및 보상 범위 확정, 동의 여부

판단, 양육권 판단, 고용차별, 기만성 판단, 치료적 법학 운동(therapeutic jurisprudence movement) 등이 세부적인 연구 주제이다. 재판절차 및 사법 판단에 관해서는 사법판단 과정, 배심원, 아동에 대한 증인신문, 재범 위험성 판단, 당사자주의 제도와 직권주의 제도 비교 등이 세부적인 연구주제이다.

한편 I. K. 패커(Packer)와 R. 보럼(Borum)은 심리학의 각 분야가 법심리학에 어떻게 적용되는지에 대해 설명하였다.[5] 사회심리학 분야에서는 배심원 의사결정, 증인 신뢰성, 성희롱에 대한 사회인식 등에 관한 연구가 진행될 수 있다. 발달심리학 분야에서는 아동 증언의 정확성 및 피암시성, 청소년의 법적 판단력, 소년범 교정 등에 관한 연구가 진행될 수 있다. 인지심리학 분야에서는 목격자 기억의 정확성, 거짓말 탐지 능력 등이 중요한 연구 주제이다. 임상심리학 분야에서는 책임능력, 재범 위험성 평가, 심리적 손해에 대한 손해배상 등이 주요 연구 주제이다.

2.2. 법학적 관점에서의 법과 마음 연구

일찍이 C. 해니(Haney)는 법학과 심리학의 관계에 따라 법심리학의 연구 분야를 세 가지로 구분하였다.[6] 첫째는 심리학자가 법적 쟁점에 관해 전문적 지식을 제공하는 분야인 '법 안에서의 심리학(psychology in the law)'이다. 피고인의 심신상실 여부나 재범 위험성에 대한 판단에 관한 전문가 증언, 배심원 선정 컨설팅 등이 이 분야와 관련되어 있다. 둘째는 법체계에 관한 문제를 심리학적으로 연구하는 분야인 '심리학과 법(psychology and law)' 또는 '법과 심리학'이다. 목격자 증언의 정확성, 허위자백, 배심원의 의사결정 등에 관한 연구가 이 분야에 해당한다. 이러한 연구 결과를 토대로 법체계가 개선되기도 한다. 이러한 연구 분야가 법심리학의 가장 대표적인 예라고 할 수 있다. 셋째는 '법관은 어떻게 판결을 내리는가?' 또는 '왜 사람들은 법을 지키는가?'와 같은 법학적 질문을 심리학적으로 연구하는 분야인 '법의 심리학(psychology of law)'이다. 법의 심리학적 기능, 인간 행위에 대한 법의 영향력 등이 이 분야에서 탐구될 수 있는 주제이다. 하지만 해니는 법학에 익숙하지 않은 심리학자가 이 분야의 연구를 수행하기 어려울 뿐만 아니라, 변인 통제를 핵심으로 하는 심리학 실험 방법이 접목되기 어렵다고 평가하였다.[7]

법이론에서 우선적으로 관심이 주어지는 '법심리학' 또는 '법과 마음' 연구 분야는 해니가 말한 '법의 심리학'이라고 할 수 있다. 이러한 관심은 이른바 '법현실주의자들(legal realists)'에 의해 본격적으로 시작되었다고 할 수 있다. 1930년대 미국 법학계에서는 법을 사건에 적용되는 규칙의 집합으로 보는 법형식주의(legal formalism)에 대한 반발로, 법에 관한 사회적·경험적 이해를 강조하는 법현실주의가 나타났다.[8] 법현실주의에 따르면, 법에는 역사적, 사회적, 문화적, 정치적, 경제적, 심리적 요인들이 반영되어 있고, 개별적인 법적 의사결정자들의 행동은 이러한 요인들의 산물이다. 비슷한 시기 스웨덴, 덴마크, 노르웨이에서는 법학과 같은 규범학을 떠받치고 있는 철학적 전제인 존재-당위 이원론을 거부하고, 법을 사실의 문제로 상정하고 법인식을 사회적 사실에 관한 경험적 지식으로 환원하고자 하는 스칸디나비아의 법현실주의가 형성되었다. 그러나 아쉽게도 법현실주의적 연구는 당시 심리학적 방법론의 미성숙과 법학자들의 심리학적 훈련 부족으로 이들의 연구는 과학적 성취를 크게 이루지는 못했다. 그러나 법심리학 분야에서 공동연구를 꾸준히 해오고 있는 심리학자 B. 스펠먼(Spellman)과 법철학자 F. 샤우어(Shauer)는 과학적으로 덜

성숙했지만 법현상을 날카롭게 포착했던 법현실주의적 통찰이 심리학적 발견과 연결될 수 있으며 심리학 이론과 통합될 수 있으리라고 전망하였다.[9]

2000년대부터는 경험과학적 연구방법의 발달에 힘입어 '경험적 법학 연구(empirical legal studies, ELS)'가 중요한 연구 분야로 등장하였다. 법학과 심리학 분야에서 학문적 훈련을 두루 받은 학자들이 사회인지(social cognition) 연구방법론과 가정들을 법적 추론 연구에 접목하기 시작하면서, 법적 추론에 관한 경험적 연구는 새로운 활력을 얻었다. 예를 들어, C. 거스리(Guthrie) 등은 가상의 재판 상황을 담은 시나리오를 이용하여 현역 판사들도 의사결정 과정에서 보통 사람들과 유사하게 인지적 전략인 정박 휴리스틱(anchoring heuristic), 대표성 휴리스틱(representativeness heuristic), 그리고 사고 틀 효과(framing effect) 등을 보인다는 사실을 밝혔다.[10] 또한 E. 브래먼(Braman)은 특정한 사건과 선례들 간의 유사성 판단에 있어 법학 교육을 받은 로스쿨 학생이 일반 대학원생에 비해 개인의 정치적 태도를 덜 개입시킨다는 사실을 발견하였다.[11] 다만, 이러한 개별적인 연구들이 법적 추론에 관한 심리학적인 프레임을 제시하기에는 아직 부족한 것으로 보인다.

한편 '법의 심리학'에 관한 철학적 토대도 꾸준히 다져지고 있다. 2010년대를 전후하여 실험철학(experimental philosophy)의 영향으로 민속지학을 법학 연구 방법으로 채택하는 '자연화된 법학(naturalized jurisprudence)'이 제안되었다. 자연화된 법학의 관점에서, "법이란 무엇인가?"라는 근본적 물음에 대해 법학자들은 사람들이 법을 무엇으로 생각하는지 경험적으로 탐구해야 한다. 그리고 2020년대에 들어서는 실험철학 방법론을 법 개념과 법이론에 접목하고자 하는 '실험법학(experimental jurisprudence)'도 등장하였다.[12] 예를 들어, '동의'와 같은 법적 개념에 대해 사람들이 가지고 있는 명제 태도를 경험적으로 확인함으로써 해당 법 개념의 사용, 즉 실천 방식을 살펴보는 것이 실험법학의 주된 관심사 중 하나이다.

법적 추론은 우리 삶과 직결되는 실천적 성격을 가지기 때문에 법적 추론에 관한 연구는 단순히 이론적 영역에만 머물러서는 안 된다.[13] 법적 추론에 관한 연구는 삶을 규범에 귀속시키고 규범을 삶 속에서 실현하는 실천적 과정에 관한 적절한 기술적이고 경험적인 설명이 전제되어야 법적 추론을 위한 정당한 규칙을 구축할 수 있을 것이다. 이 실천적 과정에는 논증적 측면뿐만 아니라 심리적 측면도 존재한다.

물론 법적 추론의 실제적인 심리적 과정에 대한 이해가 곧바로 법적 추론의 규범을 제시할 수는 없을 것이다. 그러나 이는 법적 추론에 관한 이론적 논의의 공통된 출발점이 될 수 있을 것이다. 논의의 대상에 대한 기술적이고 경험적인 이해 없이 건전한 규범적 논의가 가능한가? 만약 논의의 대상이 형식논리처럼 순수하게 규범적인 것이라면 이에 대한 논의에서 경험과학적인 이해는 개입될 필요가 없을 수도 있다. 그러나 법적 추론은 논리학과 같이 그 자체로 폐쇄적인 체계성과 고도의 추상성을 가진 것이 아니라, 사회적으로 형성된 법규범을 바탕으로 실제의 삶의 문제를 해결하는 실천이다. 따라서 법적 추론에 대한 경험과학적인 이해가 전제되지 않고서는 이에 대한 규범적 논의가 건전해지기 어려울 것이다. 이러한 관점에서 법적 추론에 관한 이해를 심화하기 위해서는 규범적 측면과 경험적 측면에 관한 통합적인 연구, 즉 법의 심리학 연구가 필요하다.

3. '체화된 마음'으로서의 법

앞서 살펴본 '법과 마음' 연구 프로그램에서 법은 외부에 존재하는 규칙으로, 마음은 내부적 과정으로 상정되었다.[14] 그러나 인지과학과 인지이론의 발달로 법과 마음의 관계를 다르게 바라볼 수 있는 계기가 마련되었다. 1930년대를 풍미했던 행동주의에서는 자극과 반응의 관계에 천착하였지만, 인지과학은 자극과 반응 사이의 과정에 관심을 가지게 되었다. 인지과학은 1950년대 마음을 기계로 상정하는 고전적 모델을 거쳐, 1980년대에는 마음을 뇌로 상정하고 인지과정의 핵심을 뉴런 간의 연결로 보는 연결주의 모델로 발전하였다. 1990년대 뇌영상 기술의 발전에 힘입어 뇌인지과학이라는 새로운 학문 분야가 등장하면서 인지과학에서 뇌중심주의가 강화되었다. 그러나 2000년대에 들어서는 역동주의적 관점에서 뇌중심주의에 대한 이의가 제기되기 시작했다. 그 대표적인 예가 '상황 지워진 인지(situated cognition)'이다.

이와 같은 흐름 속에서 인지이론에서는 데카르트적 이분법과 신경 중심주의에 대한 이의가 제기되었다. 그 예들로는 은유와 인지(metaphor and cognition), 행화주의(enactivism), 생태학적 지각(ecological perception), 역동주의와 발달(dynamicism and development), 현상학(phenomenology) 등을 들 수 있다. 이와 같은 맥락에서 체화된(embodied), 구현된(embedded), 행화된(enacted), 또는 확장된(extended) 인지를 주장하는 이른바 '4E Cognition' 이론은 인지과정이 행위자의 신체적 특성에 깊이 의존하며, 마음과 환경의 상호작용을 강조한다. 이 이론에 따르면, 마음은 단순히 뇌 내부의 과정이 아니라, 신체와 환경의 상호작용을 통해 형성된다. 4E Cognition 이론은 데카르트적 이분법의 문제점을 지적하고 몸과 마음,

마음과 환경 등의 관계를 새롭게 보려는 시도라고 할 수 있다.

4E Cognition 이론이 법이론에도 접목될 수 있다면 법과 마음을 별개의 것으로 보는 기존의 법과 마음 연구 틀에 새로운 변화가 생길 수 있다. 예를 들어, 법적 추론과 판단이 단순히 규칙의 적용이 아니라, 신체적 경험과 환경적 맥락에 깊이 뿌리내리고 있음을 이해하게 된다. 이는 법학 연구와 실천에 있어서도 큰 변화를 가져올 수 있다.

4E Cognition 이론의 입장에서, 법을 '체화된 마음'으로 볼 수 있다. 우선 이 주장의 배경이 되는 체화된 마음에 관해 간략하게 살펴보자. 체화 테제란, 인지의 많은 특징이 행위자의 신체적 특성에 깊이 의존한다는 점에서 인지의 많은 특징이 체화되어 있으며, 행위자의 뇌를 넘어선 신체가 그 행위자의 인지 처리에서 중요한 인과적 역할 또는 구성적 역할을 수행한다는 것이다.[15] 체화 테제에 관한 경험적 증거들이 지속적으로 축적되고 있다. 예를 들어, 개념을 다루는 능력은 신체 활동의 패턴과 밀접하게 관련되어 있다.[16] 또한 역겨움 경험이 도덕적 판단에 영향을 미친다는 연구도 있다.[17] 이러한 연구들은 규범과 윤리 판단에 있어서 체화된 인지의 중요성을 강조한다.

체화의 관점에서 언어 이해와 추론을 연구하는 인지의미론(cognitive semantics)은 체화된 마음과 법을 연결하는 중요한 다리가 된다. 인지의미론에 따르면, 인지과정의 상당 부분이 자동적으로 일어나며, 그 기제는 인간 공통의 신체를 통한 경험에 뿌리를 두고 있으며, 인지과정을 이끄는 가장 중요한 기제는 '개념적 은유(conceptual metaphor)'이다. 한편 규범과 사실의 관계 속에 있는 '법'은 법 규칙 그 자체가 아니라 법 규칙을 사실에 적용한 결과이기에 '법'은 인지과정을 필요로 한다. 여기에서 인지의미론과 법의 접점이 생긴다. 미국의 법학자 S. 윈터(Winter)는 인지의미론의 주요 개념인 방사형 범주, 이상화된 인지 모형, 이미지 스키마 등을 개념 도구로 삼아 법적 삼단 논법을 분석함으로써 법적 삼단논법이 인지적 범주화 과정임을 보였다.[18] 윈터에 따르면, 해결하기 쉬운 사안(easy cases)은 사안의 구성요소들이 방사형 범주의 핵심에 위치하거나 이상화된 인지 모형에 부합하는 것이고, 해결하기 어려운 사안(hard cases)은 방사형 범주의 주변부에 위치하거나 이상화된 인지 모형에 부합하지 않는 것이다. 법적 삼단논법이 인지적 범주화라는 주장은 윈터가 분석한 영미법 사례에만 적용되는 특수한 것이 아니라, 우리나라 법 사례에도 타당하다.[19] 이는 인지의미론에서 말하는 체화의 공통성(commonality)을 잘 보여준다.

인지의미론의 관점에서 법적 논증은 인지적 은유(cognitive metaphor) 과정이다. 인지의미론에서 말하는 은유는 개념적 은유로서 추상적인 대상을 이해하는 인지적 기제이다. 법의 구조를 헌법을 정점으로 한 피라미드로 상정한 H. 켈젠(Kelsen), 쉬운 사안과 어려운 사안을 핵심부와 주변부로 상정한 H.L.A. 하트(Hart), 법을 인간의 상호작용 통로로 상정한 L. 풀러(Fuller), 법을 의인화하여 법의 통합성 개념을 주장한 R. 드워킨(Dworkin), 인과관계 개념 이면에는 사물을 의인화하는 원시적 사고방식이 있다고 비판한 황산덕(黃山德) 등의 통찰은 법적 사고에 개념적 은유가 개입된다는 점이 보편적이라는 사실을 보여준다. 이처럼 법이론가들은 흔히 법을 색채, 무게, 모양 등 물리적 속성을 가지고 특정한 공간을 차지하는 '사물'에 빗대어, 즉 '법은 사물'이라는 개념적 은유를 통해서 법이론을 구축한다. 우리가 법을 물리적 속성을 가진 어떤 사물로 이해하게 되면 법의 경계나 법의 효과 또는 힘을 사물의 관점에서 이해할 수 있게 된다. 또한 이야기 구조를 의미하는 내러티브는 개념적 은유들과 결합되어 정신공간을 만들어내고 그 정신공간은 사건을 이해할 수 있는 틀이 된다.

예를 들어, '삶은 목적이 있는 여행'이라는 개념적 은유에 기초한 내러티브는 법적 사안에서 상당히 빈번하게 발견된다.[20] 특히, 이 여행 은유에 기초한 내러티브는 사회적 소수자의 권리를 다투는 사안에서 자주 발견된다.

법적 논증의 핵심적인 도구인 '이익형량'이란 논증 방식은 신체적 기반을 가지고 있는 이미지 도식에 의존해 작동한다. 이는 법이 체화된 마음으로 이해될 수 있음을 잘 보여준다. 인지의미론을 기초로 다양한 철학적 개념과 이론을 재해석한 M. 존슨(Johnson)은 우리가 신체 균형 잡기와 같은 활동을 통해 '균형'에 관한 도식을 가지게 되고 이 도식을 통해 이익형량과 같은 추상적 사고를 할 수 있다고 본다.[21] 신체 균형 잡기는 우리의 몸을 통해서 배우게 되는 활동이다.[22] 존슨에 따르면, 우리가 일어서고 걷기 시작하면서 균형 잡기를 몸소 익힘으로써 균형의 의미를 체득한다.[23] 이때 균형의 의미란 균형과 관련된 개념 이전의 구조를 뜻한다. 누군가 걷다가 균형이 깨진 경우를 생각해 보면 우리는 상상적인 수직적 축과 힘·무게의 분배를 떠올릴 것이다.[24] 이때 이 축은 명제적인 구조나 규칙이 아니라, 균형 잡기라는 경험 안에서 형성된 반복적인 패턴이다. 이렇게 형성된 '균형' 도식과 그로부터 파생된 '양팔 저울' 도식은 은유적인 투사를 통해서 추상적인 영역으로 확장되어 적용된다.

다시 말해, 신체적 균형에 대한 우리의 경험과 균형에 대한 감각 경험이 '균형 있는 견해', '균형 있는 체계', '힘의 균형', '정의의 균형' 등에 대한 이해와 연결된다.[25] 존슨은 이러한 이미지 도식들이 법적 추론과 도덕적 추론에 필수적인 개념적 은유의 기반이 된다고 본다. 예를 들어, 판사들이 증거의 '경중'을 따지고 법적 결정에 따른 이익'형량'을 하는 경우나 도덕철학자들이 롤즈(J. Rawls) 식의 '반성적 평형상태(reflective equilibrium)'를 이루려고 노력할 때 그들의 심적 연산은 '균형' 도식에 의존하게 된다는 것이다. 이러한 은유적 사고에서는 신체적 활동을 통해 직접 형성되는 이미지 도식들이 신체적·물리적 층위의 경험의 축을 이루고, 그것들의 은유적 확장을 통해 정신적·추상적 층위의 경험이 구성된다.[26]

체화된 마음으로서의 법을 이해함으로써 우리는 법의 규범적 측면과 기술적 측면을 통합할 수 있다. 이는 법적 사고의 비성찰적인 부분을 진단하고 치유하는 데에도 도움이 된다. 또한, 체화된 마음의 관점에서 인지적 은유를 바꿈으로써 넛징(nudging)을 할 수 있는 가능성도 제시한다. 이러한 이론적 배경을 통해 우리는 법학 연구의 새로운 방향성을 제시할 수 있다. 예를 들어, 실험법학 연구에서 필요한 가설을 세우는 데 체화된 마음 이론이 큰 역할을 할 수 있다. 체화된 마음 이론은 법적 의사결정 과정의 복잡성을 더 잘 이해하도록 돕고, 법적 절차에서 인간의 신체적 경험과 상호작용이 어떻게 영향을 미치는지에 대한 통찰을 제공한다. 이는 법률 교육과 법적 훈련에서도 중요한 역할을 할 수 있으며, 법적 판단의 질을 향상시키는 데 기여할 수 있다.

4. 사회적으로 '확장된 마음'으로서의 법

4E Cognition 이론의 입장에서, 법은 '체화된 마음'을 넘어 '확장된 마음'으로도 새길 수 있을 것이다. 이 주장은 법이 단순히 내적 사고 과정의 결과물이 아니라, 외부 환경과의 상호작용을 통해 형성된다는 개념에 기초함을 전제한다. 우선 이 주장의 배경이 되는 외재론(externalism)에 대해서 간략하게 살펴보자. 외재론은 마음의 작용이 개인의 신체적 한계를 넘

어선다고 주장한다.

4.1. 확장된 마음

마음에 관한 외재론은 뉴런 활동과 같이 사람의 신체 내 사건들 자체가
그 사람의 마음 안에서 일어나는 사건, 즉 정신 과정을 항상 결정하는 것
이 아니며, 마음은 특정 시간에 그 사람이 경험하는 정신적 사건들의 총
체라는 견해이다. 외재론의 초점은 신체 내 활동이 마음을 결정하지 못한
다는 데 있는 것이 아니라, 마음이 항상 신체 내 활동만으로 결정되는 것
은 아니라는 데 있다. 따라서 외재론에 따르면, 개인의 신체적 사건이 그
사람이 경험한 또는 경험할 정신적 사건을 완전히 결정짓지 못하더라도
적어도 신체적 사건이 부분적으로 정신적 사건을 결정하고 그러한 결정
에 있어 중요한 역할을 한다. 이는 개인의 정신적 경험이 외부 환경과의
상호작용에 의해 형성될 수 있음을 시사한다.

외재론은 크게 내용 외재론(content externalism)과 운반자 외재론(vehicle
externalism)이라는 두 가지 형태로 나타난다.[27]

첫째, '내용 외재론'은 특정 정신 상태를 가진 개인의 신체 내 사건만으
로 심성의 내용이 항상 결정되는 것이 아니라는 견해이다. 내용을 가진
정신 상태는 일반적으로 그 내용에 의해 개별화되기 때문에, 내용 외재론
은 개인의 신체 내 사건이 그 개인이 어떤 정신 상태를 가지고 있는지를
완전히 결정하지는 않는다는 주장을 수반한다. 동일한 단어일지라도 그
것을 사용하는 언어 공동체에 따라 서로 다른 의미를 가질 수 있음을 보
여주는 H. 퍼트남(Putnam)의 '쌍둥이 지구' 사고 실험은 내용 외재론 논제
를 잘 보여준다.[28] 둘째, 확장된 마음(extended mind) 논제로 더 잘 알려진

'운반자 외재론'은 심성 내용의 매개체, 즉 이 내용의 물리적 또는 계산적 운반자가 언제나 개인의 신체 내 사건에 의해서 결정되는 것은 아니라는 견해이다.[29] 내용 외재론과 운반자 외재론은 '결정'과 '외부'의 의미를 다르게 규정하기에 논리적으로 서로 독립된 관점이다. 하지만 이 두 관점은 공통적으로 마음의 작용이 물리적 환경에 의존한다는 것을 시사한다.

A. 클라크(Clark)와 D. 차머스(Chalmers)가 주장한 확장된 마음 논제는 개인의 정신적 상태(신념, 욕망, 공포 등)나 정신적 행위(믿기, 욕망하기, 두려워하기 등)가 그 사람의 신체 안에만 위치하는 것이 아니라, 그 사람 신체 밖에 있는 요소(구조, 과정 등)에 의해 구성된다는 주장이다.[30] 따라서 확장된 마음 논제는 정신적 내용보다는 정신적 수단에 관한 것일 뿐만 아니라 외적 개별화(individuation)보다는 외적 위치(location)에 초점을 맞춘다는 점에서 내용 외재론과는 다르다. 확장된 마음을 주장하는 입장은, 심성 내용의 운반자를 '상태'로 보는 '상태 지향적(state-oriented)' 관점과 심성 내용의 운반자를 '과정'으로 보는 '과정 지향적(process-oriented)' 관점으로 나뉜다. 이는 마음이 환경과의 상호작용을 통해 지속적으로 변화하고 형성된다는 것을 강조한다.

클라크와 차머스는 알츠하이머병 초기 단계에 있는 오토(Otto) 이야기를 통해서 '상태 지향적인' 확장된 마음 논제를 제시하였다.[31] 뉴욕 시에 살고 있는 오토는 알츠하이머병으로 손상된 기억력 문제를 극복하기 위해서 유용한 정보라고 생각되는 것을 노트에 적는다. 오토는 평소 관심을 가지고 있던 전시회가 MoMa에서 열린다는 기사를 읽은 후 수첩에서 "MoMa는 53번가에 있다."라는 문장을 발견하고 전시회를 보기 위해 53번가로 갔다. 클라크와 차머스는 오토가 수첩에 적어둔 이 문장이 오토에게는 신념(belief)과 같은 역할을 수행한다는 점, 즉 기능주의적 관점에서 이 문장을 오토가 가지고 있는 신념 상태의 일부로 간주한다. 이들의 견해는 신념, 즉 정신 상태를 문장, 즉 외부 구조와 동일시하는 한도 내에서 상태 지향적인 확장된 마음에 해당한다. 오토의 수첩은 그의 기억을 보조하는 외부 장치로서의 기능을 수행함으로써 그의 인지 능력을 확장하는 도구가 된다.

그런데 상태 지향적인 확장된 마음 논제에 대한 반론도 만만치 않다.[32] 첫 번째 반론은, 문장이라는 외부 구조를 정신 상태의 일부로 보는 기능주의적 관점은 왜 수첩에 적힌 문장만이 오토의 신념이고 백과사전이나 수많은 서적에 적힌 문장들은 오토의 신념이라고 볼 수 없는지에 관해 설명하지 않는다는 것이다. 두 번째 반론은, 상태 지향적 관점은 인식 수단이 환경에 내재 또는 결합되어 있음과 인식 수단이 환경에 의해 확장 또는 구성되어 있음을 혼동하고 있다는 것이다. 세 번째 반론은, 문장 자체를 정신 상태로 보는 상태 지향적 관점은 오토가 전시회를 보기 위해 미술관을 방문하고자 하는 의도성(intentionality)이라는 정신 상태가 문장 자체에 있는 것이 아니라 그 문장에 대한 해석을 통해 파생된다는 점을 간과하고 있다는 것이다. 이 반론은 문장이 단순한 정보 저장 장치가 아니라, 해석을 통해 의미를 부여받는 과정에서 정신 상태와 연결된다는 것이다.

반면에 '과정 지향적인' 확장된 마음 논제는 오토가 수첩을 펴고 페이지들을 살펴보면서 미술관 위치가 적힌 문장을 찾는 과정이 기억 인출 과정의 일부를 구성한다고 본다. 오토의 수첩은 유아·아동의 인지 발달에 있어서 성인이나 또래의 도움의 중요성을 강조하였던 러시아 심리학자 L. 비고츠키(Vygotsky)가 말하는 일종의 발판, 즉 비계(scaffolding)로 간주될 수 있다.[33] 상태 지향적인 확장된 마음 논제는 비계 자체(예: 수첩에 쓰인

문장)에 초점을 두는 반면에, 과정 지향적인 확장된 마음 논제는 비계를 조작하는 '과정'(예: 수첩을 뒤져 특정한 문장을 발견하는 행동)에 초점을 둔 것으로 해석될 수 있다. 과정 지향적인 관점은 기억 과정과 수첩을 조작하는 과정이 기능적으로 유사하다는 점에 착안하고 있다. 이러한 기능주의적 발상은 기억 과정을 정보를 담고 있는 표상의 저장과 인출이라는 처리 과정으로 보는 것을 전제한다. 이와 같이 적절한 수준으로 추상화된 계산적 관점에서는, 뇌가 정보 저장 구조를 토대로 수행하는 내적인 인지 과정과 유기체가 정보 저장 구조를 가지고 수행하는 외적인 조작 과정이 그 목적이 동일하고 그 양태가 크게 다르지 않다고 본다. 이는 외부 환경과의 상호작용이 인지 과정을 강화하고 확장할 수 있음을 보여준다.

과정 지향적인 확장된 마음 논제에서는 오토가 수첩 속에서 특정한 문장을 찾아 읽고 이해하는 과정, 즉 외부 구조를 조작하는 과정이 정신 과정의 일부를 구성한다고 보기 때문에 상태 지향적인 확장된 마음 논제에 대한 반론이 큰 힘을 발휘하지는 못한다.[34] 다만, 외부 구조를 조작하는 데에는 원래의 의도가 있어야 하는데 이러한 의도는 개인의 내적 과정에만 있다는 반론이 제기될 수 있다.[35] 그런데 특정한 의도를 가지고 이루어지는 인지 과정을 구성하는 각각의 모든 하위 요소들이 반드시 원래의 의도를 가지고 있어야 한다고 주장하는 것은 불합리하다. 예를 들어, 망막 이미지가 시각적 표상을 구성한다고 해서 망막 이미지가 원래의 의도를 가지고 있다고 보기 어렵다.[36] 이는 인지 과정이 다층적이고 복합적이며, 각 층위에서 항상 명시적이지 않을 수 있음을 보여준다.

4.2. 사회적으로 확장된 마음

S. 갤러거(Gallagher)는 확장된 마음 논제를 '사회적' 차원으로 더 확장했다.[37] '사회적으로 확장된 마음(socially extended mind)' 논제는 사회적 구조와 제도가 정신 과정을 구성하는 방식에 대해서 탐구한다. 이 논제가 제시된 이후 공유된 기억(shared memory),[38] 공유된 의도성(shared intentionality),[39] 문명화의 효과,[40] 확장된 마음으로서의 시장(market as extended mind)[41] 등의 연구가 나오고 있다. 그렇다면 법체계를 사회적으로 확장된 마음으로 볼 수 있는가? 갤러거는 법체계를 정신적 제도(mental institution)로 본다.[42] 정신적 제도란, 특정한 인지 과정을 구성하는 사회적 제도를 의미한다.[43]

> 특정 사회 제도(사회적 관행 포함)는 … 우리가 특정 인지 과정을 성취하
> 는 데 도움을 준다. 실제로 이러한 제도가 없었다면 특정한 종류의 인지
> 과정이 존재하지 않았을 것이다.

갤러거는 법에 대해 문외한인 알렉스(Alex)가 법적으로 문제가 되는 사실관계에 대한 법적 판단을 해야 하는 가상 사례를 통해서 법체계가 법적 추론이라는 인지 과정을 돕는 정신적 제도임을 설명한다.[44] 그에 따르면, 법에 대해서 알지 못하는 알렉스에게 ① 어떤 사건의 사실 관계만 알려준 경우, ② 어떤 사건의 사실 관계와 그 사건에서 다루어져야 하는 각 쟁점에 대한 가능한 답안을 알려준 경우, ③ 어떤 사건의 사실 관계와 각 쟁점별 가능한 답안 그리고 그 사건에 대한 법적 판단을 위해 각 쟁점에 적용할 법규를 알려준 경우를 비교해 보면 알렉스가 그 사건에 대한 법적 판

단에 필요한 정보를 더 많이 제공받을수록 판단이 더 빨라질 것이라고 예상된다. 갤러거는 만약 알렉스가 법률가라면 제시된 사건 자체와 거기에 적용되어야 할 법체계가 법적 판단이라는 특정한 종류의 인지 과정에 미치는 영향에 대해서 다음과 같이 말한다.

> [법률가인] 알렉스의 경우에도 머릿속으로 판단하는 것처럼 보이지만, 그가 이전에 법체계 작동에 참여했던 사실(로스쿨이라 불리는 교육체계에서 훈련을 받고 인지 능력을 조정하였음)뿐만 아니라, … 법적 판단을 형성하는 특정 인지 과정은 법체계 안에서만 존재하기 때문에 그가 하는 일은 법체계의 지속적인 작동에 의존한다. 심지어 법체계가 없었다면 제기되지도 않았을 구체적인 종류의 질문도 상상할 수 있다.

갤러거는 만약 법체계와 같은 정신적 제도가 제거된다면 '뇌의 일부를 제거했을 때처럼 시스템의 행위 능력이 떨어질' 것이라고 예측한다.[45] 이러한 관점은 기능주의적이며, 과정 지향적인 확장된 마음 논제로 이해될 수 있다.

> 마음을 명제적 태도와 정보의 저장소로 보거나 내적 신념 – 욕구 심리학의 관점에서 보는 것이 아니라, 마음을 문제를 해결하고 행동과 행동을 통제하는 역동적인 과정, 즉 환경과의 변증법적이고 변혁적인 관계로 생각한다면 도구와 기술뿐만 아니라 제도와도 교류함으로써 인지적 범위가 확장할 수 있다.

그렇다면 법 자체를 확장된 마음으로 볼 수 있을까? 우리는 법령이나 판례를 알고 있지 않더라도 체화된 도덕 추론을 할 수 있는 일종의 윤리학자라고 할 수 있고, 법규 없이도 분쟁 당사자들이 수긍할 수 있는 해결책을 이끌어 낼 수 있는 협상가라고도 할 수 있다. 배심제에는 일반 시민으로서 가지고 있는 이러한 보편적 능력에 대한 신념이 반영되어 있다. 그러나 우리는 종종 일시적 감정, 회피할 수 없는 인지적 편향, 유혹적인 사익에 영향을 받기에 공정성과 합당성을 실현시키기 어렵다. 이에 공정하고 합당한 사회적 상호관계를 위해서 기획된 법은 사회적으로 확장된 정신적 제도라고 할 수 있다. 여기에서 말하는 법은 단순한 법적 규칙의 총합이 아니라, 실정법뿐만 아니라 그 이면에 있는 원리와 이념까지 포함한 개념이다. 이 정신적 제도는 법적 판단이라 독특한 인지 과정이 공정하고 합당하게 이루어지도록 북돋고 실정법에 대한 비판을 가능하게 해 주는 일종의 발판, 즉 비계이다.

그러나 사회적으로 확장된 마음으로서의 법, 즉 공정하고 합당한 법적 판단의 발판을 가지고 있다고 해서 법적 판단자가 언제나 공정하고 합당한 결론에 도달하는 것은 아니다. 법적 판단에서의 동기의 역할에 관한 경험적 연구에 따르면, 법률가로서 훈련을 받은 사람이라도 정치철학적 쟁점이 있는 사안에 있어서 그 판단의 결정은 자신의 정치적 선호도와 일치하면서도 그 판단자는 자신의 결정이 실정법에 대한 중립적 해석과 적용의 결과라고 믿는 경향이 강하다.[46] 이처럼 법체계라는 비계가 있더라도 법적 판단은 판단하는 주체의 개인적 선호의 영향을 받기 쉽다.

따라서 민주주의적 관점에서 사회적으로 확장된 마음으로서의 법은 특정한 법적 판단자 집단을 넘어 법공동체 구성원인 '우리의' 마음으로서의 법이어야 한다. 우리 마음의 공통성은 행복이 아닌 비참에서 찾아질 수 있고, 찾아져야 한다. 법의 중요한 목적 중 하나는 인간의 비참을 줄이는 것이어야 한다. 즉, '최대 다수의 최소 비참'이라는 소극적 공리주의가 법의 지향점일 수 있다. 이 목적을 실현하기 위해서 규범적 명제에서 '목적어' 자리를 잘 살펴볼 필요가 있다. 다양한 소수자 집단은 규범적 명제에서 주어로 대우받기보다는 목적으로 취급되는 경우가 많다. 이는 배제를 위한 비가시화 전략이다. 소수자 집단의 차지해야 할 주어 자리를 회복하는 것은 그들을 '인지적 법 공동체' 안으로 포함시키는 것이다.

5. 나가며

지금까지 살펴본 내용을 요약하면 다음과 같다.

첫째, 법심리학 연구 분야 중 '법의 심리학'과 법현실주의적 관점은 법과 마음의 관계에 관한 새로운 통찰을 제시할 수 있을 것으로 기대된다. 19세기 말 구미에서 증언의 정확성에 관한 연구로 시작된 법심리학은 현재 수사 절차, 소송 및 재판 절차 등에 관한 다양한 문제를 다루고 있다. 이러한 법심리학은 법적 쟁점에 심리학 관련 전문 지식을 제공하는 '법 안에서의 심리학', 법체계 운영 과정에서 제기되는 경험적 질문을 연구하는 '심리학과 법' 그리고 법이론의 근본적 질문을 경험적 방법으로 연구하는 '법의 심리학'으로 구분된다. 한편 법현실주의적 관점은 법에 대한 사회적 · 경험적 이해를 강조하며, 법과 관련된 인지 과정을 경험과학적으로 탐구하는 '경험적 법학 연구'로 발전하였다. 법과 마음 연구는 개념적 논의를 넘어 실제 삶의 문제 해결에 기여하는 실천적 과정에 대한 이해를 필요로 하기에 규범적 측면과 경험적 측면을 통합하는 방향으로 나아가야 한다. '법의 심리학'과 법현실주의적 관점은 이러한 통합적 연구의 중요한 토대가 된다.

둘째, '체화된 마음' 이론은 법규칙을 사건에 적용하여 판단과 결정을 내리는 역동적 인지과정으로서 법을 이해할 수 있도록 기여한다. 법과 마음의 관계를 다루는 기존 연구에서는 법은 외부 규칙으로, 마음은 내부 과정으로 상정되어 있다. 그러나 마음이 신체와 환경의 상호작용을 통해 형성되고 추론과 같은 인지과정이 신체적 경험과 환경적 맥락에 깊이 뿌리내리고 있음을 강조하는 체화된 마음 이론에서는 법과 마음을 외부와 내부로 나누는 이분법에 의문이 제기된다. 특히, 체화된 마음 이론에 기초를 두고 있는 인지의미론의 관점에서 법적 사고 과정에는 개념적 은유, 방사형 범주, 내러티브 등의 인지적 기제가 작동한다. 이러한 접근 방법은 법적 사고라는 인지과정이 신체적 특성과 밀접하게 관련되어 있음을 보여준다. 그리고 이는 법적 사고의 비성찰적인 부분을 드러냄으로써 법과 마음을 외부와 내부로 나누는 이분법을 넘어 '마음으로서의 법'이라는 새로운 이해 틀로 법적 사고를 재해석할 수 있게 한다.

셋째, 법적 판단이라는 독특한 인지 과정의 근거이며 그 과정을 이끄는 법체계로서의 법은 '사회적으로 확장된 마음'으로 이해될 수 있다. 마음의 작용이 신체적 한계를 넘어 외부 환경과의 상호작용에 의해 부분적으로 결정된다고 보는 외재론은 개인의 정신적 경험이 외부 환경과의 상호작용으로 형성될 수 있음을 시사한다. 이러한 외재론을 토대로 확장된 마음 논제를 주창한 클라크와 차머스는 개인의 정신적 상태가 신체 밖의 요소에 의해 구성될 수 있음을 강조하고, 확장된 마음 논제를 사회 제도로 확장하여 '사회적으로' 확장된 마음 논제를 주창한 갤러거는 법체계가 법적 판단이라는 특수한 인지 과정을 형성하는 데 기여한다고 본다. 사회적으로 확장된 마음 논제에서, 법은 단순히 개인의 내면적 사고 과정의 결과물이 아니라 외부 환경과의 상호작용을 통해 형성된 '확장된 마음'으로 볼 수 있다. 특히, 이 관점에 따르면 법체계와 같은 사회적 제도가 인지적 범위를 확장하고 공정한 법적 추론을 북돋는 역할을 한다.

더 읽을 거리 ─────────────────────────────────

노양진. (2015). 나쁜 것의 윤리학: 몸의 철학과 도덕의 갈래. 서광사.
이영의 외 9인. (2022). 체화된 마음과 몸. 한국문화사.
이영의 외 9인. (2023). 체화된 마음과 뇌. 한국문화사.
마크 존슨(노양진 역). (2017). 인간의 도덕: 윤리학과 인지과학. 서광사.
조지 레이코프·마크 존슨(임지룡 등 역). (2002). 몸의 철학: 신체화된 마음의 서구
    사상에 대한 도전. 박이정.

8.   정혜윤

타인의 마음,
행화로 만나기

1. 들어가며

'열 길 물속은 알아도 한 길 사람 속은 모른다'는 속담이 있다. 타인의 마음을 알기가 이처럼 어렵다는 말일테다. 이런 속담이 있을 정도로 타인의 마음을 알기란 늘 어려운 수수께끼로 여겨져 왔다. 문제는 이것이 풀기 어렵다고 해서 외면할 수도 없다는 것이다. 우리는 늘 타인을 상대하며 살기 때문이다. 타인의 의중을 제대로 헤아리지 못하면 문제가 발생하기 십상이다. 철학자들 역시 이러한 문제에 둔감하지 않았음은 물론이다. '우리는 타인의 마음을 어떻게 알 수 있을까'라는 질문은 전통적으로 심리철학에서 '마음읽기'라는 이름으로 틀지어져 논의되어 왔다. 그런데 최근 이러한 틀이 흔들리고 있다. 타인의 마음을 이해하는 것은 물속을 들여다보듯 타인의 마음속을 들여다보고 읽어내는 문제가 아니라는 목소리가 대두되었기 때문이다. 이러한 목소리는 크게 두 갈래로 나누어진다. 하나

는 '직접적인 사회적 지각(Direct Social Perception, 이하 DSP)'을 강조하는 입장이고, 다른 하나는 사회적 상호작용을 타인에 대한 이해의 기본 출발점이자 핵심에 둘 것을 주장하는 입장이다. 후자는 사회인지에 대한 행화주의(enactivism)로 알려져 있다.

이 글에서는 기존의 접근 방식에 대해 문제를 제기하는 이러한 목소리에 주목하여 타인의 마음을 파악하는 문제가 오늘날 어떻게 새롭게 조명되고 틀지어지고 있는지 고찰하고 그 의의를 점검하고자 한다. 이를 위해 먼저 2장 1)절에서는 타인의 마음에 대한 이해가 '마음읽기'라는 이름으로 틀지어져 제기된 두 가지 이론, 즉 마음읽기의 이론 이론(Theory Theory, 이하 TT)과 시뮬레이션 이론(Simulation Theory, 이하 ST)을 소개할 것이다. 다음으로 2장 2)절에서는 TT와 ST가 암암리에 공유하는 기본 가정들을 살펴볼 것이다. TT와 ST는 서로 대비되는, 긴장관계에 있는 이론들로서 잘 알려져 있는데, 이 글에서는 TT와 ST가 갖는 차이보다 그 이면에 공유되는 기본 전제를 더 중요하게 주목할 것이다.

다음으로 3장에서는 TT와 ST에 대한 비판으로부터 제안된 DSP에 대한 견해를 소개할 것이다. 이를 위해 먼저 3장 1)절에서는 DSP 지지자들이 말하는 사회적 지각의 직접성이란 어떤 것인지 살펴보고, 다음으로 3장 2)절에서는 DSP 지지자들이 지적하는 TT와 ST의 문제점, DSP에 대한 반론들, 그리고 이에 대한 DSP 지지자들의 변론을 살펴보는 가운데 DSP 견해가 TT와 ST의 배경이 되는 마음에 대한 고전적 인지주의의 관점과 결별하고 행화주의와 손잡을 가능성을 점쳐볼 것이다.

4장에서는 문제의 틀 자체를 근본적으로 바꿀 것을 제안하는 급진적인 견해, 즉 사회인지에 대한 행화주의의 입장을 제시할 것이다. 행화주의자들은 TT와 ST를 반대하면서 대두된 DSP 견해 역시 타인의 마음에 대한 이해를 개인적인 차원의 문제로 다루고 있다는 점에서는 TT나 ST와 다를 바가 없다고 비판하는데, 4장 1)절에서는 이러한 비판의 내용을 살펴보겠다. 그리고 4장 2)절에서는 사회인지가 타인의 마음 안에 이미 확정되어 있는 의미를 해독해내는 개인적인 인지적 역량이 아님을 역설하고 사회인지를 상호작용 안에서 상호조정의 과정을 통해 참여적으로 의미가 생성되는 관계적 절차로서 제안하는 행화주의의 주장을 제시하겠다.

2. 마음읽기 이론의 두 주자들

1) TT와 ST

우리의 마음은 우리에게 투명하다. 물론 '나도 내 마음을 잘 모르겠다'는 말이 있기는 하다. 하지만 이것이 뜻하는 바는 '내 마음이 어떤 상태에 놓여 있는지 잘 모르겠다'는 것이 아니다. '내가 원하는 것이 도대체 무엇인지' 혹은 '어떤 결정을 내려야 할지 잘 모르겠다'는 말의 다른 표현일 뿐이다. 이때 내 마음은 비록 한 방향으로 모아지지 않은 상태일망정 그런 상태로 여전히 내게 투명하다. 반면 데카르트 이래 많은 철학자들은 타인의 마음은 그렇지 않다고 말한다. 1인칭적인 접근이 불가능하기 때문이라는 것이 그 이유다. '타인의 마음을 어떻게 알 수 있을까'라는 관심은 20세기 후반 이래 '마음읽기'라는 이름의 문제로 틀지어져 논의되어 왔다. 마음읽기라는 것은 의도, 믿음, 욕망 등의 심적 상태를 타인에게 귀속시켜 타인의 행동을 설명하고 해석하고 예측하는 것을 말한다. 이때 타인의 심적 상태를 어떤 방식을 통해 타인에게 귀속시키는가에 대한 설명에 따라 상이한 버전의 마음이론들이 가능해진다. 최근까지 마음읽기 이론은 두 주자에 의해 주도되어 왔는데, 그 중 하나는 TT이며, 다른 하나는 ST이다.

TT는 말 그대로 우리가 타인에게 어떤 심적 상태를 귀속시키는 것이 특정 이론을 채택함을 통해서라고 주장하는 이론이다. 여기에서 특정 이론이란 사람들이 왜 특정 행동을 하는지를 상식에 기초하여 설명해주는 통속 심리학(folk psychology)을 가리킨다. TT에 따르면 타인에게 심적 상태를 귀속시키는 일은 타인의 행동을 가장 잘 설명하고 예측해 줄 추론을 내놓는 일인데, 이러한 추론은 이론을 바탕으로 이루어지기 때문에 언제나 이론적으로 매개된다. 결국 TT에 따르면 타인를 이해하는 것은 냉정하고 지적인 절차에 따른, 이론적이고 추론적이며 준–과학적인 일이다.

반면 ST 이론가들은 타인의 마음을 완벽하게 해독해 줄 이론 같은 것은 없으며, 필요하지도 않다고 말한다. 왜냐하면 우리는 우리 자신의 마음이라는 훌륭한 모델을 이미 갖고 있기 때문이다. ST 이론가들은 타인에 대한 마음읽기는 통속 심리학적 이론이 아니라 타인의 심적 상태나 절차에 대한 시뮬레이션에 의해 추동된다고 주장한다. 즉 ST는 타인에 대한 마음읽기의 핵심이 우리의 심적 자원들을 모방적으로 이용하는 데에 있다고 본다. ST는 그 세부 설명에 따라 상이한 버전들로 나뉘는데, 가장 대표적인 것은 골드만의 이론이다.[1] 골드만의 ST에 따르면 타인에 대한 우리의 이해는 우리 자신을 타인의 상황에 투사하는 우리의 역량에 그 뿌리를 둔다. 이러한 투사는 때로는 명시적으로, 때로는 암묵적으로 이루어지는데, 골드만은 투사가 이루어지는 수준에 따라 시뮬레이션을 두 가지 층위로 나누어 설명한다.

낮은 수준의 시뮬레이션은 '거울반응' 혹은 '공명'의 기제를 통해 의식적인 노력 없이 자동적으로 발생하는 시뮬레이션으로 여기에서 투사는 암묵적으로 일어난다. 반면 높은 수준의 시뮬레이션은 목표대상이 처한 상황이나 목표대상의 관점을 의식적으로 상상하는 것에 기초하는 시뮬레이션이다. 이때 투사는 명시적으로 일어난다. 낮은 수준의 마음읽기는 시각이나 청각 등 관찰적인 양상에 제한되는데, 그 대표적인 사례로는 표정에 기초하여 타인이 처한 정서를 파악하는 것을 들 수 있다. 한편 높은 수준의 마음읽기의 전형적인 사례로는 타인의 관점을 채택하여 타인이 처해 있을 것으로 추정되는 '가장된'(pretend) 심적 상태, 즉 가장된 사고, 욕구, 의도, 믿음을 취해 타인의 생각이나 욕구, 판단, 믿음을 읽어내는 경우를 들 수 있다.

2) TT와 ST의 공통가정들

앞 절에서 소개한 것처럼 TT와 ST는 심적 상태들을 타인에게 귀속시키는 토대를 상이하게 설명하고 있다는 점에서 명백하게 구별된다. 그럼에도 불구하고 TT와 ST는 중요한 근본 가정들을 공유한다. 즉 TT와 ST는 첫째, 타인의 마음을 타인의 심적 상태에 다름 아닌 것으로 간주하며, 둘째, 타인의 마음은 타인의 행동에서 관찰될 수 없다는 점에서 불투명하다고 보고, 셋째, 타인에 대한 이해가 심적 상태를 (어떤 방식으로건) 그 타인에게 귀속시키는 마음읽기를 통해 이루어진다고 여기며, 마지막으로 넷째, 타인에 대한 이해를 전적으로 개인적인 역량에 달린 일로 간주한다는 점에서 공통적이다.

TT와 ST는 타인의 마음을 두뇌 내적인 상태와 동일시한다는 점에서, 그리고 마음은 결코 행동에서 관찰되지 않는다고 주장한다는 점에서 데카르트적인 이분법을 잇는 고전적 인지주의의 관점을 고스란히 반영하고 있다. 다음과 같은 레즐리의 말에는 TT와 ST가 지지하는 '관찰 불가능성 원칙'이 잘 반영되어 있다: "인간 마음의 가장 중요한 힘은 자신과 타인의 마음을 상상하고 생각하는 것이다. 다른 사람 [...] 의 정신 상태는 감각으로부터 완전히 숨겨져 있기 때문에 오직 추론할 수 있을 뿐이다."[2] 관찰 불가능성 원칙을 전제로 할 때 TT나 ST가 불가피해진다는 견해는 에플리와 웨이츠의 주장에 잘 나타나 있다. 이들은 타인의 심적 상태는 본래 비가시적이기 때문에 이에 대한 직접적인 정보를 얻기란 불가능하며, 그렇기 때문에 우리는 이론적 추론이나 시뮬레이션을 채택함으로써 관찰 가능한 행동으로부터 관찰 가능하지 않은 심적 상태들로 도약해야만 한다고 강력하게 주장한다.[3] 한편 TT와 ST는 타인에 대한 이해를 특정 심적 상태를 타인에게 귀속시키는 개인의 역량에 따른 일로 봄으로써 사회 인지를 개인적인 차원의 작용으로 돌려놓고 있는데, 행화주의자들은 이 점을 특히 강력하게 비판한다.

DSP의 지지자들은 TT와 ST의 공통 가정들 가운데 첫 번째와 두 번째, 세 번째 가정을 부정한다. 반면 네 번째 가정은 DSP 견해에서도 암묵적으로 전제된다. 이 점은 TT와 ST의 공통 가정들 모두를 부정하는 행화주의 이론가들의 비판으로부터 DSP 견해를 자유롭지 못하게 만드는데, 이에 대해서는 4장에서 좀 더 상세하게 소개하겠다.

3. DSP의 타인 이해

DSP의 지지자들은 타인의 심적 상태는 지각에 접근 불가능하게 숨겨져 있고, 그렇기 때문에 우리는 지각이 제공하는 정보에 기초하여 타인의 마음속에 무엇이 있는지를 추론해 낼 모종의 방식을 필요로 한다는 TT와 ST의 기본 전제에 반대한다. 사실 TT와 ST는 모두 타인에 대한 지각을 그 출발점으로 한다. 그런데 여기에서 지각은 매우 특수한 방식으로 이해된다. 첫째, TT와 ST에서 지각은 상호작용이 배제된 3인칭 관찰자적 시점에 제한된다. 벌어지고 있는 사태에 대한 지각자의 역할이란 그저 상황의 언저리에서 관찰하는 것뿐이다. 둘째, TT와 ST에서 지각은 매우 빈약하여 타인에 대해 알려주는 바가 별로 없다. 따라서 특정 이론에 호소하거나 시뮬레이션을 가동시키지 않은 채 타인에 대한 지각에만 의존해서는 타인이 무엇에 전념하고 있는 지 도무지 알기 어렵다. DSP 지지자들이 주로 공략하는 것은 후자다. 사실 DSP에서 지각은 3인칭 관찰자적 시점에 제한되지 않으며, DSP 지지자들은 일어나는 사태에 지각자가 관여할 가능성도 배제하지 않는다. 대표적인 DSP 지지자인 갤러거의 경우, 타인과 상호작용하는 일상적인 사례들에서 우리는 그저 바깥에 물러서서 타인들이 무엇을 하고 있는지 알아내려 하는 관찰자의 입장에 서있지 않다고 역설하고 있기도 하다.[4] 그런데 DSP 지지자들의 TT와 ST에 대한 비판, 그리고 DSP에 대한 변론은 지각이 빈약한가 그렇지 않은가에 주로 집중되어 있다.

이 장에서는 먼저 DSP 지지자들이 가장 커다란 공을 들이고 있는 지각의 '직접성'에 대한 설명을 살펴보겠다. 그리고 나서 DSP에 대한 주요 반론들과 이에 대한 DSP 지지자들의 변론을 간략하게 제시하겠다. 마지막으로, TT와 ST에 대한 반대에도 불구하고 DSP가 TT, ST의 한계로부터 완전히 벗어나지 못하는 지점이 어디인지를 제시하겠다.

1) 사회적 지각의 직접성

타인의 마음에 대한 이해를 DSP를 통해 설명하는 입장의 출발점은 관찰 불가능성 원칙에 대한 반대다. 타인의 심적 상태는 타인의 행동에서 지각될 수 있다는 것이다. 그런데 이들은 타인의 마음이 지각된다고 그저 말하는 대신 '직접적'으로 지각된다고 말한다. 이들이 '직접적'이라는 수식어로 강조하고 싶은 것은 아마도 타인의 마음에 대한 이해에 지각 외의 특정 이론이나 시뮬레이션 절차의 개입은 필수적이지 않다는 그들의 주장일 것이다. 그런데 '직접적'이라는 말로 이들이 뜻하는 바가 무엇인지를 자세히 들여다보면 DSP 지지자들이 타인 이해의 메커니즘을 암암리에 틀짓는 방식과 태도가 드러난다.

자하비는 타인의 심리적 상태에 대한 우리의 이해가 직접적이라는 말은 타인의 심리 상태가 우리에게 실제로 현전하는 것으로 경험된다는 것을 가리킨다고 설명한다. 이것은 어떤 사람 옆에 진통제와 빈 물잔이 놓여있는 것을 보고 그 사람이 아픈가보다 추론하는 것과는 다른 경험이다. 어떤 사람이 고통에 신음하는 모습을 볼 때, 어떠한 추론의 개입도 없이 그 사람이 고통에 처해 있음을 바로 아는 것, 이것이야말로 곧 DSP에서 말하는 직접적인 지각이라는 것이 자하비의 설명이다.[5]

크루거와 오버가드는 고전적인 현상학의 견해에 따라 지각적 경험의 직접성을 '사회적 정보의 풍성함'으로 설명한다. 타인의 정서나 의도 등은 우리의 시각 안에 분명하게 드러나며 따라서 우리는 마음읽기의 중개적 메커니즘에 의존할 필요 없이 타인의 정서나 의도에 즉각적으로 접근할 수 있다는 것이다.[6] 갤러거는 이와 유사한 견해를 지각의 '똑똑함'으로 설명한다. 여기에서 똑똑하다는 것은 다른 인지적 보충을 필요로 하지 않는다는 뜻이다. 만약 내가 특정한 형체를 가진 빨간색 쇳덩어리를 본 후, 그 다음에 그것을 '내 차'로 해석해 내는 방식으로 내 차를 인식한다면, 나의 지각은 똑똑하지 않은 것이 될 것이다. 하지만 나는 내 차를 이런 식으로 인식하지 않는다. 나는 그저 내 차를 볼 뿐이며, 이러한 의미에서 지각은 똑똑하다. 갤러거는 직접적인 지각적 이해란 결국 지각 그 자체에 다름 아니라고 말하는데, 이렇게 볼 때 DSP에서 말하는 직접적인 지각의 반대 는 간접적인 지각이 아니라 추론과 해석이 더해진 지각이라는 것이 갤러 거의 설명이다. 그리고 사회적 상호작용의 통상적인 상황에서 사회적 지 각은 "매우 똑똑해서" TT나 ST가 주장하는 것 같은 별도의 인지적 절차 에 대한 필요 없이도 "대부분의 일을 담당한다"는 것이 갤러거의 주장이 다.[7]

2) DSP에 대한 반론과 변론

이 절에서는 DSP 견해에 대한 TT와 ST 이론가들의 반론, 그리고 이에 대한 DSP 지지자들의 변론을 살펴봄으로써 DSP 견해를 좀 더 명료화하 고자 한다. 먼저 맥락과 배경적 정보에 근거한 반론이 있다. 제이콥은 지 각의 똑똑함을 옹호하는 갤러거의 사례에 대해 다음과 같이 주장한다. 내 가 어떤 것을 보고 '내 차'로 인식하기 위해서는 내 차에 대한 앞선 지식, 그리고 올바른 맥락적 신호에 대한 지식이 필요한데, 그렇다면 내 차에 대한 지각적 경험을 과연 '직접적'이라고 할 수 있을지 도무지 불분명하다 는 것이다.[8]

이에 대해 자하비는 우리가 대상을 지각할 때마다 그것을 하나의 지 각 장 안에서 지각하고 특정한 세팅 안에서 의식한다는 사실, 그리고 그 대상이 제시되는 방식이 그 대상과 동시에 주어지는 맥락적 신호들에 의해 영향 받는다는 사실이 그 대상이 직접적으로 주어진다는 주장과 모순되는지 반문한다. 전문적인 와인 감식가는 아마추어에게는 지각 불가능한 맛과 향을 와인에서 탐지하고 분별할 수 있다. 이러한 사실로부터 전문 감식가의 와인에 대한 접근이 간접적이라는 결론을 내릴 수는 없다는 것이 자하비의 주장이다.[9] 자하비의 반박은 타당해 보인다. 가령 우리는 살결이 희고 머리카락이 블론드색이고 눈이 파란 사람을 지각한 후, 그런 특징은 서양인들의 특징이라는 선행 지식을 바탕으로 그 사람이 동양인이 아니라 서양인이라고 추론하는 것이 아니기 때문이다. 우리는 서양인을 바로 본다. 그리고 이때 대상은 우리 지각 안에 서양인으로서 들어선다.

DSP 견해에 대한 또 다른 반론은 매우 정교한 형식의 사회적 이해는 DSP에 의해 결코 설명되지 못한다는 것이다. 그러나 자하비는 DSP 지지자들이 DSP가 사회인지의 모든 형식들을 설명할 수 있다고 주장하는 것은 아니라고 반박한다.[10] 갤러거 또한 모든 행동이 지각적으로 이해되는 것은 아니며 행동은 종종 모호하다고 말한다. 행동의 모호함은 물리적, 사회적, 문화적 맥락, 그리고 상호작용의 도움을 통해 축소될 수 있다는 것이 갤러거의 견해다.[11]

마지막으로 살펴볼 반론은 DSP에 대한 지지가 행동주의로 귀결될 위험이 있다는 것이다. 이러한 비판 역시 제이콥의 논의에서 찾아볼 수 있는데, 그에 따르면 신체적인 표현은 심적 상태를 구성하거나 혹은 구성하지 않는다. 그런데 만약 신체적인 표현이 심적 상태를 구성한다면 DSP 견해는 결국 행동주의로 귀결될 것이며, 만약 구성하지 않는다면 DSP 견해는 성립되지 않을 것이다. 이러한 생각에 따른 제이콥의 결론은 다음과 같다. DSP 지지자들은 표현적 행동이 심적 사건과 절차들을 구성한다고 주장함으로써 심리적 상태들을 표현적 행동으로 환원시키는 것 같다는 것이다.[12] 이러한 제이콥의 견해는 크루거와 오버가드가 잘 지적하듯이 심적 상태들과 그 행동적 표현이 뚜렷이 구분된다는 전제에 기초하고 있다.[13] 하지만 DSP 지지자들은 이러한 이분법 자체를 부정하기 때문에 DSP 견해가 행동주의로 귀결된다는 혐의는 애초에 성립될 수 없다. DSP 지지자들의 변론 역시 심적 상태와 표현적 행동은 뚜렷하게 나뉘지 않으며, 혼종적인 많은 사례들이 있다는 점에 집중되어 있다.

자하비는 가령 자부심이나 화, 질투심, 혹은 악수나 키스, 미소 등은 심리적 국면들과 행동적 국면들로 결코 산뜻하게 나눌 수 없으며, DSP는 결코 행동주의에 전념하지 않는다고 주장한다. 오히려 자하비는 지금까지 마음이론 논쟁의 경험적 작업이 이러한 양자택일의 틀 안에서 수행되어 온 사실을 비판하며, 사회인지에서 진정한 발전은 이러한 이분법을 뛰어넘는 제 3의 선택지에 대한 탐색을 통해서라야만 비로소 가능해진다고 역설한다.[14] 크루거와 오버가드도 자하비와 마찬가지 입장이다. 이들은 제이콥의 비판이 심적 절차들은 완전히 내적이거나 완전히 외적이라는 잘못된 딜레마에 기초하고 있다고 반박한다. 어떤 심적 상태들은 내적인 동시에 외적인, 혼종적 특성을 갖는다는 것이다.[15]

문제는 행동주의를 둘러싼 공방에서 DSP 지지자들에 의해 그려지는 지각자의 모습이다. DSP 견해가 결코 행동주의로 귀결되지 않음을 보이는 논의들 속에서 지각자는 관찰자적인 입장에 서있는 것으로 암암리에 상정된다. 그리고 지각하는 사람과 지각되는 사람 사이의 상호작용의 가능성은 진지하게 고려되지 않는다. DSP의 정체성을 구성하는 요소로서 상호작용은 간과되고 있다는 말이다. 그 결과 이러한 논의 속에서 타인의 마음에 대한 이해는 암묵적으로 마치 지각자 개인의 역량에 달린 일처럼 그려진다.

이러한 결과가 DSP 지지자들이 의도했던 것인지의 여부는 분명하지 않다. DSP 지지자들이 사회인지에서 상호작용이 갖는 중요성을 종종 언급하고 있다는 사실은 아마도 DSP 지지자들 대부분은 이것이 자신들이 의도했던 결과가 아니라고 답할 것이라는 데 힘을 실어준다.[16] 하지만 사실상 그들의 논의는 지각자를 3인칭 관찰자적 시점에서 다루고 있으며 사회인지를 개인적 차원의 역량으로 설명하고 있다는 비판으로부터 완전히 자유롭지 못하다. 실제로 행화주의자들은 이 점을 맹렬히 공격한다.

4. 행화주의와 상호작용적 전회

1) TT와 ST, DSP에 대한 반론

사회인지를 행화주의의 관점에서 규명하고자 하는 시도는 소위 '상호작용적 전회'(interactive turn)를 기점으로 가장 최근에야, 그러나 뚜렷한 목소리를 내며 대두되었다. 행화주의는 기존 이론들에 대한 비판으로부터 출발한다. 첫 번째 표적은 TT와 ST이다. 첫째, 행화주의자들은 TT와 ST가 심적 상태를 외부로부터 숨겨진, 내적 상태로 간주함으로써 "오직 추론이나 투사에 의해서만 건널 수 있는 인식론적 간극"을 상정한다고 비판한다.[17] 우리의 심적 상태가 서로에게 숨겨져 있으며, 이를 극복하기 위해 우리는 상호작용할 때 언제나 추론을 하거나 상상적인 시뮬레이션 절차를 겪어야 한다는 TT와 ST의 주장은 현실과 맞지 않는다는 것이 행화주의자들의 입장이다. 우리는 타인의 의도와 정서를 맥락과 관련된 행동적 표현 안에서 즉각적으로 지각한다는 것이다. 행화주의자들의 이러한 입장은 DSP 지지자들의 입장과 상통하는 것이다.

이와 관련하여 둘째, 행화주의자들은 TT와 ST가 데카르트적 이분법에 정초됨으로써 사회인지를 탈신체화하고 있다고 비판한다. TT와 ST에서 몸은 오직 '전달매체'로서만 기능할 뿐 타인에 대한 이해와 소통에서 어떠한 구성적인 역할도 담당하지 않는다. 이러한 비판 역시 DSP 지지자들의 견해와 공명하는 것이다. 최근 ST 진영에서는 거울뉴런의 발견에 고무되어 거울뉴런이 ST를 지지해주는 결정적인 과학적 증거라고 한 목소리를 내고 있다.[18] 거울뉴런이야말로 타인의 행동으로부터 타인의 심적 상태를 읽어내는 심적 시뮬레이션이 우리 신체 내의 본유적인 기제임을 입증해 주는 확실한 근거라는 것이다. 이처럼 ST는 거울뉴런에 토대를 둔 '체화된 시뮬레이션'으로 그 영역을 확장해 나감으로써 기존의 마음이론들이 타인에 대한 이해를 탈신체적인 것으로 만들어 놓고 있다는 비판으로부터 어느 정도 거리를 확보해 나가고 있는 것으로 보인다. 하지만 DSP 지지자들과 행화주의자들은 거울뉴런의 활성화는 ST 이론가들이 말하는 '시뮬레이션'의 정의에 부합하지 않는다는 점을 들어 거울뉴런의 활성화는 ST의 토대가 될 수 없다고 주장한다. 다른 한편, 심지어 거울뉴런의 활성화가 체화된 시뮬레이션을 일으킨다는 ST 이론가들의 주장을 받아들인다고 하더라도, 이때 인정되는 몸이란 그저 외부 자극에 수동적으로 반응하는 몸에 불과하다. 데카르트적인 몸에서 나아간 바가 거의 없는 몸이라는 것이다.

셋째, 행화주의자들은 TT와 ST에서 '상호작용'이 갖는 중요성이 간과되고 있음을 강하게 비판한다. TT와 ST에서 타인에 대한 이해는 오직

3인칭 관찰자적 시점에서만 논의되고 있는데, 그럼으로써 TT와 ST는 '사회' 인지의 개념을 제대로 반영하는 데 실패하고 있다는 것이 행화주의자들의 주장이다. 사회인지의 핵심은 상호작용이기 때문이다. TT와 ST에 따르면 타인의 행동을 설명하고 예측하기 위해 우리는 특정한 모델에 호소한다. 이에 대해 푹스와 드 예거는 이러한 제 3자적인 활동이 외부로부터 숨겨져 있다고 주장되는 심적 절차와 실제 상호작용의 장면에서 도대체 어떻게 함께 작동한다는 것인지 묻는다.[19] 행화주의자들은 타인에 대한 이해가 마치 상호작용에 독립적인 것처럼 설명하는 TT와 ST 같은 접근은 사회인지의 본질을 놓치고 있으며 사회인지의 실제를 반영하는 데 실패하고 있다고 비판한다. 사회인지는 "타인의 행동을 이해하는 것 이상"이며, "타인들을 이해하는 것뿐만 아니라 타인들과 더불어 이해하는 것에 관여한다"는 것이 행화주의자들의 주장이다.[20]

이와 관련하여 넷째, 행화주의자들은 TT와 ST가 상호작용의 중요성을 간과함으로써 타인의 행위를 설명하고 예측하는 개인의 능력에만 좁게 초점을 맞추고 있다고 비판한다. TT와 ST는 사회인지의 문제가 마치 타인의 행동을 보다 잘 예측하고 설명하며 통제하기 위해 타인에게 믿음, 욕망 등의 심적 상태들을 인과론적으로, 그리고 효과적으로 귀속시키는 문제인 것처럼 사회인지를 다루고 있다는 것이다.[21]

DSP 견해 역시 행화주의의 비판으로부터 자유롭지 못하다. 행화주의와 마찬가지로 DSP는 TT와 ST에 대한 부정으로부터 출발했으며, 그런만큼 TT와 ST에 대한 비판의 많은 부분을 행화주의와 공유한다. 하지만 행화주의자들은 DSP가 TT와 ST로부터 충분히 결별하지 못했으며, DSP가 비판한 TT와 ST의 면모를 DSP 역시 완전히 씻어내지 못했다고 비판한다. DSP 견해에 대한 행화주의의 비판의 핵심은 사회인지에서 상호작용이 갖는 핵심적이며 구성적인 역할이 DSP 논의들에서 간과되고 있다는 것이다. 사회적 상황들 안에서 이루어지는 지각적 경험의 직접성은 오직 상호작용 절차가 사회인지 안에서 담당하는 역할의 맥락 안에서만 이해될 수 있다는 사실에 DSP 지지자들은 정당하고 진지한 주의를 기울이지 않았다는 것이다. 드 예거는 DSP 지지자들이 DSP를 마치 개인적인 역량에 의해 주도적으로 풍성해지는 지각처럼 다루고 있다고 비판한다. 그리고 DSP는 개인적인 역량으로서가 아니라 상호작용적 현상으로서 가장 잘 이해될 수 있다고 주장한다.[22]

갤러거의 DSP 논의에 대한 드 예거의 신랄한 비판은 DSP 논의에 대한 행화주의의 비판의 단면을 잘 드러낸다. 비판의 핵심은 갤러거의 견해가 인지주의를 특징짓는 개인주의적이고 모듈적인 견해를 벗어나지 못하고 있다는 것이다. 드 예거에 따르면 갤러거가 지지하는 '똑똑한' 지각으로서 '직접적인' 지각은 결국 지각에 무엇인가가 더해진 것, 즉 지각에 인지적인 요소가 덧붙여진 것이라는 점에서 TT와 ST에서 채택되고 있는 지각 개념과 근본적으로 다르지 않다. 다만 지각에 덧붙여지는 것이 TT나 ST에서와는 달리 "지각과 나란히 혹은 지각 이후에 발생하는 것이 아니라 지각 안에서 발생한다"는 점만이 다를 뿐이다.[23] 이러한 비판을 통해 아마도 드 예거는 상호작용의 맥락은 전혀 고려하지 않은 채 오직 지각의 특성만을 '빈약한 대신 똑똑한 것으로' 바꾸어 말하는 것은 별로 도움이 되지 않는다고 말하고 싶었던 것 같다. 결국 드 예거가 제안하는 것은 패러다임의 근본적인 전환이다. TT와 ST, 그리고 DSP가 명시적으로 혹은 암암리에 제안하는 정적인 상태의, 3인칭 관찰자적 시점에서 벗어나, 역동적인 상호작용적 절차 안에서 사회인지를 새롭게 조명해야 한다는 것이다.

2) 행화주의로 틀짓기

기존의 이론들이 사회인지의 본성을 제대로 반영하고 있지 않다는 비판 속에 타인에 대한 이해의 판을 새로 짤 것을 제안하면서 행화주의자들은 그들이 바라보는 사회인지를 다음과 같이 기술한다.

사회인지는 타인을 파악하는 것으로 끝나지 않는다. 사회인지는 타인을 이해하는 것뿐만이 아니라 타인과 더불어 이해하는 것에도 관여한다. 이러한 맥락에서 '이해'는 [타인의] 행위에 대한 이유를 말로 표현하는 능력을 요구하지 않는다. 그보다는 특정 상황에서 적절하게 행위하는 실용적인 능력을 요구한다. 체화된 인지를 따라, 우리는 사회인지가 상호작용을 지탱하고, 관계들을 형성하고, 서로 이해하고, 함께 행위하는 것을 허용해주는 노하우에 관여된 것으로 여긴다.[24]

사회인지에 대한 이들의 견해에서 특히 눈길을 끄는 것은 사회인지가 요구하는 능력이 사회적 상황에서 '적절하게 행위하는' 능력으로 간주되고 있다는 것이다. TT와 ST, 그리고 DSP 모두는 '타인의 마음을 우리가 어떻게 알 수 있는가'라는 물음으로부터 출발하며, 따라서 이들 논의의 초점은 타인의 마음에 대한 '앎'에 맞춰져 있다. 반면 행화주의에서 핵심은 '앎'이 아니라 '행위'다. 혹은 '행위로서의 앎'이라고 할 수 있겠다. 우리가 어떤 사람과 순조롭게 상호작용을 계속 해나간다면, 우리가 비록 그 사람의 마음 상태를 말로 표현하지 못할지라도 행화주의에서 우리는 그 사람을 이해하고 있다고 말할 수 있을 것이다.

DSP 지지자들이 특별한 경우 우리가 특정 이론이나 시뮬레이션에 호소할 필요가 있을 수 있음을 인정한 것처럼 행화주의자들 역시 이러한 유형의 타인 읽기를 전면적으로 부정하는 것은 결코 아니다. 가령 푹스와 드 예거는 사회적 상황에서 타인의 행동이 모호한 경우 우리는 논증과 추론을 포함하는 3인칭 관찰자적 시점에 설 수 있으며, 이러한 자리야말로 TT나 ST에 의해 통상 설명되는 사회인지의 국면이 들어서는 자리라고 분명히 말하고 있다.[25] 기존 이론들과 행화주의가 분기되는 결정적인 지점은 사회인지의 핵심을 어디에 두느냐 하는 것이다. 행화주의자들은 역동적인 상호작용 절차야말로 사회인지의 핵심이며, 사회인지 논의의 마땅한 출발점이라고 강력히 주장한다는 점에서 기존 이론들과 뚜렷이 구별된다.

행화주의에서 볼 때, 상호작용은 우리가 타인을 파악하기 위해 참조해야 하는 입력정보로서 우리에게 미리 주어지는 것이 아니다. 또한 우리는 타인의 마음을 먼저 파악한 뒤 이를 상호작용의 장면에 적용하는 것도 아니다. 사회적 상호작용은 사회적 이해를 구성한다. 행화주의자들에 따르면 상호작용은 그에 관여된 사람들이 그 안에 몰입하는 절차이자 그 자체로 인지적 역할을 수행한다. 이때 인지는 '의미생성'(sense-making)과 동일시되는데, 행화주의에서 의미생성으로서 인지는 '자율성' 개념과 밀접하게 관련되어 있다.

행화주의에 따르면 인간의 인지체계는 자율적 체계로서 그 내적인 요구를 만족시켜 나가는 과정 속에서 주위 환경과 능동적으로 상호작용한다. 즉 인간의 인지체계와 환경은 서로를 구성하고 규정하고 공동 결정하는 역동적이고 순환적인 영향관계 속에 '구조적으로 결속'(structural coupling)된다. 이러한 가운데 인지체계는 세계를 그 발생과 존속에 유리하거나 불리한 것으로서 받아들이게 되고 이로부터 세계에 대한 '관점'이 형성되는데, '관점'의 생성은 곧 '의미'의 생성을 뜻한다.[26] 요약하자면 자율적 체계가 세계의 의미와 가치, 세계와의 상호작용의 규범성을 창출해

내는 행위가 바로 의미생성이다. 행화주의에서 인지는 이처럼 "체계 내부에서 발생하는 어떤 사건"이 아니라 "체계와 환경 사이에서 발생하는 의미생성의 관계적 절차"로 간주된다.[27] 이때 세계는 유기체 내에 먼저 표상되고 난 후, 평가의 과정을 거쳐 비로소 의미를 획득하는 것이 아니다. 세계는 고유의 관점을 지닌 유기체에게 의미 있는 바로 직접 맞닥뜨려진다.[28]

의미생성이 개인적인 수준에서 일어나는 인지작용이라면, 사회적인 수준에서 일어나는 인지작용은 '참여적인 의미생성'(participatory sense-making)으로 설명된다. 참여적인 의미생성은 사회적 상호작용을 통해 일어나는데, 행화주의에서 사회적 상호작용은 "적어도 둘 이상의 자율적 행위주체들 사이의, 규제된 구조적 결속"으로 정의된다. 이때 규제는 행위주체들의 자율성을 파괴하지 않은 채 구조적 결속에 영향을 주는 방식으로 행위주체들에 의해 능동적으로 이루어진다. 가령 버스를 기다리는 사람들 간에 몸의 열기가 전이된다면 이것은 상호작용이 아니다. 사람들 사이에 구조적 결속은 있으나 이에 대한 규제가 없기 때문이다. 사회적 상호작용의 대표적인 예로는 대화를 들 수 있다. 참여자들이 대화 주제를 함께 결정하고, 대화의 시작과 과정, 끝맺음을 그들 자신의 자율성을 파괴하지 않은 채 규제한다는 점에서 그렇다.[29]

사회적 상호작용이 그 자체로 인지적인 역할을 한다는 것은 사회적 상호작용을 통해 참여적인 의미생성이 일어난다는 것을 말한다. 이때 사회적 상호작용은 참여자들 사이의 상호조정(coordination)에 기초하는 것으로 설명된다. 상호조정이란 동역학계 이론(dynamical systems theory)의 주요 개념들 중 하나로 "상호간, 혹은 공통의 또 다른 체계에 대해 함께, 지속적인 구조적 결속 중에 놓여있거나 놓여있었던, 둘 혹은 그 이상의 체계

들의 행동 사이의 비우연적 상관관계(correlation)"로 정의된다.[30] 상관관계
는 둘 혹은 그 이상의 체계들의 행위에서 나타나는, 기대 이상의 일치를
말한다. 가령 사람들이 길을 부지런히 걸어가고 있다면 이것은 기대 밖의
일이 결코 아니므로 상관관계의 사례가 되지 않는다. 반면 사람들이 모두
같은 방향으로 길을 걸어가고 있다면 이것은 상관관계의 사례가 되며, 만
약 이러한 상관관계가 우연히 발생한 것이 아니라면 이것은 상호조정의
사례가 된다. 상호조정은 물리적 체계와 생물학적 체계 모두에서 흔한 현
상인데, 대표적인 사례로는 근접한 시계추들 간의 진동주기의 일치나 반
딧불이 무리의 편대비행을 들 수 있다. 드 예거와 디 파올로에 따르면 사
회적 상호작용의 참여자들 역시 상호조정의 관계에 놓여 있다.

 '가리키는 움직임'을 통한 드 예거의 예는 사회적 상호작용 안에서 상호
조정에 따라 의미가 어떻게 참여적으로 생성되고 변형될 수 있는지를 잘
보여준다. 누군가의 가리키는 움직임에 따라 나는 이전에는 미처 의식하
지 못했던 환경의 어떤 측면에 주의를 돌릴 수 있다. 만약 상대방이 내게
가리키는 것이 무엇인지, 즉 내가 주의를 기울이기를 바라는 것이 무엇인
지가 불분명하다면, 나는 상대방의 시선을 쫓아 상대방이 보고 있는 것이
무엇인지를 보려고 할 것이다. 그리고 나의 이러한 행위는 상대방으로 하
여금 그가 의도했던 방향을 좀 더 강조해서 보게 만들 것이다.[31] 이 예는
사회인지에서 참여자들의 의도와 생각, 감정 등이 개인적인 수준에서 먼
저 형성된 후, 그 다음에 사회적 장면으로 이식되는 것이 결코 아니며, 오
직 사회적 상호작용을 통해 생성되고 파악되고 소통되는 것임을 잘 보여
준다. 드 예거의 표현에 따르자면 "의미는 상호작용하는 사람들에 의해
생성되며 변형되는 것이지 이들 사이에 수송되는 것이 결코 아니라는 것
이다."[32]

5. 나가며

지금까지 이 글에서는 그동안 타인의 감춰진 마음을 읽어내는 문제로 틀지어져 TT와 ST에 의해 독점적으로 주도되어 온 '우리는 타인의 마음을 어떻게 알 수 있는가'에 관한 논의가 DSP 견해와 행화주의를 통해 오늘날 어떻게 새롭게 그 방향을 전환하게 되었는지 살펴보았다. 앞선 논의에서 우리는 DSP 견해와 행화주의는 모두 TT와 ST의 기본 가정에 반대한다는 점에서 공통적임을 보았다. 특히 이들은 타인의 마음이 관찰 불가능하게 숨겨져 있어 우리는 이를 직접 알 수 없고, 추론이나 시뮬레이션 등 다른 매개를 통해서만 이에 접근할 수 있다는 TT와 ST의 가정을 강력히 거부한다는 점에서 공명함을 보았다.

반면 DSP 견해와 행화주의는 타인의 마음을 이해하는 틀을 각기 다르게 설정함으로써 서로 분기됨도 살펴보았다. DSP 견해는 마음의 관찰 불가능성 원칙에 대한 반대에 초점을 맞추어 마음의 직접적인 지각 가능성을 주장하는 데 전념한다. 그리고 그럼으로써 타인의 마음을 타인 편에서 이미 확정되어 지각되기를 기다리는 것으로 만들어 버리고 만다는 비판의 빌미를 제공한다. 타인의 마음을 3인칭 시점에서 관찰되는 것으로 만들어 타인에 대한 이해에 사회적 상호작용이 개입될 여지를 남기지 않는다는 것이다.

반면 행화주의는 TT와 ST, 그리고 DSP 견해가 주목하지 않거나 충분히 주목하지 못한 사회적 상호작용을 타인에 대한 이해의 핵심으로 주목하고 이로부터 문제를 새롭게 틀 지을 것을 주장한다는 점에서 TT와 ST뿐만 아니라 DSP 견해와도 노선을 뚜렷이 달리한다. 즉 행화주의는 타인에 대한 이해를 타인의 마음을 해독해내는 3인칭의 개인적인 인지적 역량의 문제로 보는 것을 강력히 부정하고, 이를 역동적인 상호작용 안에서 참여적으로 의미를 생성하는 2인칭의 실천적 행위로 제안한다는 점에서 앞선 어떤 견해와도 분명하게 구별된다. 행화주의에서 타인의 마음은 개인적인 수준에서 독립적으로 형성되고 확립되는 것이 아니라 오직 사회적 상호작용의 그물망 속에서 일어나며 2인칭적인 얽힘 속에서 이해되고 변형되는 것으로 간주된다.

행화주의는 사회적 상호작용을 사회인지의 출발점이자 핵심으로 자리매김함으로써 '타인의 마음을 우리는 어떻게 알 수 있는가'라는, '앎'에 초점이 맞추어진 기존의 물음을 '우리는 특정한 사회적 상황에서 어떻게 참여적으로 의미를 생성하고 서로를 이해하며 관계를 유지해 나가는가'라는 실용적인 물음으로 바꾸어 놓는다. 이러한 행화주의의 견해는 TT와 ST, DSP 견해, 그리고 행화주의가 전념하는 문제가 '사회' 인지라는 데 기인한다. DSP 견해에 대한 반론에 답하며 갤러거가 예로 든 '내 차'의 사례가 만족스럽지 않은 것은 바로 이 때문이다. 사회인지는 물질적인 대상에 대한 지각이 이루어지는 방식과 결코 같은 방식으로 이루어지지 않기 때문이다.

앞서 살펴본 바와 같이, DSP 지지자들과 행화주의자들은 모두 특정 이론이나 시뮬레이션이 요청되는 경우가 있을 수 있음을 인정한다. 타인에 대한 이해가 어떤 하나의 접근을 통해 언제나 완벽하게 이루어질 것이라고 기대할 수 없음은 물론일 것이다. 그보다는 TT와 ST, DSP, 그리고 행화주의가 상황과 맥락에 따라 적절히 요구된다고 보는 것이 타당할 것이다. 분명한 것은 사회적 상호작용에 대한 행화주의의 강조가 TT와 ST, 그리고 DSP 견해가 정당하게 주목하고 해명하지 못한 사회인지의 중요한 국면을 조명함으로써 그동안 간과되어 온 사회인지의 핵심적인 특성

을 논의의 초점에 가져왔다는 사실이다. 행화주의의 의의는 바로 여기에
서 찾을 수 있을 것이다.

더 읽을 거리 ───────────────────────────────────

김혜리, 『마음읽기와 마음 나누기』, 학지사, 2023.

한우진, 「사회인지, 인칭, 공감의 요소」, 『철학논총』 101, 2020, pp. 179−200.

De Jaegher, H., "Social Understanding through Direct Perception? Yes, by Interacting," *Consciousness and Cognition* 18(2), 2009, pp. 535−542.

Gallagher, S., "Direct Perception in the Intersubjectivity Context," *Consciousness and Cognition* 17, 2008, pp. 535−543.

Goldman, A. I., "Two Routes to Empathy: Insights from Cognitive Neuroscience," *Empathy: Philosophical and Psychological Perspectives* (eds. Amy Coplan and Peter Goldie), 2011, pp. 31−44.

9.

이상욱

포스트 휴먼시대의 체화된 인지 체계로의 미디어: 미디어 생태학과 체화된 인지 관점에서

1. 들어가며

많은 이들이 포스트휴먼 시대를 논한다. 그러나 과연 초월한 인간, 인간 다음의 인간은 무엇을 말하는가? 의학 발달에 의한 생명 연장, 기계 장치와 인간의 결합에 의한 뛰어난 신체적 능력, 인간의 창의력을 대체하는 AI의 출현? 그것이 과연 인간 본질을 혁명적으로 바꿀 것인가? 사람은 기존 생물학적 진화를 벗어나 새로운 단계로 나아가는가? 과연 기술이 인간 본질을 변화시킬 것인가? 변한다면 어떻게 바꿀 것인가? 그 답은 쉽지 않다. 지금 그 기술들이 완성된 것도 아니며, 그 방향에 대하여도 다양한 의견이 있다. 일부 과학자, 공학자들 그리고 그에 동조하는 일부 인문학자들은 기술로 인간 사회를 바꾸는데 동참하자며 혁명적 변화를 환상과 공포로 설득하려 한다. 그러나 기술에 의한 인간 지배를 경계하는 포스트휴머니즘 연구자들은 반성 없는 인간 중심주의의 탈피가 진정한 포스트휴먼을 이야기하는 방향이라고 제시한다. 여기에 더하여 일반 시민들의 관심도 높아지고 있다. 공상과학 소설과 영화에서 과학자들의 진지한 주장까지 그 간격은 매우 얇고, 어디가 현실인지, 어디까지 꿈인지 모를 지경이다. 언론과 미디어에서는 파급력과 속도에서 기존의 변화와는 다른 포스트휴먼 '혁명'을 이야기한다.

다양한 논의가 빠르게 이루어지고 있는 지금, 미디어 기술의 역할과 모습을 어떻게 바라보아야 할지에 대한 본질적 논의는 다소 시대에 뒤떨어지거나 사변적으로 여겨질지도 모른다. 그러나 미디어 기술과 인간, 미디어 환경과 인간의 관계를 논의하지 않고는 '초월', ' 다음'이 오히려 길을 잃어버리고 오지 못할 것이라는 우려가 생겨난다. 그리고 우리는 3D TV, Virtual Reality, Metaverse 등의 논의에서 그런 사례를 경험했다.

다행히도 미디어 연구의 측면에서 미디어 기술과 인간의 관계에 대하여 깊이 사고하고 논의를 이어간 일련의 노력들이 있었다. 마셜 매클루언 (Herbert Marshall McLuhan), 헤롤드 이니스(Harold Adams Innis), 자크 엘룰 (Jacques Ellul), 닐 포스트먼(Neil Postman) 등 소위 미디어 생태학자들은 미디어라는 기술을 통해 인간의 감각은 확장되었으며, 인쇄, 사진, 영상, 네트워크와 모바일까지 미디어의 발달 과정을 철학과 사회학의 전통 아래에서 때로는 비판적으로, 때로는 긍정적으로 바라보는 작업을 쌓아오고 있다. 그들은 미디어를 유기적으로 작동하는 일종의 환경으로 받아들이고 이를 인간과 기계에 의한 새로운 통합체로 설명한다. 다만 이들의 주장을 현대의 포스트휴먼 논의에 결합하기 위해서는 결정적인 디딤돌, 기반, 증거가 필요하다. 그들은 영문학자이거나 철학자이거나 교육학자들이었지만 현대의 인간에 대한 과학적 연구들을 적극적으로 활용하는데는 부족함이 없지 않다. 또한 그들의 주요 논의는 역사적인 관점에서 통시적 해석에는 매우 유용하지만 그 기준이 때로는 동시대의 것들을, 그리고 미래의 것에 따르지 못하는 경우도 있다. 그동안 미디어 기술이 비약적으로 발전한 것에 그치지 않고, 우리는 우리의 몸과 마음 그리고 환경과의 관계에 대하여 융합적 사고를 발전시켜 왔다. 20세기에는 인간을 이해하는 가장 효과적인 방식이 철학과 문학 등 인문학적 배경이었다면, 21세기가 시작되고도 많은 시간이 지난 지금은 인간의 마음을 연구하기 위해 여러 학자들이 융합적 학제간 연구를 시도하는 인지학적 접근이 필요하다. 그 중에서도 몸과 뇌 그리고 환경의 연합관계를 집중적으로 들여다보는 체화된 인지 관점을 미디어 생태학에 접목한다면 인간과 기술, 인간과 미디어에 대한 종합적 논의가 다시금 발전적으로 이루어질 것이다. 비슷한 시기에 태동했지만 이 두 분야는 매우 다른 학문적 태생을 지니고 다른 분야로 발전했었다. 그러나 두 분야에서 '생태적', '인간 감각', '환경' 등 유사한 단어와 개념을 논의하는 점은 신비롭기까지 하다. 이런 단어들을 중심으로 서로 다른 두 분야의 공통점과 차이를 논의하다 보면 인간과 기술, 인간과 미디어, 인간과 인간들에 대한 다음 시대의 모습을 그려볼 수 있을 것이다.

이 글은 포스트휴먼시대의 미디어, 미디어 환경에서의 기술과 인간의 관계를 다시 돌아보기 위한 미디어 생태학자들의 연구에서 시작한다. '미디어는 인간 지각의 확장'이라는 주장과 '미디어는 환경'이라는 주장에 대하여 체화인지의 주요 개념인 제임스 깁슨(James Gibson)의 어포던스(affordance)와 움베르또 마뚜라나(Humberto R. Maturana)와 프란시스코 바렐라(Francisco J. Varela)의 오토포이에시스(autopoiesis)를 접목하고 두 학문적 경향의 유사성과 상호 연계 가능성을 확인할 것이다. 이 과정을 통해 인간과 미디어 기술의 생태적 결합에 대한 유익한 연구 방향을 이끌어 낼 것이다. 나아가 이런 과정을 통해 현재 논의되는 포스트휴먼과 미디어의 담론을 기술 중심주의, 기술 결정론적 시각을 벗어나 유기적이고 소통하는 관계로 재정립하고자 한다.

2. '미디어는 인간 지각의 확장인가?'

1) 매클루언의 미디어 생태이론과 깁슨의 생태적 지각이론

"미디어는 메시지다.", '차가운 미디어(cool media)', '뜨거운 미디어(hot media)' 등의 용어로 알려진 마셜 매클루언[1]은 미디어 생태학이라는 용어가 확립되기 이전에 미디어가 단순히 도구나 기술이 아니라 인간 삶의 양식을 결정하는 중요 요소라는 점을 주장한 대표적인 학자이다. 그는 영문학자로의 배경에 근거하여 서양의 다양한 문학적, 사상적, 역사적 사건들을 인간과 기술, 인간과 미디어의 관점에서 설명한다. 1962년 저서 『구텐베르크 은하계(The Gutenberg Galaxy; The Making of Typographic Man)』를 통하여 "미디어는 인간의 확장이다."라고 선언한 이후, 1964년 『미디어의 이해 (Understanding Media: The Extensions of Man)』와 사후인 1998년에 발간된 『지구촌(The Global Village)』 등을 통해 인류는 미디어를 통해 '감각적 지각'을 공유하고 '지구촌'이라는 공동의 사회를 구성하리라는 것까지 주장을 확장했다. 또한 스스로 그런 선언을 확인하듯 TV, 영화 등 다양한 매체에 출연하기를 꺼리지 않았다[2]. 또한 그의 많은 저술과 활동은 이후 여러 학자에게 영향을 미쳐 '미디어 생태학'이라는 학문적 흐름이 태동하는데 큰 영감을 주었다. 한편 그는 전통적이거나 학술적인 글쓰기 방식을 활용하지 않는다. 대신, 마치 모자이크와 같이 다양한 인용과 사실 제시를 기반으로 자신의 주관적이고 독창적인 해석을 순서 없이 펼치는 형식을 취한다. 선형적 구조의 글쓰기가 그가 주장하는 공감각적이고 통합적인 소통에 방해된다고 보았기 때문이다. 그런 이유로 그의 글은 매우 자유롭고 화려하면서도 다소 난잡하거나 이해하기 힘들게 다가온다. 이런 과정 중에 감각, 지각, 진화와 환경 등 다양한 주제어들이 등장하고, 이는 추후 논의할 체화인지의 프로그램에서 논의 되는 요소들과 겹쳐진다. 그 중 '미디어는 인간의 감각 확장'이라는 주장은 지각이라는 인지적 현상을 논의의 시작점으로 한다는 점에서 특히 주목할 만 한다.

　매클루언은 의식에 미치는 미디어의 영향력을 이해하는 핵심은 공감각의 과정, 즉 감각 간의 자유로운 상호작용이자, 한 감각의 지각 대상을 다른 감각의 대상으로 바꾸는 통상적인 방법에 있다고 보았다. 그는 '감각중추(sensorium)'가 있다고 가정하는데, 이러한 감각중추는 촉감을 중심으로 시각, 청각 등 모든 감각이 집합되어 있다고 주장한다[3]. 그는 특정한 감각을 중요시 하지 않고, 서로 균형을 이루어 통일된 이미지를 나타나게 하는 것이 중요하며 이런 상태를 이상적인 감각 상태로 보았다. 역사적으로는 인쇄 매체나 알파벳 같은 표음 문자가 등장하기 이전에 이런 공감각적 소통이 이루어졌다고 보았다. 그러나 기술, 특히 사람들 사이의 소통을 위한 미디어 기술이 발전하면서 이런 균형있는 공감각 상태에 변형과 폐쇄가 시작되었다고 주장한다.

　　"그것이 수레바퀴이든 알파벳이든 혹은 라디오이든 간에 특별한 기술적 도구에 대해 우리가 지불하는 대가는 이들 '감각의 거대한 확장'이 폐쇄적 체계를 만든다는 사실이다. 사적인 한 개인으로서 우리의 감각은

폐쇄적이지 않으며, 그들은 우리가 공유 의식이라고 부르는 경험 속에서
이 감각 내용을 저 감각 내용으로 끊임없이 서로 번역한다. 그런데 우리
의 확장된 감각, 도구, 기술은 오랜 세월을 거치면서 우리의 다섯 개 감
각의 상호작용 속에서 혹은 집합적으로 인지하는 것이 불가능한 체계로
폐쇄되었다.[4]."

 그는 표음문자와 인쇄술이 우리에게 시각성을 강조하게 했으며, 이는
이성의 기준을 변화시켜 항상 정밀한 측정, 이분법과 분할을 인간의 주요
한 정신 체계로 자리잡게 만들었다고 말한다. 그리고 이런 과정에서 인
간은 편향성을 벗어날 수 없다고 보았으며 이런 현상은 이후 발명된 여러
미디어에도 이어진다고 보았다.

 "인쇄는 공유된, 즉 같이 나누는 담론이라는 대화를 포장된 정보, 휴
대 가능한 상품으로 번역했다. 그것은 언어와 인간의 이해력을 꽈배기처
럼 꼬이게 만들거나 편향성(bias)을 띠게 만들었다. (중략) 그리고 그것은
가격 시스템을 만들었다. 상품이 획일적인 것으로 복제 가능해지기 전
까지는 어떤 물건의 가격은 흥정되고 조정되는 것이었다. 책의 획일성과
복제성은 문자성 및 산업으로부터 분리될 수 없는 현대적 시장과 가격
시스템만을 만들어낸 것은 아니었다.[5]"

 그는 편향성과 폐쇄성은 각 미디어 기술에 특성에 따른다고 보았다. 특
히 이런 편향성과 폐쇄성은 판단과 참여를 제한하는 것이며, 기술이 만든
환경에 적응하면서 개인이 거부할 수 없는, 무의식적인 효과라고 정의한
다. 나아가 그는 각 기술이 가지는 지각의 편향이 미디어의 전달되는 내

용보다 중요하다고 주장하면서 이런 효과는 인식되지 못하고 있다라고 설명한다. 미디어의 내용은 다양하고 모순적일 수도 있지만 미디어의 효과는 내용과 상관없이 동일하게 남아 있기 때문에 "미디어는 메시지다."[6] 그러나 그는 공감각을 다시 찾을 방법은 미디어 수용자의 참여와 해석을 기반으로 해야 한다고 생각했으며, 그럴 수 있는 매체로 텔레비전을 선택했다. 그는 정보의 양이 꽉 차있어 미디어 수용자의 참여와 해석이 들어갈 수 없는 고밀도(high definition) 매체는 매체의 독점과 지배, 집단성을 거부할 수 없다고 보았다. 대표적으로 라디오, 영화 등을 들며 청취자나 시청자들의 참여가 필요하지 않은, 스스로 완성하려는 참여가 필요없는 완성된 신호의 '뜨거운 미디어'로 분석했다. 반대로 그가 많은 저작을 남기던 1960년대의 구형의 TV는 낮은 해상도 등으로 인하여 필연적으로 시청자의 참여와 해석이 필요한 '차가운 미디어'가 된다고 보았다. 또한 그는 마치 손 조각을 다룰 때처럼, 텔레비전을 볼 때 우리의 눈은 끊임없이 이미지의 윤곽을 살펴보고 재현해야 한다고 주장했다. 이는 이미지의 내용에 참여하는 것이 아니라 인간의 감각 기관을 통해 이미지의 조합 과정에 최대한 참여하는 상황을 낳게 된다라고 주장한다.[7]

미디어 생태학의 주요 아이디어를 제공한 매클루언의 주장은 현란하게 이 시대와 저 시대, 문학과 역사, 동서양을 넘나드는 많은 저작 속에 드러난다. 그러나 매클루언이 주장에 밀도가 높은 '뜨거운 미디어'가 되지 않기 위해 다시금 그의 주장을 비판적으로 바라볼 필요가 있다. 우선 그는 매우 많은 역사적, 문학적 근거를 활용하고 있지만 그것의 사실성이나 정확성을 항상 보장하지는 않는다. 예를 들어 그가 주로 논의를 시작한 2차 대전 전후 폭발적인 TV 방송의 확장 속에서 그의 주장은 매우 유용했을지라도 현대의 시각에서 보면 사실과 다른 점이 적지 않다. 또 그는 자신의 주장을 증명하는 방식 보다는 선언함으로써 다음 주장의 근거로 삼는 경우도 많다. 그러므로 필연적으로 그는 이것과 저것을 대비하거나 중간을 생략하는 오류를 범한다. 또 그는 많은 서술에서 매클루언은 현상을 진단하거나 특정한 명제를 제시할 때 이원론적 개념의 대비를 사용했다. 원인과 효과(cause/effect), 뜨거운 미디어 차가운 미디어, 시각 문화와 청각 문화, 서양과 동양, 배경과 형체(Ground/figure), 내파와 외파(implosion/explosion) 등이 그것이다.[8] 이는 그가 주장하는 유기적 관계, 균형, 비선형적인 것과는 거리가 있다. 특히 인간과 기술의 순환적 구성에 대하여 주장을 하지만 인과 관계를 선형적으로 구성하는 오류를 반복한다. 이런 이유로 그는 때로 '기술 결정론자'라는 비판을 받게 된다. 김동민은 그의 저서 〈매클루언 미디어론의 자연과학적 해석〉에서 그는 미디어 결정론자라는 점을 인정하며, 그의 논의를 자연과학적 배경에서 이해할 때 오히려 그런 주장이 비난이 아닌 합리적 주장이 될 수 있다고 설명한다.[9]

체화인지의 선구자인 지각 심리학자 제임스 깁슨(James J.Gibson)의 생태주의적 시지각 이론(The Ecological Approach to Visual Perception)은 미디어 연구의 측면에서도 인간과 환경에 관계에 대하여 많은 학문적 아이디어를 제공하고 있다. 특히 그가 밝힌 과학적인 사실들은 매클루언의 여러 아이디어에 자연과학적 배경을 직접 제시한다. 깁슨의 생태적 지각 이론의 가장 핵심은 쿠키커터 실험으로 증명된 지각의 능동성과 '어포던스' 개념이다. 그는 1950년대 팽배해 있던 행동주의 심리학에 반대하며 능동적 지각의 중요성을 밝혔다. 기존의 행동주의 심리학에서는 외부의 자극을 어떻게 수용하는지 일차적이며 일방향적인 생물학적 반응을 중심으로 지각심리학이 발전되고 있었다. 그러나 그는 우리가 쿠키를 찍어내는 틀을 손으로 만지며 무슨 모양인지 알아내는 실험에서 움직임, 능동적 정보 획득 행위가 지각에 매우 중요한 역할을 한다는 것을 확인했다. 그런 의미에서 그는 행동을 강조하는 '행화된 인지(enactive cognition)' 개념의 선구자 역할을 한다. 어포던스[10]는 그가 지각에서의 환경의 불변적 요소를 표현하기 위하여 'afford'를 변형해서 만든 용어로 환경 속에서 제공되는 불변의 요소를 한 개체가 자신의 신체적, 생물학적 특성을 기반으로 행동한다는 그의 사고를 종합하여 설명해 준다. 즉 환경에는 한 개체가 특정한 행동을 할 수 있는 가능성이 존재하는데 그것이 어포던스인 것이다. 어포던스는 오랜 진화과정 속에서 생명체에게 부여된 생물학적 특성과 환경과의 상호작용 가능성이고, 행동의 목적으로 작용한다. 이를 통하여 깁슨은 환경-동물 체계로 인지적 행위를 종합적으로 이해해야 함을 강조했다.[11]

깁슨의 이론을 살펴보면 매클루언과 놀라울 정도로 유사하면서도 결정적으로 중요한 차별점이 존재한다. 우선 두 학자 모두 지각의 문제에서 그들의 주요한 논의를 시작한 점은 바로 확인할 수 있는 유사점이다. 지각이 인간 활동의 매우 중요한 요소이며 우리의 정신적 문화적 사상적 배경이 된다는 점은 결과적으로도 동일하다. 또한 미디어 수용, 외부정보 인지에 능동적인 참여나 행동이 중요하다고 지적한 점 역시 매우 유사하다. 그러나 그 중간 과정과 해결책은 차이가 매우 크다. 매클루언도 참여자의 능동성을, 깁슨도 개체의 능동적 지각을 옹호한다는 점에서도 같은 방향성을 보이지만 매클루언은 미디어에 의한 편향성이 무의식적으로 일반적인 구조로 형성되어 인간을 지배한다는 점을 매우 강조한다. 그에 비하여 깁슨은 환경이 제공하는 어포던스 역시 각 개체의 신체적 특성을 기반으로 형성되기 때문에 다양한 지각 변형이 가능하다고 보았다. 물론 매클루언은 문화적이고 사회적인 미디어 관계에 집중을 하였으며, 깁슨은 주로 동물-환경 구조 안에서의 이론적인 영역을 주로 다루었다 하여도 개체의 특수성을 인정하는지 그리고 신체의 역할을 지각 작용에 포함시켰는지에 대한 차이는 두 학자의 의견을 차별적으로 만들고 있다. 매클루언도 배경과 전경 등 게슈탈트 심리학의 요소를 받아들이고 이 역시 수많은 논의에 근거로 활용하였으나 그의 태도는 행동주의 심리학에 가깝도록 결정론적이다. 그런 점에서 매클루언은 스스로 자신의 주장을 한정 지어버리는 모순을 보여준다.

2) '미디어는 신체를 기반으로 형성된다.'

깁슨의 생태주의적 지각 심리학에서 확인할 수 있는 것은 인간의 신체는 지각의 시작점이며, 그 특성과 환경과의 유기적 결합이 지각이며, 행동을 기반으로 이루어진다는 것이다. 또한 그 발달 과정은 진화의 과정을 통해 형생되었다는 것도 중요한 지점이다. 만약 미디어가 지각의 확장이라고 주장한다면 지각에 대한 모호한 선언이 아니라 과학적이고 종합적인 접근이 필요하다. 그런 점에서 미디어의 발달 과정에서 신체와 환경과의 관계를 돌아보는 것은 "미디어는 지각의 확장"이라는 선언을 더욱 구체화 시켜줄 수 있을 것이다. 그런 점에서 이 단락에서는 시지각을 적극적으로 활용하고 인간의 직접적 경험을 유발하는 영화의 시작을 돌아보며 미디어 생태학과 체화인지 관점의 결합 가능성을 확인하고자 한다.

1895년 뤼미에르 형제(Auguste and Louis Lumière)가 그랑카페(Salon Indien du Grand Cafe)에서 영화를 처음 대중에게 상영했을 때 몇몇은 화면에 투사되는 기차를 피해 달려 나갔다는 이야기는 이를 증명한다. 영화 이전에는 불가능했던 움직임의 재현이 가능해졌기에 사람들은 지각적 체험에서 공간적, 시간적인 제약을 벗어날 수 있었다. 이는 인간의 몸과 존재가 가진 시공간적 한계를 뛰어넘어 서려는 대담한 시도 중 하나였다. 비슷한 시기에 발명된 다른 미디어 장치들의 시작을 보아도 당시 사람들이 원하는 것은 기존의 생태적 존재로 지니는 한계를 벗어나려는 시도였다는 점은 반복적으로 확인할 수 있다. 토마스 에디슨(Thomas Edison)이 축음기(Phonograph)를 개발하기 위한 목적이 자신이 만든 영화 장치(Kinetoscope)에 음성을 더해 완벽한 체험을 주고 싶었다는 것이나, 1884년 독일의 전기 기술자 파울 고틀리베 닙코프(Paul Gottlieb Nipkow)가 고안한 기계식 텔레비전의 이름이 전자망원경을 뜻하는 'televisor'였다는 것을 보아도 미디어의 발명은 인간의 생태적 한계를 벗어버리고자 하는 일련의 목적이 있었다고 볼 수 있다. 그러나 과연 이런 미디어의 시작은 몸을 버리고 이루어질 수 있었을까? 인간의 신체에 기반한 인지(embodied cognition)을 넘어서고자 한 것인가?

그러나 초창기 영상 미디어의 발전 과정을 살펴본다면 지각의 기술적 구현에는 성패가 있을 수 있고 이의 기준이 몸이라는 사실을 확인할 수 있다. 영화에서 움직임을 가능하게 해주던 지각의 문제를 조금 더 살펴보면 이 점을 확실히 확인할 수 있다. 영화에서 움직임을 인식하는 것을 넘어 영화의 발전 과정에서 얼마나 많은 정지 이미지를, 얼마나 자주 바꾸어 주어야 하는지를 결정하는 일은 당시 개발자들에게 상당히 어려운 문제였다. 너무 천천히 정지 이미지를 바꿀 경우 움직임이 끊어져 보이거나 움직임이 아니라 여러 장의 사진이 순차적으로 제시되는 상황으로 인식되었다. 반대로 너무 빠르게 정지 이미지를 바꾸어 보여주는 경우 움직임은 자연스러워지지만 은과 젤라틴이 포함된 비싼 필름을 빨리 소모하는 문제가 있었다. 이런 선택은 촬영하는 단계에서도 고려되어야 했다. 초당 촬영되는 프레임의 숫자와 그 장면을 상영하는 초당 프레임 수가 다른 경우 움직임이 빨라지거나 느려지는 문제가 있었기 때문이다. 더구나 당시의 기계공학으로는 이 초당 프레임수(Frame per Second:FPS 또는 Frame rate)를 촬영기에서도 영사기에서도 일정하게 유지할 기술이 없었다. 정밀한 기계장치나 전기모터가 도입되기 전까지는 순전히 사람의 눈과 손에 의존하여 적절한 움직임 속도가 결정된 것이다. 촬영기사가 손으로 돌리는 크랭크가 빠르면 높은 초당 프레임 수로 촬영되었고, 늦어지면 늦은 초당 프레임 수로 촬영된 것이다. 마찬가지로 영사 기사의 크랭크를 돌리는 속도에 따라 상영되는 움직임이 변화되는 상황이 극장에서도 벌어졌다. 이런 상황들에서 초당 프레임 수를 결정하는 기준은 사람의 눈이었다. 즉, 촬영기사나 영사기사가 매 순간 눈에 자연스럽고, 매 장면이 흐려지지 않는 적절한 초당 프레임 수를 유지했던 것이다. 당시로서는 최신 기술이던 필름을 만들고 현상하는 화학 기술, 정확히 상이 맺히게 하는 광학 기술 그리고 정교하게 필름을 구동하는 기계공학까지 동원되더라도 그 기준은 우리의 신체적 지각에 있었다고 볼 수 있다. 이후로 규격화된 초당 프레임 수가 결정되고, 유지되기까지는 많은 시간이 필요했고, 그 규격화 과정에서도 인간의 지각에 적합한 기술적 요소로 결정되었다. 미디어 기술의 발명의 기준은 결국 사람의 신체였던 것이다. 이런 현상은 초당 프레임수의 결정에만 국한하지 않는다. 사진과 영화에서 색 재현에도 똑같은 현상이 발생했다. 오랜 시간 과학자들은 색 재현에 대한 연구를 해왔으며 경험적으로 빨강, 녹색, 파랑의 세 가지 색, 또는 그 색의 보색인 시안(cyan), 마젠타(magenta), 옐로우(yellow)의 세 가지 색이 가장 기본이 되는 색이라는 것을 알았다. 그 결과 이를 응용한 여러 발명가들이 색을 기록하고 재현할 때 이 세 가지 색을 분리하여 기록하고, 다시 합성해서 보여주는 방식으로 컬러 사진과 컬러 영화기법을 개발했다. 그러나

이 세 가지 색의 분리는 우리 눈에 있는 원추세포의 색지각과 밀접하게 관련된 것이다. 이 세 가지 색은 진화의 논리에 의해 미리 정해준 기준이었던 것이다. 이런 점에서 우리의 생물학적 몸은 기술을 바탕으로 만들어지는 새로운 미디어에 근거를 제시함과 동시에 그 가능성과 영향을 제한했다고 이야기 할 수 있다. 즉 인류가 오랜 진화의 결과로 얻은 현재의 생물학적 몸에 어긋나거나 적합하지 않은 미디어 기술은 성립할 수 없으며, 몸을 기반으로 확장되어야 한다. 이는 매클루언이 이야기한 인간 지각의 확장에서 확장 만을 논의하는 것이 아니라 인간의 지각에 기반해야 한다는 기초적 사실을 논의해야 함을 확인시켜준다. 이에 대하여 깁슨은 다음과 같은 주장을 한다.

> "인류학과 생태학 연구에서, '자연' 환경은 종종 '문화적' 환경과 구별된다. 여기에 기술된 대로, 이들 간의 분명한 구분은 없다. 문화는 자연적인 기회들로부터 진화한다. (중략) 상징은 사물과는 근본적으로 다른 것으로 여겨진다. 그러나 이 점에 대하여 분명히 해두도록 하자. 어느 누구든 사물을 지각하는데는 자극의 양상 또는 정보 전달의 방식들이 분명히 있다. 비록 추상적이어도 말이다. 그가 이해하는 사물이 일반적이든 아주 구체적인 것이든 간에, 그는 자극들에 민감해야 한다. 상징은 소리나 투사된 및 역학적 접촉 또는 그와 유사한 방식으로 실현되지 않는다면 존재하지 않는다. 모든 지식은 민감성에 근거한다.[12]"

깁슨은 문화적 환경들도 유전을 기반으로 진화한 인간의 지각체계를 따르고 있다고 보았다. 이런 주장들을 접목한다면 매클루언의 '미디어는 인간 지각의 확장'이라는 선언을 일방적으로 부정할 필요가 없다. 인간의 신체에 적합한 방식으로 개발되었다면 그 역시 지각의 대상물이자 환경으로 작동할 수 있기 때문이다. 그와 동시에 인간의 '미디어는 신체를 기반으로 한다.'는 명제도 성립한다. 몸이 미디어 기술의 기반이 되었듯, 기술 역시 몸을 확장시킬 수 있는 양가적 관계가 구성되는 것이다. 또한 이런 관계는 기술이 가능 편향성으로만 폐쇄, 왜곡되는 것이 아니라 그런 변화가 다시 인간의 것 자체가 되는 순환적 구조가 완성된다. 이로 인하여 인간은 기술과 상호 소통하며 역동적이며 변화하는 관계, 즉 구현되고 (embedded)되고 체화된(embodied) 인지 체계를 형성하게 된다고 볼 수 있다.

3.'미디어는 환경인가?'

1) 미디어 생태학의 '환경'과 마뚜라나의 오토포이에시스

닐 포스트먼은 매클루언의 다양한 논의를 이어 '미디어 생태학'이라는 용어를 규정하고 이를 하나의 학문 분야로 발전시킨 사람이다. 그는 교육학자로의 기반을 가지고 미디어의 현대적 역할과 가치를 찾고 분석함과 동시에 매클루언, 자크 엘룰, 윌리엄 멈포드 등의 미디어에 대한 새로운 시각을 제시했던 선구자와 후속세대를 연결하는 중요한 역할을 했다. 그는 1970년 뉴욕대에 미디어 생태학이라는 박사과정을 만들며 용어를 정의했다.[13] 그는 '생태학'이라는 용어를 사용한 이유를 다음과 같이 설명한다.

"여러분은 우리가 학과에 대해 처음 생각한 것이 생물학적인 은유를 따른다는 점에 놀랐을 것이다. 여러분은 세균 배양용 접시에 대해 들어 보았을 때, 미디어를 배양균이 자라는 물질로 정의한다는 것을 기억할 것이다. '물질'이란 단어를 테크놀로지로 바꾼다면, 그 정의는 미디어 생태학의 기본 원칙이 될 것이다. 다시 말해, 한 문화의 정치, 사회적 조직, 습관적 사고 방식이 형성된다. 그런 생각과 함께, 우리는 또 다른 생물학적 은유, 즉 생태학이라는 은유를 가져왔다[14]."

즉 그는 자연 환경에서 구성 요소들의 상호작용, 그리고 그 상호작용에 의하여 형성되는 상태를 지칭하는 '생태적'이라는 용어를 미디어 환경에 은유적으로 적용한 것이다. 그는 이 이유를 여러 저술에서 미디어와 인간의 상호작용이 문화의 특성을 구성하고 문화의 상징적 균형을 돕는 방식에 관심을 가졌다는 것을 보여주고자 했다고 밝힌다.[15] 이런 노력은 이후 다른 미디어 생태학자들의 논의에 이어져 미디어를 하나의 환경으로 보려는 노력으로 정착된다. 기존 커뮤니케이션 모델은 미디어를 한 지점에서 다른 지점으로 메시지를 전달하는 일종의 도관이나 채널로 인식하고, 미디어란 용어는 주로 텔레비전, 라디오, 영화, 신문, 잡지, 책 등과 같이 특정 유형의 내용을 담아내는 매스미디어를 언급하거나 언론을 지칭할 때 쓰였다. 반면 미디어생태학자들은 그것을 우리의 경험을 매개하고 구성하는 일종의 맥락으로 본다. 닐 포스트먼의 표현에 의하면 미디어는 "기계가 만든 사회적이고 지적인 환경"을 의미하고 더 나아가 모든 물리적, 유기적 메시지 체계를 포괄한다.[16] 미디어 생태학자들은 미디어를 환경으로 바라봄으로써 기존의 산업적이거나 사회학, 정치학의 부수적인 위치에서 논의하는 미디어를 넘어 인류사적 논의로 확장할 수 있었으며,

기술과 인간에 대한 철학적 담론으로 발전했다는 점은 주목할 만하다. 비록 주류의 커뮤니케이션학에서 거리를 띄우고 있음은 분명하고 다소 사변적으로 받아들여질지라도 이들의 논의는 새로운 기술이 등장해서 미디어 환경을 변화시킬 때 마다 소환된다. 대표적으로 매클루언은 1993년 1월에 창간된 '기술유토피아'잡지 〈와이어드〉지의 수호성인으로 되살아났다.[17] 인터넷을 가장 정확하게 예언한 사람으로 매클루언을 손꼽았기 때문이다. 또한 여러 학자들은 VR, SNS 등 미디어 환경변화를 해석하기 위하여 자주 미디어 생태학을 활용해 왔다.

그러나 이들이 이야기하는 '미디어 생태학'에서 생태학은 은유법의 일환이다. 미디어의 인지적 작용 등에 대하여 논의하더라도 이것이 과학적이거나 사실에 기반하기보다 선언과 가치판단과 감상적 차원에 머무르는 한계를 보여준다. 이에 대하여 김동민, 김병선 등 일부 학자들은 자연과학적 적용을 융합하려는 논의를 발전시키려는 노력을 기울여야 한다고 주장한다.

체화된 인지 관점에서 움베르또 마뚜라나와 프란시스코 바렐라는 인지의 시작을 생물학적 관점으로 해석한 선구자로 인식된다. 서구 학문계에서도 변방이라고 할 수 있는 칠레의 두 생물학자는 1984년 『앎의 나무: 인간 인지능력의 생물학적 뿌리』를 발간함으로 많은 인지학자들 뿐만 아니라 인문학 전반에 큰 영향을 미쳤다. 그들은 이 책에서 세포단위의 생성부터 세포체의 구성 나아가 개체와 개체의 접촉으로 만들어지는 과정까지 과학의 논리로 설명한다. 그러나 그들은 과학적 설명을 위해 그들의 저술을 시작한 것이 아니었다. 그들은 인간의 인식의 생물학적 뿌리를 밝히고 이를 통해 생태적이라는 의미를 융합적이고 학제적으로 바라보고자 그들의 연구를 시작했다. 그들 이론의 주요 개념인 오토포이에시스(autopoiesis)는 '자기 자신'(autos)과 '만들다'(poiein)의 합성어로 생명체가 자기 자신을 재생산하고, 자기 구조를 유지하는 과정을 설명한다. 그들은 생물의 기본 구조는 자신을 스스로 생성하고 항상성을 유지하기 위하여 역동적으로 작동하는 것이며 이것은 세포를 벗어나 점차 큰 단위로 확장된다고 설명했다. 그들은 이런 자기 생성의 원리가 단순히 집단을 위한 것이 아니라 자율적 개체임에 중점을 두자고 주장한다.[18] 그리고 진화의 과정을 통해 결합된 세포들의 조직인 세포체는 주변 환경과 서로 상호작용을 하면서도 자신들의 오토포이에시스를 유지하고 자신들의 생명체 구조를 기반으로 환경과 섭동(perturbation)한다고 설명했다.

이들은 이런 생명의 기본 속성은 유성생식을 하는 유기체로 발전해 가면서 주변 환경 이외에 다른 개체와의 상호작용도 일어나며 이는 사회적 체계, 문화적 구조로 발전해 나간다고 설명한다. 그들은 사회적 환경이 지닌 의사소통적 역동성의 틀 안에서 개체발생적으로 생기고 여러 세대에 걸쳐 안정되게 남아 있는 행동방식을 가리켜 우리는 문화적 행동이라 부른다고 설명한다. 그들은 새, 동물 들의 소통행위를 예시로 들며 집단 안에서 개체들이 어떤 행동을 흉내 내고 또 그 행동이 지속적으로 선택되는 과정으로 문화가 발생한다고 설명한다. 따라서 문화적 행동이란 무슨 특별한 기제를 통해 생긴 것이 아니라 의사소통적 행동의 특수한 예일 뿐이며 그것의 특수성은 집단 구성원들이 줄곧 바뀌는 가운데 여러 세대에 걸친 사회적 삶의 결과로서 생겨난다고 보았다.[19] 또한 그들은 직접적으로 의사소통에 대한 중요한 논의를 제시했다. 그들은 미디어 생태학자들과 마찬가지로 미디어를 채널이나 도관으로 보지 말아야 한다고 설명한다. 대신 그들은 의사소통을 일종의 목적론적 상호작용으로 보았다. 그들 표현을 따르자면 생물학적으로 보아 의사소통에 '정보의 전달'이란 없으며 구조접속의 영역에서 행동조정이 나타날 때마다 의사소통이 있다. 또한 그들은 '도관'의 비유를 거부하며 대신 의사소통은 구조접속에 의한 섭동작용을 일으키는 것에 따라 결정됨을 뜻한다고 주장한다.. [20]

이런 점들은 미디어 학자들이 미디어 매체 자체에 대한 관심을 기울이고, 이를 환경으로 바라보려는 노력을 했다는 점과 일맥상통 한다. 그러나 마뚜라나와 바렐라는 여기서 더 나아가 의사소통 자체가 접촉과 변화를 위한 능동적인 목적지향적 행위임을 설명한다. 그들에게 의사소통 나아가 미디어는 정보의 전달 넘어 생태적 유지를 위한 유기체의 능동적이고 주요한 행위가 된다. 이런 점에서 이들의 주장은 미디어를 행화적 시스템으로(enactive cognition system)으로 해석할 근거를 제시한다.

2) '미디어는 과연 생태적 환경인가?'

미디어를 생태인 관계로 보기 위해서는 앞장에서 설명한 미디어와 신체의 관계, 인간과 기술의 순환 관계를 넘어 미디어가 가지는 자기생성 가능성과 능동적이고 목적지향적 역사를 찾아볼 필요가 있다. 마뚜라나와 바렐라의 오토포이에시스 개념으로 설명한다면 미디어는 기술이기만 하지 않고 그 자체로 주변 개체와 상호작용하며 스스로 자기생성을 할 수 있어야 하며, 능동적이고 움직이는 동적 역학관계를 가지고 있어야 한다. 이런 관계를 찾아보기 위하여 앞서 설명했던 초당 프레임 수의 문제로 우선 돌아가보자.

초당 프레임수는 초기의 불분명하고 인간의 감각에 의존하는 단계를 넘어 유성영화 시대에 들어서 규격화되기 시작했다. 18fps를 거쳐 영화관에서는 24fps를 표준으로 삼기 시작했다. 더 이상 촬영 기사들은 대략적인 손돌림으로 속도를 맞추기 위해 노력하지 않게 되었고, 영사기사들도 간단한 스위치 조작으로 항상 일정한 속도의 영사가 가능해 졌다. 그와 함께 더 이상 관객의 반응도, 영화의 내용도, 변사나 악사의 호흡도 고려하지 않아도 되었다. 마치 매클루언이 이야기한 기계 신부의 시대가 도래한 것이다. 이후 TV의 시대가 도래하면서 fps는 지역의 전기 주파수에 따라 30fps와 25fps의 두 가지 TV송출방식을 따르게 되었다. 그리고 최근에는 컴퓨터에서는 게임의 목적으로 더 높은 데이터를 소모함에도 100hz이상의 프레임 변화를 사용하곤 한다.[21] 그러나 흥미로운 사실은 이런 기계적이고 기술적인 요소에도 문화적 코드와 자기생성의 개념이 존재한다는 것이다.

대표적인 두 가지 사례가 찰리 채플린(Charlie Chaplin)의 특유에 걸음 걸이와 '필름룩'이라 명칭되는 촬영 용어이다. 찰리 채플린은 유성영화가 등장하기 이전 1910년대부터 카메라 앞에 서기 시작했다. 그의 움직임은 손으로 돌리는 카메라에 맞추어 촬영되고, 손으로 돌리는 영사기의 속도에 맞추어 재현되었다. 그러나 유성영화가 나오고 기존의 필름을 24fps로 영사를 하면서 그의 움직임은 현실의 속도가 아닌 영화의 속도로 빠르게 재현되었다. 이는 분명한 기술적 오류였다. 정확한 지각의 재현을 위해서라면 정확하고 규격화된 속도로 촬영되고, 같은 속도로 상영이 되었어야 했지만 일반적으로 필름을 아끼기 위해 느리게 촬영된 필름을 빠르게 속도로 상영하면서 움직임은 왜곡되었다. 그러나 이런 일종의 편향은 관객들에게 '채플린식 걸음걸이'으로 자리잡고 이를 좋아하는 사람들은 계속 하나의 문화적 코드로 이를 받아들였다. 그 결과 기술적 오류이자 문화적 산물은 생명력을 가지고 fps가 규격화된 이후에도 계속 살아남게 되었다. 또한 최근의 디지털 비디오 시대에도 소위 '영화적 화면'을 위해서는 조명, 렌즈선택, 편집 뿐만 아니라 과거의 규격인 24fps촬영을 선호한다. 최신의 카메라는 더 빠른 속도로 더 정확한 가현운동을 만들어낼 능력이 있음에도 불구하고 과거의 영화전성기의 시각적 스타일은 하나의 문화적 코드로 살아남았다.

이렇듯 미디어 문화는 우리의 신체를 기반으로 한 생태적 몸과 하나의 개체에 머물지 않고 타 개체들과 의사소통하며 만들어낸 문화적 구조로 생명력을 지니게 된다. 미디어는 기술을 넘어 생태적 환경으로 작동하는 것이다. 물론 이런 구조적 결합은 항상 일어나는 것은 아니다. 우리 생태계의 구조결합이 항상 섭동이나 상호관계로 이루어지는 것이 아니라 때로 파괴적 구조 붕괴도 일어난다. 우리는 한때 모든 영상물을 대체할 것 같이 선전하던 '3D TV'가 사라지는 것을 보았다. 세상을 바꿀 것 같던 가상현실 기술은 더 이상 신기하지도, 매력적이지도 않다. 코로나 팬데믹 이후 화상통화 앱 사용이 줄어들듯 메타버스 논의도 사라지고 있다. 이런 실패한 미디어들은 생태적 환경으로 작동에 실패한 것이다. 그러므로 '미디어는 과연 생태적 환경인가?'라는 질문에는 '생태적 환경인 미디어만 살아남는다.'라는 답을 내리게 된다.

4. 나가며

미디어는 필연적으로 기술을 기반으로 한다. 이를 간과하지 않았던 미디어 생태학자들의 여러 노력은 그들의 평가와 별도로 기술에 의한 인간 지배를 반대하기 위한 일련의 노력이었다. 최근 장밋빛 미래를 그리는 몇몇 학자들은 NBIC(Nano, Bio, Information tech, Cognitive science)기술이 인간 이상의 인간, Trans human으로의 발전을 이끌어내리라고 논의한다. 그러나 이런 논의가 기술에 의한 인간 지배라면, 그리고 이런 의도를 비판하고자 한다면 더 치밀하고 융합적인 판단근거가 필요하다. 미디어 생태학자들의 노력이 현대 포스트 휴먼 논의에서도 힘을 발휘하기 위해서는 더욱 적극적으로 체화된 인지의 관점을 접목하고 연구할 필요가 있는 것이다. 또한 그들의 논의가 진정한 인류의 발전을 위해서라고 하더라도 이를 판단할 더욱 긴 호흡의 그리고 더 종합적인 시각이 필요하다. 체화 인지 관점은 이런 목적을 위해서도 많은 논의 근거를 제공할 것이라고 믿는다. 이런 과정을 통해서만 포스트휴먼 논의가 그것이 혁명적 변화이든, 처절한 파괴이든, 새로운 인간 다음의 인간들을 맞이할 수 있을 것이다.

더 읽을 거리 ───────────────────────────────

이광석외 8인, 『현대 기술 · 미디어철학의 갈래들』, 그린비, 2016.

이동후, 『미디어는 어떻게 인간의 조건이되었는가?』, 컬처룩, 2021.

James. J Gibson, 『지각체계로 본 감각』, 박형생 외 2인 번역, 아카넷, 2016,.

마셜 매클루언, 『구텐베르크 은하계』, 커뮤니케이션북스, 2001년.

움베르또 마뚜라나, 프란시스코 바렐라, 『앎의 나무:인간 인지능력의 생물학적 뿌리』,
　　　갈무리, 2007.

아픈 의료, 다른 의학, 참된 삶:
참살이의 체화된 존재 인식론과 윤리

1. 서론

1.1 의료대란

2024년 5월, 의사 정원을 둘러싼 정부와 의사의 대립과 갈등이 끝을 알 수 없는 혼돈에 빠져 있다. 전공의와 학생은 병원과 학교를 떠났고 의대 교수들도 사직서를 썼다고 한다. 먼저 칼을 빼 든 정부는 대책도 없이 물러설 기미를 보이지 않고 의사협회는 전면 백지화만을 주장한다. 치료 기회를 놓친 중증 환자들은 목숨이 달린 각자도생의 길을 가야만 하는 상황이다. 필수 의료와 공공의료의 정상화와 같은 정원 확대의 당위성이나 그 효과에 대한 분석이나 토론은 없고, 사법 권력으로 무장한 정부와 국민의 생명을 담보로 잡은 의사 권력의 힘겨루기만이 두드러져 보이는 형국이다.

1.2 문제

이 문제에 접근하려면 먼저 국민의 건강 수준과 의료서비스의 적정성에 관한 조사와 분석 그리고 수요와 공급의 균형에 대한 평가가 있어야 할 것이다. 하지만 의사의 수가 문제의 본질인 것처럼 여기는 태도는 합리적이지도 올바르지도 않다. 공적 서비스인 의료의 대부분을 사실상 영리가 목적인 사설 의료기관에서 담당해야 하는 구조도 문제고, 의료서비스가 미용과 성형 등 고수익이 보장되는 비보험과 그렇지 않은 필수 의료와 공공 의료로 양분되어 의료인력이 비보험 쪽으로 쏠리는 구조의 문제도 심각하다. 무엇보다 이 사태의 피해를 온몸으로 겪어야만 하는 소비자 환자의 주장이 본질적이지 않은 소란에 묻혀 제대로 쟁점화되지 않는다는 데 문제의 심각성이 있다.

1.3 이론

이 사태를 이해하고 설명하며 해결책을 제시할 마땅한 이론이 없다는 것도 문제다. 의료서비스를 환자의 노동력을 복원하여 사회적 기능을 담당할 수 있도록 하는 것으로 보는 구조기능주의와 의료를 자본의 이익이 관철되는 시장으로 보는 좌파 비판 이론은 모두 지나친 단순성과 이데올로기적 편향으로 인해 복잡한 현실을 제대로 설명하지 못한다. 현대 의료를 자연적 치유 능력을 빼앗는 문명의 병으로 보는 이반 일리치의 문명비판[1]은 자연과 문명이 구분 불가능하게 얽히고설킨 현대 사회를 설명하지 못한다. 고되고 오랜 교육훈련과 이타적 서비스의 대가로 자연스럽게 의료인에게 해당 분야에 대한 독점권이 부여된다는 프로페셔널리즘의 정신

²은 의료서비스를 돈벌이의 수단으로 만들어 버린 신자유주의의 폭주에 빛이 바랜 지 오래다.

환자의 자율권이나 선험적으로 주어진 의무, 또는 행위의 결과를 중심으로 옳고 그름을 판단하는 원칙주의, 의무론, 공리론 등의 의료윤리 이론은 자율적 환자와 의료인 개인들 사이의 문제를 다루는 데 특화되어 있어 이번 사태처럼 정부와 의사 집단 사이의 갈등을 다루는 데에는 무력하다. 규격화된 환자-의료인 관계에 인간미를 불어넣고 의료 관계에서 소외되었던 환자의 권리를 회복하며 질병이 아닌 환자의 경험에 집중하는 의료인문학도 정부와 의사 집단이 참조할 만한 규범이 되지는 못한다.

1.4 방법

1차산업혁명과 계몽주의를 배경으로 발달해 온 사회이론과 윤리 이론으로 4차산업혁명 시기의 문제를 이해하고 설명할 수 없다는 건 당연하다. 지금 우리가 살고 있는 사회는 자율적 이성을 지닌 합리적 개인들의 자유로운 계약으로 이루어진 매끈한 구조의 사회가 아니다. 지금은 석탄과 전기가 대량생산을 추동하는 산업사회가 아닌 정보와 네트워크로 이루어진 세상이며 근대 사회를 설명해 온 주체와 객체, 몸과 마음, 이론과 실천의 이분법 구도에 맞지 않는 다양한 소수자들의 역할과 참여로 얽혀 있는 다중(多衆)의 사회다.

따라서 지금의 사태를 이해하기 위해서는 먼저 그 사태를 바라보는 관점부터 점검할 필요가 있다. 20세기의 천재 과학자 아인슈타인은 "문제를 발생시켰을 때와 똑같은 의식 수준으로는 어떤 문제도 해결할 수 없다."라는 명언을 남겼다고 한다. 의사 정원의 확대를 둘러싸고 벌어지는 지금의 사태를 국민 건강과 의료의 적정성 관점에서 객관적으로 분석하는 작업도 필요하지만, 이 사태를 일으킨 당사자들과 우리 모두의 의식 구조를 시대의 흐름과 관련해서 철학적으로 성찰하는 일도 그에 못지않게 중요하다.

최근 의료인문학의 새로운 방법으로 도입되고 있는 서사 의학(narrative medicine)은, 객관적으로 정의된 질병을 대상으로 하는 인위적 개입 위주의 생물의학에서 벗어나 질병을 경험하는 환자의 생애 경로(life course)에 초점을 맞춘다. 이처럼 문제를 짧은 시간 속에 가두지 않고 연속된 시간에 걸쳐 발생하는 이어진 사건으로 바라보는 방법은 지금 진행 중인 의료 대란을 이해하고 해결책을 모색하는 효과적인 대안 전략일 수 있다.

2. 아픈 의료

의료는 서비스이기도 하지만 역사와 문화 속에서 창출되고 진화해 가는 하나의 제도이기도 하다. 의료는 역사와 문화를 구성하면서 동시에 그것에 영향을 미치고 영향을 받는 하나의 행위 주체(actant)이자 객체이기도 하다. 따라서 의료는 고립된 질점이 아니라 시공간 속에서 변해가면서 질적 경로를 만들어 가는 유사 생명체라고도 할 수 있다. 일반 생명체가 태어나고 병들고 늙고 죽어가듯이 의료 역시 그것이 처한 사회문화적 조건에 따라 다양한 경로를 그리며 변해간다. 의료는 이미 생산되어 분배를 기다리는 서비스 상품이 아니라 생산과 분배와 유통 과정에서 다양한 변화를 만들어 내고 자신도 변해가는 행위의 연결망이기도 하다.

의료행위에서는 먼저 환자의 증상과 징후를 살피고 그것이 발달해 온 과정 즉 병력을 추적한다. 그런 다음, 지금까지 축적되어 온 의학 지식과 경험 속에서 만들어진 질병의 분류 체계 중 가장 가까운 것을 선택하여 진단명을 붙인다. 의료행위란 그 진단에 대한 표준 치료법을 적용하는 것이다. 잘못된 진단은 잘못된 치료로 이어지고 심각한 의료사고로 이어질 수도 있다. 하지만 오진은 특별한 예외가 아니라 의료 활동에 항상 있을 수밖에 없는 현실이다. 이 글의 주장 속에도 분명 잘못된 진단이 있을 것이다. 하지만 의료대란이라는 현상의 진단과 처방의 잘잘못을 따지는 실마리를 제공함으로써 새로운 길을 모색할 수는 있을 것이다.

2.1 증상과 징후

(1) 의료의 과잉과 신뢰의 위기

추상적인 수준에서건 실천 현장의 구체적 문제에서건 어떤 수준의 의료가 적정한지를 결정할 수 있는 명확한 기준은 없다. 우리의 몸은 공장에서 출고된 규격화된 공산품이 아니고 개체별로 다른 생물학적, 심리적, 사회적 조건에서 나름의 지향에 따라 진화해 가는 물질적이고 담론적인 과정 그 자체이기 때문이다. 적정 의료란 의학 지식과 기술의 성격, 일반적으로 받아들여지는 삶의 규범, 정치·경제적 상황 등에 따라 달라질 수밖에 없다.

서울대학교병원 입구에 있는 건강증진센터는 얼마 전까지 건강증진·노화방지센터였고, 그 간판 위에는 "강하고 질병 없는 멋진 내 몸 만들기"라는 표어가 붙어있었다. 하지만 지금은 그 이름에서 노화 '방지'가 빠졌고 대신 영문 이름에만 적정 노화(optimal aging)가 추가되어 있다. 표어도 "평생건강관리의 동반자"로 바뀌었다. 노화의 '방지'와 '적정' 노화의 차이는 막대하다. 노화가 극복의 대상에서 받아들여 적응해야 할 당연한 현실로 달라진 것이다. 표어의 변화는 더 극적이다. 이전의 표어에서 몸은 인위적 노력에 따라 '만들어' 가는 객체이며 그 목표는 질병이 없을 뿐 아니라 멋지고 강한 몸이었다. 하지만 지금은 그 규범이 질병 없음이 아닌 평생에 걸친 건강 '관리'로 달라졌으며 의학의 역할도 주체가 아닌 동반자로 적정화되었다.

몸의 규범은 강함과 질병 없음과 멋짐에서 관리의 대상으로 적정화되었지만, 의료서비스의 대상은 오히려 더 확대되었고 그 기간도 평생으로 길어졌다. 관리의 대상이 질병과 몸에서 질병의 범주에 들지 않는 일상의 문제로까지 확장되었다. 철학자 푸코가 말한 생체권력의 규범이 질병 없음과 강하고 멋진 몸이라는 외형적 수준을 벗어나 일상의 모든 영역으로 파고든다. 자본은 이런 변화를 놓치지 않고 그 속에서 재빠르게 시장을 개척하며, 엄청나게 빠른 속도로 발전하고 있는 의료기술이 생산하는 다양한 서비스 상품이 의료의 영역에 흡수되어 시장을 넓힌다. 새로운 기술과 의료 상품의 수용이 새로운 몸의 규범이 된다. 환자의 필요에 따라 서비스를 소비하기보다는 생산된 서비스의 기능에 따라 수요가 구성되는 현상이 생기기도 한다. 몸이 아프면서도 의료서비스를 이용하지 않는 사람은 비난의 대상이 되며, 여러 전문과를 다니며 바쁘게 의료서비스를 소비하는 환자가 칭찬받는 분위기가 만들어진다. 이렇게 과잉 의료의 조건이 무르익는다. 과잉 의료는 몸의 규범을 정하는 생체권력의 자연스러운 결과다.

'강하고 멋진 몸'이라는 외형적 규범은 대개 건강보험이 적용되지 않는 미용과 성형 등의 시장을 형성하지만, 건강과 관련된 기술과 상품에서 발생한 규범들은 사회적 제도와 문화 속에 뿌리박히고 우리 몸속에 체화된다. 그래서 몸의 생존과 번성 같은 기본적 욕구를 충족하는 필수 의료와

고가의 특수 약제와 검사 또는 미용 성형과 같이 건강보험이 적용되지 않는 부가적 서비스의 구분이 모호해진다. 특히 의료서비스의 대부분을 민간 소유의 의료기관이 담당하는 그리고 행위별로 산정된 수가 체계를 가지고 있는 우리나라의 경우, 그런 뒤섞임은 과잉 진료를 배양하는 비옥한 토양이 된다. 이런 상황 속에서는 많은 돈을 벌 수 있는 미용과 성형 쪽으로 의료인력이 쏠리는 현상을 막을 수 없고, 상대적으로 수익이 적은 필수 의료와 공공의료는 취약해질 수밖에 없다.

과잉 진료의 유혹 속에서 일하는 의료인과 최소의 비용으로 최대의 효과를 얻으려는 환자 사이에는 오해와 갈등이 있을 수밖에 없다. 이 오해와 갈등은 신뢰의 상실로 이어지는데, 그 갈등이 거시적 수준에서 드러난 것이 지금의 의료대란이다. 고도의 전문성과 권위로 인해 갑의 위치에 있을 수밖에 없는 의료인과, 절박한 신체적 필요 그리고 지식과 정보의 부족으로 을의 위치에 있을 수밖에 없는 환자를 이어주는 것은 환자의 고통에 공감하는 의료인과 그에 대한 환자의 신뢰뿐이다. 이렇게 공감과 신뢰로 맺어진 환자와 치유자 사이의 관계가 몸속에 각인되어 나타나는 현상이 플라세보다.[3] 그러나 과잉 진료의 유혹이 일상화된 구조 속에서 이렇게 체화된 공감과 신뢰의 관계가 유지되기는 어렵다. 몸으로부터 분리되어 탈-신체화되고(dis-embodied) 추상화된 공감과 신뢰를 회복하여 재-신체화(re-embodiment)하려고 노력하기보다는, 탈-신체화되고 상품화된 의료서비스의 분배와 재배치를 두고 극단적으로 대립하고 있는 것이 지금의 상황이다.

(2) 필수 의료와 공공의료의 실종

이런 상황 속에서 생명과 직결되거나 일상생활에 없어서는 안 될 필수 의료서비스, 그리고 개인이 아닌 공공의 이익에 봉사하거나 사회적 약자를 배려하는 공공의료는 관심의 대상도 아니다. 2020년 공론화되었다 역시 의사들의 강력한 반대로 수면 아래로 가라앉은 공공의대 설립과 관련된 주제는 거의 언급조차 되지 않는다. 의사 인력을 늘리는 계획은 있어도 그렇게 늘어난 인력을 어떻게 활용하고 배치해 부족한 필수 의료와 공공의료를 확충할 것인지에 대한 계획과 논의는 없다. 이렇게 무작정 의사 수만 늘린다면 의료 시장의 경쟁만 심해지고 과잉 진료가 더 심각해질 것이 뻔한데도 말이다.

2.2 병력 – 역사 속의 길

문제의 중심에는 의료를 수요와 공급의 균형 속에서 가격이 결정되는 서비스 상품으로 바라보는 관점과 숭고한 이타적 서비스로 바라보는 관점의 충돌이 있다. 동서양을 막론하고 고대로부터 전해져 오는 인술(仁術)의 전통과 모든 것을 상품화하는 자본주의의 현실이 우리 내면과 사회 현실 속에서 갈등을 일으키고 있다. 하지만, 이런 갈등과 충돌이 자본주의 사회에만 있는 것은 아니다. 우리가 의료윤리의 바이블처럼 여기는 히포크라테스의 선서도 그 행간을 읽어보면 의료서비스와 의학교육의 대가가 지급되고 있었음을 확인할 수 있다. 이 선서가 히포크라테스가 세운 의학교(醫學校)에 학비를 내는 학생을 위한 행동강령인 동시에 일종의 계약이었음을 기억할 필요가 있다. 지금 우리가 알고 있는 선서는 이 고대의 선서 원문 중 필요한 부분을 취사선택하고 인류애와 봉사라는 이념을 덧붙여 1948년 세계의사협회가 만든 것이다. 의술은 인술이지만 또한 고대로부터 상술이었음을 부인할 수도 없다.

20세기에 들어서면서 의사의 역할을 사회의 구조와 기능 속의 요소로 환원하려는 노력이 있었다. 여기서는 의술의 숭고한 이념이나 의사 개인의 윤리적 태도보다도 사회 구조 속의 기능과 역할이 더 강조된다. 한편 유럽을 중심으로 등장한 국가보건서비스(National Health Service)는 의술을 상품이 아닌 공공서비스로 여기게 했다. 반면에 의술을 공공보험에 포함하는 데 실패한 미국에서는 의술의 상품화가 심해졌다. 의술의 공익적 성격과 상업적 성격을 모두 담을 새로운 설명이 필요해졌다. 전문직 윤리(professionalism)는 인류애와 같은 추상적 가치를 내세우지 않으면서도 의술의 이타적 실천을 담보할 수 있는 설명법이었다. 의사는 어렵고 긴 교육과정을 거쳐 일반인이 가지기 어려운 지식과 기술을 습득한 사람들이다. 그런데 이 지식과 기술은 본질적으로 이타적 서비스를 전제로 한 것이다. 그들에게 치료 방법의 선택이나 직업 조직의 운영 등에 대한 자율권을 주는 것은, 독점적 지식과 이타적 서비스에 대한 독점적 위임이며 보상이다.

하지만 이타적인 의료전문직의 윤리도 1980년대 이래로 전 세계에 몰아친 신자유주의의 광풍을 피해 가지는 못했다. 신자유주의는 의료서비스가 단순히 '물질적인 대가를 위한 것이 아니라는 인상'을 심어줄 수 있는 조건이 아니었다. 따라서 이 사태를 이러한 정치·경제적 환경의 변화 속에서 파악하려는 노력은 중요하다.

2.3 철학적 진단

환자의 증상과 징후를 살피고 그 경과(병력)를 추적했다면 진단을 내려야 한다. 진단이란 이미 밝혀진 원인과 경과와 결과를 갖는 유형화된 실체를 병에 부여하는 것이다. 이후의 모든 치료는 이 진단에 맞춰 진행된다. 물론 최종 진단은 치료의 경과에 따라 변경되기도 하며, 따라서 진단은 일종의 잠정적 작업가설이다. 이 절에서는 아픈 의료에 대한 철학적 진단을 내려본다.

(1) 삶의 소외와 앎의 탈 신체화

현대의학이 전례가 없는 눈부신 성과를 낼 수 있었던 것은, 의학의 대상을 눈에 보이고 만질 수 있는 물질적 실체인 몸으로 제한했기 때문이다. 마음을 몸에서 분리함으로써 신성이 제거된 몸은 마음대로 조작할 수 있는 물질적 대상이 되었다. 죽은 몸에는 영혼이 없으므로 도려내고 조작하기를 꺼렸던 이유가 사라졌다. 죽은 사람의 몸을 대상으로 한 해부학과 살아있는 몸을 대상으로 한 생리학 그리고 이를 바탕으로 한 다양한 치료술이 시험 되고 그 효과가 가려졌다. 몸에서 마음이 분리되고 몸의 구조와 기능에 관한 지식이 축적되자 몸은 사전에 설계된 대로의 메커니즘에 따라 움직이는 기계와 같은 것이 되었다.

의학의 앎이 몸이라는 물질적 대상에 제한되자 그 몸의 주인이며 그 몸 자체이기도 한 환자의 경험과 삶이 소외된다. 앎 또한 몸에서 분리되어 독립된 추상적 체계가 된다. 심신이원론과 몸 기계론에 의한 삶(경험)의 소외와 앎(인식)의 탈 신체화가 아픈 의료의 첫 번째 진단이다.

(2) 왜곡된 전문직 윤리와 엘리트주의

의사와 법조인 그리고 성직자는 오랜 교육훈련을 통해 습득한 비밀스럽고 의례적인 지식과 기술, 그리고 그것을 이타적으로 사용하겠다는 선언을 명분으로 자신들의 직업 조직에 대한 자율 통제권을 가지게 된 대표적 전문직(profession)[4]이다. 의사는 신체의 올바름을, 법조인은 사회의 올바름을, 성직자는 영혼의 올바름을 규율하는 지도적 지위를 확보한다. 그 각각의 전문직에 소속된 사람들은 마치 하나의 인격인 것처럼 행동한다. 우리나라의 의사들은 아직도 면허를 받는 순간 의무적으로 의사협회라는 단일조직의 회원이 되고, 성직자들은 특정 교단에 소속되어 교단의 뜻과 다른 뜻을 펴지 못한다. 명시적으로는 폐기되었지만, 검사들은 아직도 검사동일체의 원칙을 버리지 못한다. 그들은 각각 신체와 사회와 영혼에 관한 권위자로 스스로 자리매김한다.

이런 전문직 윤리(professionalism)의 구도는 한창 산업화가 진행되던 시기에는 비교적 잘 작동했다. 하지만 지식과 기술이 무한히 세분되고 그것들이 거의 모두 이익 창출의 수단이 되어버린 신자유주의 세상이 오면서 전문직 윤리의 규범에 큰 틈이 벌어지기 시작한다. 21세기 들어 무너지고 있는 전문직 윤리를 다시 세우려는 이론적이고 실천적인 노력이 있었다. 직업적 이익에 가려 빛을 잃었던 의료전문직의 가치와 명분과 권위의 회복을 원했던 것이다. 2002년 미국내과학회 (ABIM, American Board of Internal Medicine)가 미국내과의사협회(ACP, American College of Physicians) 및 유럽내과연맹(European Federation of Internal Medicine)과 함께 제정한 "의사 헌장: 새천년의 의료전문직 윤리 (Medical Professionalism in the New Millennium: A Physician Charter)[5]"는 환자의 복리 우선, 환자의 자율권 보장, 사회정의의 가치를 전면에 내세우면서 자율정화를 천명했고 이후 다른 109개 의사 조직이 이 헌장에 참여하면서 실천을 약속했다. 국내에서도 이 운동에 동참하려는 움직임이 있었지만, 21세기 들어 벌어진 의사들의 4차례의 집단행동 속에서 전혀 목소리를 내지 못하고 소멸해 버린 것처럼 보인다.

전문직 윤리의 가치와 명분에는 동의하지만, 그것을 사회 속에 뿌리박거나 자신들의 몸속에 체화하지는 못한 채 자기 직업집단의 이익이라는 큰 물결에 휩쓸린 꼴이다. 명분(윤리)과 상업적 이익의 분열, 그로 인해 사회에 뿌리박고 몸에 체화하지 못한 가치가 아픈 의료의 두 번째 진단이다. 아픈 의료의 진단은 1) 몸과 마음의 분리 2) 앎(명분)과 삶(이익)의 분리와 탈 신체화이고, 치유의 방향은 몸과 마음의 재결합(reunion)과 앎과 삶의 재 신체화(re-embodiment)이다.

3. 다른 의학의 인문학적 모색

이제 아픈 의료의 인문 사회적 증상과 징후와 그 역사적 경과에 따른 철학적 진단을 토대로 지금까지와는 다른 새로운 의학을 처방할 차례다. 진단이 잠정적인 만큼 처방 또한 잠재적 가능성의 범주를 벗어나지는 못할 것이다. 하지만 "문제를 발생시켰을 때와 똑같은 의식 수준으로는 어떤 문제도 해결할 수 없다."라는 아인슈타인의 조언을 지침 삼아 문제를 일으킨 의식과 사유의 양식을 찾아 지금까지와는 다른 의학을 모색해 볼 수는 있다.

현대 생물의학(biomedicine)의 눈부신 성과를 뒷받침한 철학적 토대인 심신이원론에 대해서는 일찍부터 의심하고 회의하는 의학자들이 적지 않았다. 19세기 독일을 중심으로 벌어진 의학적 인간학[6]과 심신의학 운동, 그리고 20세기 중반 이후 크게 유행한 여러 가지 보완대체의학(alternative and complementary medicine)이 그런 사례들이다.

의학적 앎의 토대에 관한 비판적 반성도 과학적 의학이 비약적 발전을 시작한 초기부터 있어 왔다. 폴란드의 의학자이자 철학자인 루드윅 플렉은 과학적 의학 지식의 생산 과정에 참여하면서 그것의 유일성과 보편성을 의심하기 시작하여 "사유 집단(thought collective)"이라는 개념에 이른다.[7] 과학 지식은 보편적 진리라기보다는 특정한 조건과 문화를 공유하는 사유의 공동체가 생산한 특수한 합리적 체계라는 것이다.

이제 몸과 마음의 재결합과 앎과 삶의 재 신체화(물질화)라는 방향에 맞춰 '다른 의학'이 추구해야 할 철학적 성찰과 실천의 방향을 모색해 본다. 이 두 방향은 각각 인간중심주의(휴머니즘)와 탈인간중심주의(포스트휴머니즘)의 길이다. 전자가 마음을 강조하는 심신이원론의 길이라면 후자는 몸 중심 심신일원론의 길이다.

3.1 휴머니즘 : 인간중심의학

(1) 의료인문학(medical humanities)

의료인문학은 생물의학에서의 인간소외를 극복하기 위해 20세기 중반에 도입된 의학 교육과 임상 실천의 방법론이다. 몸에 관한 과학 지식으로 구성된 생물의학에 인문학을 도입해 몸과 마음이 통합된 인간중심의 의학을 건설하려는 것이다. 의료인문학은 몸의 생물학적 메커니즘과 함께 환자의 심리적 상태와 경험 그리고 삶의 서사를 중시한다. 이런 노력의 결과 의사의 면허시험에 환자와의 소통에 대한 평가 항목을 추가하고 의학교육에 문학과 예술 작품의 감상 또는 지역사회 현장에서의 경험을 통해 인생 경험의 깊이와 넓이를 확장하는 과정이 설치되는 등의 변화가 있었다. 질병의 생물학적 원인과 결과뿐 아니라 질병을 통해서 하게 되는 인생 경험을 서사의 구조로 파악하고 치유 과정에 적극 활용하는 서사 의

학(narrative medicine)도 도입되었다.[8]

이런 노력은 지금도 진행 중이고 나름 많은 성과를 거두고 있지만, 변하지 않는 몸에 관한 과학적 사실을 중심에 두고 변화무쌍한 마음의 현상을 주변에 두는 과학 중심의 구도는 그대로 유지된다. 질병의 발생과 치료의 모든 경과는 과학으로 밝혀낸 병태생리적 메커니즘을 따르고 인문학이 다루는 마음은 그 경과에 부가적 영향을 미칠 뿐이다. 몸과 마음, 지식과 실천, 생물의학과 인문학은 서로를 끌어당기지만, 삶 속에 녹아있지는 못하다.

(2) 건강 인문학(Health Humanities)

의료인문학은 주로 환자-의사 사이의 인간적 관계처럼 생물의학적 치료 과정에 도움이 될 만한 인문학에 관심을 가진다. 건강 인문학은 관심을 인간의 상태에 대한 통찰을 제공하는 사회과학뿐만 아니라 건강과 인문학 및 순수 예술의 교차점으로까지 확장한다. 건강 인문학은 성찰, 맥락화, 깊이 읽기, 비판적 사고 등의 방법을 사용하여 인간의 존재 조건 그리고 환자와 치료자의 경험을 탐구한다.[9] 그리하여 인문학이 치료에 도움이 되는 도구의 수준을 넘어 환자와 의사 그리고 의학 자체를 갱신할 계기를 마련하려고 한다. 질병의 극복에 머물지 않고 적극적으로 건강과 새로운 경험을 추구하지만, 생물의학을 대체할 패러다임에까지 이르지는 못한다.

첫 번째 물결		두 번째 물결	
휴머니즘 몸과 마음 마음 중심 심신이원론		포스트휴머니즘 앎과 삶 몸 중심 심신일원론	
의료인문학	건강인문학	비판적 의료인문학	참살이 인문학
임상 실천	확장된 임상 실천	몸의 존재 인식론	몸의 실천
지식 (앎)	경험 (삶)	지식과 경험 (앎과 삶)의 얽힘	지식-경험-실천 (앎-삶-함)의 얽 힘
생물의학+인문학 Biomedicine +Humanities	생물—심리—사회 Bio—Psycho—Social	생명/지구/기술 융합 zoe/geo/techno assemblage	건강 생성 Salutogenesis
몸/마음	몸-마음-사회	몸-주체, 관계적 주체	몸의 윤리

표 1 의료인문학의 두 물결

3.2 포스트휴머니즘 : 탈인간중심주의와 몸-주체

의료인문학과 건강 인문학이 몸과 마음을 통합하려는 인간중심 휴머니즘의 산물이라면, 비판적 의료인문학과 참살이 인문학은 사회 속에 뿌리박고 몸속에 체화된 앎과 삶을 몸이라는 물질-담론적 기반 위에 세우려는 철학적 성찰이며 윤리적 실천의 구도이다. 이 글은 비판적 의료인문학을 포스트휴머니즘의 범주에 포함시키고 참살이 인문학을 그 실천의 틀로 제시함으로써 '다른' 의학의 가능성을 탐색하는 지적 모험이다.

(1) 비판적 의료인문학

의료인문학을 중심으로 하는 새로운 의학을 꿈꾼 의학교육 개혁의 선구자이며 실천가이기도 한 영국의 블리클리는, "의료인문학이 성찰적 학문 활동보다는 순수한 열정을 불러일으키는 순진하고 기념비적인 '첫 번째 물결'에서 보다 비판적인 접근방식인 '두 번째 물결'로 전환하고 있다"[10]라고 했다. 의료인문학과 건강 인문학이 첫 번째 물결에 속한다면 블리클리가 말한 비판적 의료인문학과 잠시 후 논의할 참살이 인문학은 두 번째 물결에 속한다고 할 수 있다. 첫 번째 물결에서는 차가워진 의학에 따뜻한 인간미를 더하고자 하지만 정작 의학이 그렇게 차가워진 원인에 대해서는 제대로 성찰할 수 없다고 비판한다. 그리고 의료 관계에서 사물과 사건과 사람을 알고 느끼고 정의하는 방식을 바꾸는 미학적(美學的, aesthetic) 관점이 도입되어야 한다고 주장한다.

비판적 의료인문학은 비판 이론, 퀴어 및 장애 연구, 활동가 정치 및 기타 관련 분야와 긴밀히 연계하며, 예술, 인문학, 사회과학이 임상 및 생명과학에 봉사하거나 반대하는 것이 아니라 '생물의학 문화(biomedical culture)'와 생산적으로 얽혀 있다고 본다.[11] 비판적 의료인문학은 아픈 의료를 진정시키는 처방이기보다는 오히려 의학의 범위를 넓히며 새롭고 낯선 관점을 도입하여 아픈 의료를 더 높은 각성 상태로 이끌어 '다른' 의학을 사유하게 하는 선동꾼인 셈이다.

(2) 참살이 인문학

참살이 인문학은 이렇게 각성한 의학이 처방하는 몸과 삶의 규범을 실천하는 몸의 윤리학이다. 지식(앎)과 경험(삶)과 실천(함)이 분리되지 않은 채로 사회와 환경과 몸속에 스며들어 스스로 또는 저절로 실천하는 내재적 건강 생성의 윤리이다.

3.3 의학과 의료에서 인문학의 역할

(1) 위로의 인문학

의료인문학에서 건강인문학을 거쳐 비판적 의료인문학과 참살이 인문학에 이르는 과정은 의학과 의료에 대한 인문학의 자세와 역할에 생기고 있는 변화를 반영한다. 초기의 의료인문학은 차갑고 딱딱한 의학과 의료를 따뜻하고 부드럽게 하여 의료인과 환자를 편안하게 해 준다는 공리주의적이고 도구적인 역할에 머물렀다. 여기서 인문학은 딱딱하고 차가운 보편적 진리인 과학을 싸고 있는 부드럽고 달콤한 당의정인 셈이다. 이런 태도는 여전히 의료인문학의 대세를 이루고 있다.

(2) 불편함의 인문학

하지만 차가움과 딱딱함의 본질적 원인에 대한 철학적 깨달음에 이르게 되자, 생물의학을 반대하고 대안적 의학을 건설해야 한다는 주장이 힘을 얻었다. 1990년대에 크게 유행했던 보완대체의학과 한의학의 부흥이 그 사례다. 생물의학 임상과 의학교육에서는 의료인과 학생과 환자에게 평안을 주기보다는 그들이 평소에 가지고 있던 통념과 편견을 일깨워 스스로 새로움에 이르도록 하는 것이 인문학의 역할이라는 주장이 대두된다. 불편함의 인문학이고 교육학이다.

(3) 얽힘의 인문학

21세기 초에 이르면 환원적이고 기계적인 설명에 의존하던 과학의 방법론에 본질적 변화가 생기기 시작한다. 인간 생명의 운명처럼 여겨졌던 유전자는 이제 삶의 이야기 속 문장들을 구성하는 단어에 불과하다는 사실이 밝혀졌고, 사람의 몸은 해부학적 구조와 그것들의 생리적 기능만이 아닌 몸을 이루는 더 작은 요소들의 상호작용들이 복잡하게 얽힌 채 돌아가는 과정이라는 사실도 밝혀졌다.

이와 함께 보편과 이성이라는 일률적 기준 대신에 서로 다른 특수와 감성의 얽힘이 중요하게 된다. 얽힘은 불편하고 복잡하지만 새로움을 낳고 키우는 요람이기도 하다. 의학과 의료를 이런 성찰의 토대 위에서 사유하여 새로운 몸의 규범을 창출하려는 노력을 얽힘의 인문학이라 하자. 얽힘의 인문학은 우리가 다른 의학을 사유할 때 거쳐야만 하는 존재 인식론의 토대이기도 하다.

4. 다른 의학의 존재 인식론

지금의 주류 생물의학은 '같음'의 의학이라고 할 수 있는데 여기서 모든 몸은 기본적으로 같은 구조와 기능을 가진다고 전제된다. 연령이나 성별, 인종 그리고 체질에 따라 차이가 있기는 하지만 그 차이는 전반적 같음에 비하면 미미하다. '다른 의학'은 '같음' 속의 '다름'에 초점을 맞추는 다름의 의학이고, '같음'에서 '다름'으로의 중심 이동은 의학의 주 대상인 몸에 대한 중요한 관점 변화에 기인한다.

4.1 다양한 차원의 몸체들 (−ome)

'다름'이라는 관점은 인문학적 성찰의 결과지만 그 출발은 몸에 대한 과학의 새로운 발견과 해석이다. 같음의 의학은 모든 몸의 거시적 구조와 기능을 다루는 해부학과 생리학을 바탕으로 하지만, 다름의 의학은 같은 거시적 구조와 기능 속에서 다름을 생산하는 몸의 미시적 구성 요소들과 그것들의 상호작용에 주목한다. 같음의 의학에서는 유전자를 모든 몸을 구성하고 움직이는 구조와 기능의 최소 단위로 여겼다. 다름의 의학에서 유전자는 독립된 구조와 기능의 단위가 아니라 다른 유전자와 그것을 둘러싼 물질들, 그것이 생산한 단백질과 중간 대사 산물들, 그것이 위치한 세포핵과 세포질의 다양한 물질-정보적 환경과 영향을 주고받으면서, '같음' 속의 다름을 생산하는 활성 물질이며 정보다.

똑같은 이야기를 몸의 구조와 기능에 참여하는 여러 수준의 물질-정보에 대해 할 수 있다. 거시적 몸의 외부에 존재하면서 몸에 영향을 주는 환경의 총체(exposome), 유전자의 발현에 영향을 미치는 물질들의 집합인 후성 유전체(epigenome), 몸속에 존재하는 수많은 미생물의 집합인 미생물체(microbiome), 중간대사물의 집합인 대사체(metabolome), 단백질의 집합인 단백질체(proteome), 유전자의 집합인 유전체(genome) 등은 여러 수준에서 중층적으로 몸을 구성하고, 서로 얽히면서 기능을 발현한다. 이런 미소 단위 몸들의 집합을 통칭해 '몸체(-ome)'라 하자. 구조가 기능을 결정하는 한 방향의 인과관계가 아니라 구조와 기능이 복잡하게 얽혀 있는 중층 복잡 관계다. 이는 엄청난 양의 정보들로 이루어진 빅데이터에서 여러 수준의 단계를 거치면서 원하는 결과를 추출하는 인공지능의 구조와 무척 유사하다.

4.2 창발적 현상과 특이성들

이러한 사유 양식을 몸의 생리 현상에 관한 기초의학에 적용하면 미리 결정된 구조와 기능을 바탕으로 한 의학과는 전혀 다른 '다름'의 의학을 구성할 수 있다.

감염과 같은 병리 현상과 면역·유전·진화와 같은 생리 현상은, 서로 얽혀 있는 여러 수준의 몸체들이 특정 상황 속에 있을 때 일어나는 내재적 변화를 우리 인간이 감지하고 체계화하여 이름을 붙인 것이다. 다름의 의학에서 면역은 나와 남을 구분하여 남을 물리치는 것이 아니라, 내 속에 있을 수밖에 없는 남과 싸우고 화해하면서 공존할 수 있는 삶의 방식을 창발적으로 만들어 내는 것이다. 유전 또한 선천적으로 결정된 형질이 일방적으로 발현하는 것이 아니라, 여러 세대에 걸친 삶의 경험이 유전체 속에 쌓여 만들어진 물질-정보가 새로운 환경을 만나 창발적으로 새로움을 더하는 과정이다. 진화도 치열한 생존 경쟁 속에 살아남은 개체들의 경쟁력 있는 형질이 축적되는 적자생존의 단순한 과정이 아니라, 생존과 번성의 다양한 지향들이 주어진 환경과의 상호작용 속에서 균형을 이루면서 창발적으로 변해가는 생명현상이다.

4.3 몸 주체

(1) 나는 몸이고 사회다.

이렇게 몸을 결정론적 구조가 아닌 다양한 물질-정보의 특이성들이 만들어 내는 창발적 현상으로 사유하게 되면, 몸은 객관적 대상이 아닌 삶의 주체로 새로 태어날 수 있게 된다. 이러한 사유의 전환은 스피노자의 몸 중심 심신평행론에서 출발해서 정신이 아닌 몸을 커다란 이성으로 파악한 니체를 거쳐, '기관없는신체' 개념을 통해 몸을 통한 경험의 내재적 구조를 파악한 들뢰즈의 초월론적 경험론, 그리고 '함(행위)'을 통해 '있음'

을 파악한 바라드의 행위적 실재론[12]까지 이어진다.

"나는 전적으로 신체일 뿐, 그 밖의 아무것도 아니며, 영혼이란 것도 신체 속에 있는 그 어떤 것에 붙인 말에 불과하다. 신체는 커다란 이성이며, 하나의 의미를 지닌 다양성이고, 전쟁이자 평화, 가축 떼이자 목자이다."[13] 몸은 이성적 자연이고 다양한 잠재성의 꿈틀거림이며 능동적이고 수동적인 행위(함)를 통해서만 존재하는 능동적 '살림(enlivening)'이고 수동적 '살이(living)'다. 몸은 살고 살리는 여러 수준의 하위 몸체들이 싸우고 화해하며 만들어 가는 복잡한 사회다. 몸은 다른 몸들과 함께하는 사회 속에 뿌리박혀 있으며 몸 자체가 하나의 사회이기도 하다. 사회 또한 여러 차원의 몸들로 구성된 새로운 차원의 몸체 즉 사회체다. 나는 몸이고, 몸은 사회에 뿌리박혀(embedded) 있으며, 사회는 몸속에 체화(embodied)된다. 그래서 나는 몸이고 사회다. 지금의 의료대란은 그렇게 몸이고 사회인 '나'라는 행위 주체들이 앓고 있는 병이다.

(2) 탈 인간중심과 포스트휴먼의 몸 주체

나는 몸이고 사회이지만, 또한 동물이고 생명이며 지구와 인간이 만든 기술 환경에 매인 존재이기도 하다. 우리는 지금 인간-몸-사회를 중심으로 한 휴먼에서 몸-생명-지구-기술의 복합체인 포스트휴먼으로 진화 중이다. 이런 흐름을 예리하게 포착해 낸 현대철학자가 로지 브라이도티다.[14] 그녀는 생명/지구/기술(zoe/geo/techno)의 얽힘을 통해 몸 밖의 추상적 마음이 아닌 생명/지구/기술이 몸속에 체화된 구체적 주체를 사유한다.

먼저 휴머니즘의 보루였던 자연과 문화의 구분이 철폐된다. 인간은 동물과 구분되는 본성을 '소유'하는 존재가 아니라 자연과 문화가 '일체화'된 하나의 자연문화(natureculture)일 뿐이다. 동물적 생명인 조에(zoe)와 인간적 삶인 비오스(bios)의 구분이 사라지고 인간 존재론(ontology)은 동물존재론(zoontology)이 된다. "포스트휴먼 융합에서 조에는 지리적, 기술적으로 결합된 평등주의를 포용하고, 지식을 생산하는 능력과 사고가 인간에게만 국한된 특권이 아니라 모든 살아 있는 물질과 자기−조직하는 기술적 네트워크에 산포되어 있음을 인정한다."[15]

이 논의를 이 글의 주제에 적용하면, 조에 중심 생물의학과 비오스 중심 의료인문학의 구분은 사라져야 마땅하다. 동물적 생명과 인간적 삶은 동물적 삶을 사는 인간으로 통합된다. 과학적 의학이 중심이고 의료인문학이 그것을 장식하는 구도에서 벗어나 과학과 인문학의 구분이 사라진 조에−비오스의 의학이 되는 것이다.

포스트휴먼 주체 속에는 생명뿐 아니라 지구를 구성하는 무생물 존재자들도 함께 살아가며 인간이 만든 기술적 존재 또한 주체의 역량을 구성한다. "포스트휴먼 주체가 지구_땅, 물, 식물, 동물, 박테리아와, 기술적 행위자들_플라스틱, 전선, 셀, 코드, 알고리듬과 동시에 관계 맺는다는 뜻이다."[16] 지구와 인간의 건강은 일체화되어 있으며, 의학에 도입된 수많은 기술이라는 행위자가 의학적 주체인 환자와 의사를 구성한다. 주체가 기술을 구성하고 기술이 다시 주체를 구성하는 재귀적 관계다.

5. 참살이 인문학: 참된 삶의 윤리와 새로운 임상 실천

지금까지의 분석과 진단을 토대로 나−몸−사회가 앓고 있는 의료대란이라는 병을 앓아낼 전략을 세워보자. 관련 당사자들의 이해관계를 토대로 하는 사회공학이나 정치적 해결책이 아니라, 사회에 뿌리박히고 몸속에 체화된 나-몸-사회의 새로운 규범을 세워보자는 것이다. 그 규범을 통칭해 '참살이'라 부르자.

5.1 코기토에서 코나투스로[17]

먼저 세상을 파악하는 근거와 삶을 이끄는 힘을 추상적 사유(코기토)에서 존재 지속의 노력(코나투스)으로 전환할 필요가 있다. 삶이 없으면 생각도 없다. 삶의 보편적 원리라고 주장하는 추상적 윤리 이론(코기토)은 삶의 문제(코나투스)를 온전히 담아내지 못한다. 의사나 정부가 내세우는 가치와 명분과 이익이 아픈 몸을 살아내야 하는 환자의 절박한 삶보다 우선일 수는 없다. 물론 생각의 틀만 바꾼다고 이러한 전환이 이루어지지는 않는다. 우리의 생각은 사회에 뿌리박히고 몸속에 체화되어 있기 때문이다. 다양한 나-몸-사회들의 삶을 이해하고 존중하면서 나-몸-사회를 살아내는 실천적 지혜를 키워나갈 필요가 있다.

몸에 관한 보편적이고 추상적인 지식으로 여겨지던 의학을 삶의 현장에서 고통받는 나-몸-사회들의 구체적 삶의 문제를 해결하는 실천 지식으로 전환할 필요가 있다. 그 출발은 사회정의나 인류애와 같은 거창하고 추상적인 구호가 아니라 실천 현장에서 만나는 구체적 삶이 되어야 할 것이다.

5.2 몸-기계에서 몸체와 사회체로

"몸은 기계"라는 은유로부터 출발하는 현대 생물의학은 이런 구체적 삶의 문제를 담아내기 어렵다. 몸은, 여러 수준의 하위 구성 요소들이 어우러지면서 창발하는 새로운 속성들로 구성된다. 보편 속 특수이고 같음 속 다름이다. 나의 몸은 유전체, 후성 유전체, 대사체, 단백질체, 형질체 등 여러 수준의 상하위 몸들의 집합(몸체)으로 구성된 집합들의 집합, 몸체들의 관계장이다. 인간적 삶을 살아가는 나의 몸은 여러 수준의 생물학적 몸체(조에)들로 구성되어 있으면서 '나'라는 서사를 만들어 가는 삶의 몸체(비오스) 또는 '나-몸체'다. 생명(조에)과 삶(비오스)은 분리되지 않는다.

이런 '나-몸체'들이 모여 사회체가 된다. 사회체는 담론적이고 물질적인 나-몸체들의 관계들이 만들어 내는 여러 속성으로 구성되고 그것들이 만들어 내는 관계를 따라 진화한다. 유전자도 몸이고 나도 몸이며 사회도 몸이다. 이들 몸은 사전에 유기적 원리에 따라 만들어진 기계적 구성물이 아니라 주어지는 조건 속에서 새로움을 만들어 내는 창발의 계기들이다.

5.3 의학의 새로운 기능 - 몸이라는 자연의 공동 실현

몸을 이렇게 규정하면 기계인 몸을 고치던 생물의학에 새로운 기능과 목적을 부여할 수 있게 된다. 여기서는 "사회에 뿌리박히고 몸속에 체화된 나"가 의학의 대상이 된다. 뿌리박히고 체화된 속성으로 인해 몸을 다루는 일은 그 몸을 살아가는 인생과 그런 인생들의 모임인 사회를 다루는 일이기도 하다. 몸의 건강에 영향을 미치는 심리적이고 사회적인 '요소'가 아니라 마음이기도 하고 사회이기도 한 몸을 다뤄야 하는 것이다. 몸은 의학적 행위의 대상인 동시에 그 행위의 주체이기도 하다. 만약 생물의학이 이러한 관점의 전환을 적극 수용한다면 아픈 의료의 난국을 타개할 계기를 만들 수 있을 것이다. 물론 이런 관점의 전환이 이루어 내는 작은 성취들이 축적되어야만 가능한 시나리오이기는 하다.

5.4 플라세보: 치유의 연대

플라세보는 몸-기계를 대상으로 하는 생물의학이 아직도 풀지 못하는 몸의 신비 또는 수수께끼이다. 플라세보는 생물의학의 관점에서는 약효가 없어야 하는데 실제로는 분명한 치유 효과를 보이는 현상이다. 이 논리를 뒤집으면, "생물의학이 이 현상을 설명하지 못하는 것은 앎(지식)이 삶(경험)을 일방적으로 결정할 수 있다고 믿기 때문이다."가 된다. 앎과 삶이 몸속에 체화된 구조에서 플라세보는 당연한 현상이다. 이 현상은 의사가 환자의 고통에 공감하고 환자는 그 의사를 전적으로 신뢰하는 관계 속에서만 발생한다. 마치 두 당사자 사이의 공감과 신뢰가 가짜 약이라는 물질에 스며들어 그것을 진짜 약으로 변화시키는 것과 같다. 최근에는 환자의 뇌를 통해 이 현상을 이해하려는 연구들이 여럿 있고 이를 통해 플라세보의 일부 사례를 설명할 수 있게 되었지만[18], 몸의 기계적 작동 원리로만 이 현상을 이해할 수 있을 것 같지는 않다.

플라세보는 협력과 연대를 통해 생존과 번영을 도모해 온 진화의 역사를 반영한다. 플라세보의 구체적 사례들이 축적되고, 그것을 새로운 몸의 관점에서 연구하며, 많은 사람이 그렇게 생성된 앎과 통합된 삶을 영위한다면, 우리는 몸과 마음의 구분이 사라지고 앎과 삶이 통일된 새로운 나-몸-사회를 살 수 있게 될 것이다. 플라세보는 공감과 신뢰를 바탕으로 진화하여 몸속에 체화된 치유의 연대가 나타내는 나-몸-사회의 자연-문화 현상이다.

5.5 참살이, 새로운 몸의 규범

참살이는 웰빙(well being)의 순수한 우리 말 번역어이다. 하지만 웰빙이란 말이 담지 못한 삶에 대한 적극적 태도를 포함한다. 웰빙이 '몸의 존재 상태'라면 참살이는 '참'이라는 몸의 규범에 따라 살아가는 '삶의 과정'을 뜻한다. 따라서 한때 유행했던 웰빙 열풍이 건강 관련 상품의 소비를 부추겼던 데 반해, 참살이는 지식과 경험과 실천이 얽히고 사회 속에 뿌리박히며 몸속에 체현되어 나타나는 삶의 참다운 규범에 따라 살아가는 자기 배려다. 참살이는 국가와 전문가와 자본이 규정한 건강이 아닌, 자연이고 실존인 몸을 위해 다른 몸들과 더불어 실천하는 삶이며, 튼튼하고 편안하고 강하고 멋진 몸이 아니라 약하고 불편하며 못난 몸들이 스스로 그리고 더불어 살리며 살아가는 아름다운 삶이다.[19]

참살이는 생물의학이 정한 몸의 기계적 규범에 따르는 작은 건강이 아니라, 니체가 몸을 바꾸는 기술이라고 말한 철학적 성찰, 깡길렘이 새로운 규범 만들기라고 말한 몸의 실천, 그리고 자기의 범위를 넓히는 자기 확장이며 그렇게 커진 자기를 돌보며 스스로 주체화하여 내적 역량을 강화하는 푸코의 자기 배려를 포함하는 큰 건강의 길이다. 참살이는 이렇게 확장된 몸—자기를 살아가는 수동적 '몸살이'인 동시에 능동적으로 그것을 살리는 '몸살림'이기도 하다.

더 읽을 거리 ─────────────────────────────────

프리드리히 니체 지음 정동호 옮김, 『차라투스트라는 이렇게 말했다』, 책세상, 2021.
　　세상을 바라보는 관점의 전환이 가져올 놀라운 변화를 알게 해 주는 책이다.
로지 브라이도티 지음 김재희, 송은주 옮김, 『포스트휴먼 지식: 비판적 포스트인문학을
　　위하여』, 아카넷, 2022. 포스트휴머니즘의 핵심을 파악하게 해 주는 책이다.
파브리치오 베네데티 지음 이은 번역, 『환자의 마음』, 청년의사, 2013. 플라세보에 관
　　한 과학적 연구 결과를 알 수 있는 귀중한 자료이다.

미주

1. 사이버 세계와 인지 확장

1 A. Clark and D. Chalmers(1998), pp. 12-16.

2 Ibid., p. 13.

3 R. C. Schank(1977); L. W. Barsalou(1985).

4 이영의(2012), pp. 33-34.

5 이에 대한 자세한 논의는 M. Wheeler(2010) 참조.

6 일론 머스크 테슬라 최고경영자가 설립한 뇌-컴퓨터 인터페이스(BCI) 스타트업인 '뉴럴링크'는 2024년 1월, 최초로 뇌-컴퓨터 인터페이스(BCI)를 인간에게 이식하는 수술을 시행했다. 이식 수술 직후 참가자의 신경 신호가 감지되었고, 이후 참가자는 온라인 체스를 비롯한 다양한 애플리케이션에 종단간 BCI 시스템을 사용했다. https://neuralink.com/blog/prime-study-progress-update/

7 내재주의는 크게 형이상학적 내재주의와 방법론적 내재주의로 구분된다. 전자에 따르면, 뇌에서 발견되는 신경 활성화 패턴의 변화는 관련된 인지 과정에 대해 형이상학적으로 충분하다. F. Adams and K. Aizawa(2008). 후자에 따르면, 인지 분석의 단위는 개인에 국한되어야 한다. R. D. Rupert(2004).

8 H. Putnam(1975); T. Burge(1986) 참조.

9 H. Putnam(1975), p. 227.

10 F. Adams and K. Aizawa(2008), pp. 10-11.

11 A. Clark(2010), pp. 82-85.

12 R. Menary, *The Extended Mind*, 2010, 3-4쪽.

13 A. Clark(2007); M. Rowlands(2003); J. Sutton(2010); M. Wheeler(2010).

14 도가철학과 유가철학에서 감응에 관한 연구는 각각 정우진(2016), 박길수(2023) 참조.

15 A. Clark and D. Chalmers(1998), p. 17; A. Clark(2008), p. 79.

16 그 용어는 1998년 논문에서 'availability'로 제시되었다. 변경 이유에 대해서는 A. Clark, "Extending the Predictive Mind", 2022, 2쪽 참조.

17 A. Clark and D. Chalmers(1998), p. 17.

18 A. Clark(2008), p. 80.

19 H. Halpin, A. Clark, and M. Wheele(2014) p. 21.

20 행화주의는 체화인지 이론을 구성하는 주요 이론 중 하나로서 인지를 '체화된 행위'로 본다. 체화주의에 대한 논의는 R. Shapiro(2019); 이영의(2021) 참조. 행화주의에 관한 논의는 F. Varela, E. Thompson, and E. Rosch(2016) 참조.

21 htps://techcrunch.com/2009/09/03/google-ceo-eric-schmidt-on-the-future-of-search-connect-it-straight-to-your-brain/

22 H. Halpin, A. Clark, and M. Wheeler(2014), p. 24.

23 Ibid., p. 25.

24 M. Wheeler(2005), p. 12.

25 Ibid., p. 28.

26 H. Halpin, A. Clark, and M. Wheeler(2014), p. 25.

27 방법론적 접근에 관한 연구는 P. R. Smart(2012, 2017); R. Heersmink and J. Sutton(2020) 참조.

28 R. Heersmink and J. Sutton(2020), p. 157.

2. 하나의 무대로서의 전 세계: 행위 속 내러티브와 공감

1 프리드버그-갤러즈 이론에 대한 비판적인 의견은 갤러거(2011)를 참조.

3. 세계에 외재하는 마음: 드레이퍼스와 맥도웰의 논쟁을 중심으로

1 만약에 있을 오해를 불식시키기 위해서 원문을 인용한다. [E]xperiences are actualizations of our sentient nature in which conceptual capacities are inextricably implicated. The parallel is this: intentional bodily capacities are actualizations of our active nature in which conceptual capacities are inextricably implicated.

2 To understand empirical content in general, we need to see it in its dynamic place in a self-critical activity, the activity by which we aim to comprehend the world as it impinges on our senses.

3 이 대목에서 드레이퍼스(2013, p. 28)는 맥도웰의 McDowell (2007, pp. 366–67)을 재인용하였다.

4 현대철학자들 가운데 관계론적 존재론을 대표하는 철학자는 화이트헤드와 브르노 라투르, 들뢰즈 등이다. 이러한 존재론을 비판하고 실체론적 존재론을 옹호하는 철학자가 하만이다. 그는 Relational Ontology: Some Reflections. In The Speculative Turn: Continental Materialism and Realism에서 관계론적 존재론은 그 자체로서 존재하는 실체를 관계의 효과로 비실체화하기 때문이다. 그는 자신의 존재론을 대상지향적 존재론(object oriented ontology: OOO)으로 명명하였다.

5 이러한 이유로 Charles Taylor(2007, p. 27)은 근대적 몸을 buffered body라고 정의하였다. 반면에 전근대적 몸은 porous body이다.

6 Merleau-Ponty의 이 글은 Schear (2013, p. 341)에 재인용되어 있다.

7 자하비(Zahavi, pp. 55-57))의 설명에 따르면 경험에는 반드시 주체가 수반된다는

Shoemaker의 의견이 비자아적 (non-egological theory) 경험을 주장하는 Strawson 과 대립하고 있다. 자하비에 따르면 싸르트르는 현상하는 자아는 관조의 주체가 아 니라 대상이다. 자하비 스스로는 싸르트르가 비판했던 주체보다 더욱 근본적인 주체 개념이 반드시 필요하다고 주장했다.

4. 체화된 우주 : 몸속의 세계, 세계 속의 몸

* 이 글은 『퇴계학논집』 제34호(영남퇴계학연구원, 2024.6.30.)에 실렸던 「체화된 우주 : 몸속의 세계, 세계 속의 몸」을 수정한 것임을 밝혀둠.

1 李白의 시 「春夜宴桃李園序」, "夫天地者萬物之逆旅/光陰者百代之過客/而浮生若夢爲 歡幾何/古人秉燭夜遊良有以也."

2 『尸子』 卷下, "四方上下日宇, 往古來今日宙.", 『淮南子』 「齊俗訓」, "往古來今謂之宙, 四 方上下謂之宇."

3 참고로 고대 인도에서는 몸에 대해 매우 비관적이어서 '아홉 개의 구멍을 가진 상 처'(『바가바드 기타』) 혹은 '아홉 개의 구멍이 있는 종기'(『미린다팡하』)로 보고 평생 치유의 대상으로 보았다.

4 이 부분은 김용옥, 『도올의 청계천 이야기 – 서울, 유교적 풍류의 미래도시 – 』, (통 나무, 2003), 14-15쪽을 참고하여 필자가 보완한 것임.

5 이에 대해서는 주희와 여조겸이 편집한 『近思錄』의 「도체편(道體篇)」, 이황의 『성학십 도(聖學十圖)』의 제일도(第一圖) 태극도(太極圖)에 잘 설명되어 있다.

6 아래의 내용 및 그림은 최재목, 『『성학십도』와 퇴계학』, 『7권의 저술로 보는 이황의 퇴계학』, 계명대학교 계명목요철학원 편, (계명대학교 출판부, 2024), 234-6쪽을 참 조하여 정리한 것임을 밝혀둔다.

7 『한국민족문화대백과사전』에 실린 것(한국학중앙연구원 소장)을 활용하였다.

8 『朱子語類』 68, 「易四·乾上」, "天地便是大抵萬物, 萬物便是小抵天地."(文蔚錄)

9 『朱子語類』 95, 「程子之書一」, "蓋人便是一個小天地耳."(端蒙錄)

10 "아트만이 곧 브라흐만이요, 브라흐만이 곧 아트만이다. 내가 곧 우주요, 우주가 곧 나다. 나의 본질과 우주의 본질은 하나였다. 마이크로 코스모스(microcosmos)가 곧 매크로 코스모스(macrocosmos)요, 매크로 코스모스가 곧 마이크로 코스모스다. 우 파니샤드의 유명한 구절인 '타트 트빔 아씨(tad tvim asi 네가 곧 그것이다)' '아함 브 라흐마 아스미(aham brahma asmi 내가 곧 브라흐만이다)'에서처럼 범아일여(梵我一 如)의 진리를 깨닫는 것이 당시 최고의 지식(知識. jñāna)이었다."[길희성, 『인도철학 사』, (민음사, 1984), 37쪽 및 김용옥, 『달라이라마와 도올의 만남』, (통나무, 2002), 56쪽 참조.]

11 스기우라 고헤이, 『형태의 탄생』, 송태욱 옮김, (안그라픽스, 2001), 17쪽.

12 "눈의 존재는 빛으로 생겨난 것이다…우리는 고대 이오니아학파를 기억하게 된다.

그들은 동일한 것으로부터만 동일한 것이 인식될 수 있노라고 아주 의미심장하게 반복해서 말했던 것이다. 그런 의도를 잘 드러내고 있는 고대의 한 신비주의자의 말… '눈이 태양과 같지 않다면,/우리는 빛을 어떻게 볼 수 있겠는가?/우리들 속에 신 자신의 힘이 살아있지 않다면,/신성이 우리를 어떻게 매혹시키겠는가?'…눈 속에 일종의 빛이 깃들어 있어서 내부로부터 혹은 외부로부터 아주 미세한 자극이라도 주어지면 그것이 촉발된다고 하는 주장은 납득이 간다."(괴테, 『색채론』, 장희창 옮김, (민음사, 2003), 40쪽.)

13 『傳習錄』卷中, 「答歐陽崇一」, "蓋良知在人心, 亘萬古, 塞宇宙, 而無不同, 不慮而知, 恒易以知險, 不學而能, 恒簡而知阻."

14 『傳習錄』卷下, "人心與天地一體, 故上下與天地同流, …知晝知夜矣, 日間良知, 是順應無滯的, 夜間良知, 卽是收斂凝一的, 有夢卽先兆."

15 "의식의 생성(그것은 인식의 생성, 욕망의 생성, 지각의 생성이기도 하다)은 하나의 '지향궁(志向弓)'에 의해 지탱되고 있다. 이것이 우리의 주위에, 우리들의 과거, 미래, 인간적 환경, 물리적 상황, 관념적 상황, 윤리적 상황을 투사한다. 혹은 오히려 우리를 이들 전부의 관계 아래 위치시키는 것이다."(Merleau-Ponty, M. *Phénoménologie de la perception*, Gallimard, 1945, p.158.)

이 내용을 그림으로 나타내 보면 다음과 같다.

도표5 메를로 퐁티의 지각-행위 순환과 행위가능성의 투사

16 왕수인은 「대학문(大學問)」,(『陽明全書』 26)에서 이렇게 말한다. "대인은 천지만물을 한몸으로 하는 사람이다. 천하를 한집안(一家)으로 보고 중국을 한사람(一人)으로 본다. 육체가 각각인 것으로 보고 나와 남을 나누는 것은 소인(小人)이다. 대인은 능히 천지만물을 일체로 한다고 해도 이것을 의도적으로 하는 것이 아니다. 마음의 인(心之仁)은 본래 이처럼 천지만물과 하나가 되는 것이다. 이것은 대인만이 아니고 소인의 마음도 그렇다. 다만 소인은 (이 광대한 마음을) 스스로 좁히고 있을 뿐이다. 어린아이가 우물에 빠지려고 하는 것을 볼 때, 누구든지 반드시 깜짝 놀라고 측은해하는 마음을 가진다. 이 사실은 어린아이와 일체라고 하는 이치(仁)를 그 사람이 가지고 있다는 것을 증명한다. 어린아이의 경우는 같은 인간이기 때문에 그렇다고 말할지도 모른다. 그러나 새와 짐승이 살해당하기 위하여 끌려갈 때 슬피 울거나 죽음을 두려워하는 것을 볼 때, 사람은 반드시 차마 하지 못하는 마음을 가지게 될 것이다. 이 사실은 (인간이) 새나 짐승과 일체라고 하는 이치(仁)를 소유하고 있다는 것을

증명하는 것이다. 새와 짐승은 요컨대 (인간과 같이) 지각을 가지고 있어서 그렇다고 말할지도 모른다. 그렇지만 (지각을 가지고 있지 않은) 풀·나무가 꺾이고 부러지는 것을 보면, 반드시 딱하게 여기는 마음이 있다. 이것은 (인간이) 풀·나무와 일체가 되는 이치(仁)라는 것을 증명한다. 또한 풀·나무는 생명의 의지(生意)가 있는 것이라서 그렇다고 말할지도 모른다. 그러나 (순전히 무생물인) 기왓장이나 돌이 깨어지고 부서지는 것을 본다고 하더라도, 반드시 애석하게 여기는 마음이 생긴다. 이것은 (인간 마음의) 사랑의 이치(仁)와 기왓장·돌이 일체를 이루고 있다는 것을 말해주는 것이다."(陽明子日, 大人者, 以天地萬物爲一體者也, 其視天下猶一家, 中國猶一人焉, 若夫間形骸而分爾我者, 小人矣, 大人之能以天地萬物爲一體也, 非意之也, 其心之仁 本若是, 其與天地萬物而爲一也, 豈惟大人, 雖小人之心亦莫不然, 彼顧自小之耳, 是故 見孺子之入井, 而必有怵惕惻隱之心焉, 是其仁之與孺子而爲一體也, 孺子猶同類者也, 見鳥獸之哀鳴觳觫, 而必有不忍之心焉, 是其仁之與鳥獸而爲一體也, 鳥獸猶有知覺者 也, 見草木之摧折而必有憫恤之心焉, 是其仁之與草木而爲一體也, 草木猶有生意者也, 見瓦石之毀壞而必有顧惜之心焉, 是其仁之與瓦石而爲一體也.)

17 『陽明全集』 26, 「大學問」, "君臣也, 夫婦也, 朋友也, 以至於山川鬼神鳥獸草木也, 莫不 實有以親之以達吾一體之仁."

18 천지가 그대로 관이고 무덤이라는 생각은 예컨대 "죽음은…봄 가을과 겨울 여름의 사철이 운행하는 것과 같은 변화였던 것이네. 그 사람은 하늘과 땅이란 거대한 방 속 에 편안히 잠들고 있는 것일세."[今又變而之死, 是相與爲春秋冬夏四時行也, 人且偃然 寢於巨室.](『莊子』, 「外篇」, 「至樂」)라는 데서도 잘 드러난다.

19 『莊子』, 「雜篇」, 「列禦寇」, "吾以天地爲棺槨, 以日月爲連璧, 星辰爲珠璣, 萬物爲齎送, 吾葬具豈不備邪, 何以加此."

20 『孟子』, 「滕文公章句·上」, "蓋上世嘗有不葬其親者, 其親死, 則擧而委之於壑, 他日過 之, 狐狸食之, 蠅蚋姑嘬之, 其顙有泚, 睨而不視, 夫泚也, 非爲人泚, 中心達於面目, 蓋歸反虆梩而掩之, 掩之誠是也, 則孝子仁人之掩其親, 亦必有道矣."

21 풍장 등에 대해서는 장철수, 『옛무덤의 사회사』, (웅진출판주식회사, 1995) 및 국립 민속박물관, 『한국의 초분』, (국립민속박물관, 2003)을 참고.

22 『吳越春秋』 卷九, "古者人民朴質, 饑食鳥獸渴飲霧露, 死則裹以白茅, 投於中野, 孝子 不忍見父母爲禽獸所食, 故作彈以守之, 絕鳥獸之害."

23 曹先擢, 『중국어한자의 어원』, 송강호 역, (지식과 교양, 2011), 190-1쪽 참조.

24 이에 대해서는 曹先擢, 『중국어한자의 어원』, (지식과 교양, 2011), 191쪽 참조.

25 許愼, 『說文解字』, "問終也, 古之葬者, 厚衣之以薪, 从人持弓, 會毆禽."

26 顔師古, 『急就篇』, "弔謂問終者也, 於字, 人持弓爲弔, 葬者, 衣之以薪, 無有棺槨, 常 苦禽獸爲害, 故弔問者持弓會之, 以助彈射."[曹先擢, 『중국어한자의 어원』, 191-2쪽에 서 재인용].

27 『周易』, 「繫辭·下」, "古之葬者, 厚衣之以薪, 葬之中野, 不封不樹, 喪期無數, 後世聖人易之以楂梸.”

28　『程氏遺書』卷3,「語錄」,“切脈最可體仁.”

29　이것은 주돈이의 경우이지만, 왕수인에게도 이와 유사한 내용이 있다.

30　王守仁, 『傳習錄』卷上, “天地生意, 花草一般.”

31　시마다 겐지, 『주자학과 양명학』, 김석근 · 이근우 옮김, (까치, 1986), 14쪽과 18쪽.

32　周興嗣, 『千字文』, “天地玄黃, 宇宙洪荒, 日月盈昃.”

33　중국 남북조시대 양무제 시절 학자 주흥사(周興嗣, 470-521)가 지었다. 사언고시(四
言古詩) 250구(句), 총합 1000자로 이루어졌으며 한 글자도 겹치지 않는다.

34　조선시대 취학 전 아동을 위해 편찬한 교과서로서 저자 · 연대 미상이다.

35　조선시대 박세무(朴世茂, 1487-1564)와 민제인(閔齊仁, 1493-1549)이 초학 아동들
의 학습을 위하여 저술한 아동 학습 교재.

36　『啓蒙篇』, “上有天, 下有地, 天地之間, 有人焉, 有萬物焉, 日月星辰者, 天之所係也,
江海山嶽者, 地之所載也, 父子君臣夫婦長幼朋友者, 人之大倫也.”

37　朴世茂 · 閔齊仁, 『童蒙先習』, “天地之間, 萬物之衆, 惟人最貴, 所貴乎人者, 以其有五
倫也.”

38　“‘여’(予)와 명(銘) 가운데 등장하는 아홉 개의 ‘오’(吾)는 원래 사람들이 저마다 ‘자기’
를 가리킬 때 쓰는 말입니다. 그러나 「서명」을 읽는 모든 사람들은 이곳에 있는 열 개
의 ‘나’에 대해서, 횡거의 ‘나’를 가리키는 것이라고 이해하지 말고 또한 다른 사람들
의‘나’를 뜻하는 것이라고 자신을 양보하지 말아야 합니다. 독서는 당연히‘나’ 자신의
일이기 때문에 여기에 등장하는 열 개의 ‘나’는 글을 읽고 있는 ‘나’ 자신이 되어야 합
니다. 그렇게 하면 비로소 「서명」이 仁의 본체(本體)를 설명하고 있다는 사실을 깨닫
게 됩니다.”(子字及銘中九吾字, 固擬人人稱自己之辭. 然凡讀是書者, 於此十字, 勿徒
認作, 橫渠之自我, 亦勿讓與別人之謂我. 皆當自任以爲己事看, 方得夫西銘本以狀仁
之體.)(西銘考證講義)

39　『近思錄』,「爲學篇」, “爲天地立心, 爲生民立道, 爲去聖繼絕學, 爲萬世開太平.”

40　王艮, 『王心齋全集』卷1,「語錄」, “王艮曰, 孔子之不遇於春秋之君, 亦命也. 而周流天
下, 明道以淑斯人, 不謂命也. 若天民則聽命矣. 故曰, 大人造命.”

41　王艮, <ĀKhÆ-w2,「尺牘密證」再與徐子直 · 2, “我今得此沉屙之疾, 我命雖在天, 造
命卻由我.”

42　王艮, 『王心齋全集』卷3,「年譜」29세조, “先生一夕, 夢天墜壓身, 萬人奔號求救, 先生獨
奮臂托天而起, 見日月列宿失序, 又手自整布如故, 萬人歡舞拜謝, 醒則汗溢如雨, 頓覺心
體洞徹, 萬物一體, 宇宙在我之念益眞切不容已.”

43　王守仁, 『傳習錄』卷中,「答聶文蔚」, “대저 인간은 천지의 마음(天地之心)이며 천지만
물은 본래 나와 한몸(一體)이다. 따라서 생민(生民)의 고통은 어느 한가지로도 내 몸
에 절실하지 않은 것이 있겠는가? (이러한 천지만물의 고통이) 내 몸의 고통임을 알
지 못한다면 ‘옳고 그름을 가리는 마음(是非之心)’이 없는 사람이다. ‘옳고 그름을 가

리는 마음'은 생각하지 않아도 알고 배우지 않아도 잘 하는 것이다. 이른바 양지(良知)이다."(夫人者, 天地之心, 天地萬物, 本吾一體者也, 生民之困苦荼毒, 孰非疾痛之切於吾身者乎, 不知吾身之疾痛, 無是非之心者也, 是非之心, 不慮而知, 不學而能, 所謂良知也, 良知之在人心, 無間於聖愚, 天下古今之所同也, 世之君子惟務致其良知, 則自能公是非, 同好惡, 視人猶己, 視國猶家, 而以天地萬物爲一體, 求天下無治, 不可得矣.)

44 王守仁, 『陽明先生遺言錄』, 정지욱 옮김, (소나무, 2009), 94쪽, "蓋事外無心也, 所以古人有云, 若人識得心, 大地無寸土, 此正是合內外之學."

45 王守仁, 『傳習錄』卷下, "心不是一塊血肉, 凡知覺處便是心, 如耳目之知視聽, 手足之知痛癢, 此知覺便是心也."

46 鄭齊斗, 『霞谷集』卷1, 「答閔誠齋書」.

47 鄭齊斗, 『霞谷集』卷1, 「答閔誠齋書」.

48 황수영, 『질베르 시몽동』, (커뮤니케이션북스, 2018), 43쪽.

49 劉宗周, 『蕺山學案』 권62, 「體認親切法」, "身在天地萬物之中, 非有我之得私, 心包天地萬物之外, 非一膜之能圍通天地萬物爲一心, 更無中外可言, 體天地萬物爲一本, 更無本之可覓."

50 보들레르, 「새벽 1시에」, 『파리의 우울』, 윤영애 옮김, (민음사, 2014), 63-64쪽 참조.

51 보들레르, 『파리의 우울』, 윤영애 옮김, (민음사, 2014), 147쪽.

52 李滉, 『退溪先生續集』 권1, 「石蟹」, "負石穿沙自有家/前行却走足偏多/生涯一掬山泉裏/不問江湖水幾何."

53 레비 스트로스, 『슬픈열대』, 박옥줄옮김, (한길사, 2021), 150쪽. 이 말은 프랑스 낭만주의 문학가 샤토브리앙(1768~1848)이 쓴 『이탈리아 기행』의 글을 인용한 것이다.

54 가스통 바슐라르, 『공간의 시학』, 곽광수 옮김, (민음사, 1990), 15쪽.

55 질베르 뒤랑, 『상상계의 인류학적 구조들』, 진형준 옮김, (문학동네, 2007), 310-1쪽.

56 이 부분은 최재목·조용미·김동성, 「〈도산서당〉과 〈도산십이곡〉·〈성학십도〉의 '志·學' 구조가 갖는 인지적 상관성 試論」, 『퇴계학논집』 제28호, (영남퇴계학연구원, 2021) 참조.

5. 왕양명의 감응 이론과 의미론적 세계

1 이것과 관련된 자세한 내용은 다음의 저작들을 참조할 것. 이영의, 김종합 외 지음, 『체화된 마음과 몸』, 한국문화사, 2022. 이영의, 숀 갤러거 외 지음, 『체화된 마음과 뇌』, 한국문화사, 2024.

2 『王陽明全集』 卷三, 「傳習錄下」, "蓋天地萬物與人原是一體, 其發竅之最精處, 是人心一點靈明, 風雨露雷日月星辰禽獸草木山川土石, 與人原只一體. 故五穀禽獸之類皆可以責人, 藥石之類皆可以療疾, 只爲同此一氣, 故能相通耳."

3 『二程遺書』卷二上. "醫書言手足痿痺爲不仁, 此言最善名狀. 仁者以天地萬物爲一體, 莫非己也. 認得爲己, 何所不至? 若不有諸己, 自不與己相干, 如手足不仁, 氣已不貫, 皆不屬己. 故'博施濟衆'乃聖人之功用, 仁至難言."

4 최재목, 「王陽明 良知論에서 '靈明'의 意味」, 『陽明學』 제31호, 한국양명학회, 2012, 6쪽.

5 『朱子語類』 5:39. "虛靈自是心之本體, 非我所能虛也." 같은 책, 57:32. "人心虛靈, 無所不明.", 같은 책, 60:45. "心之知覺, 又是那氣之虛靈底. 聰明視聽, 作爲運用, 皆是有這知覺, 方運用得這道理.", 『朱熹續集』卷十. "明德者, 人之所得乎天, 而虛靈不昧以具衆理而應萬事者也."

6 『傳習錄下』. "天沒有我的靈明, 誰去仰他高? 地沒有我的靈明, 誰去俯他深? 鬼神沒有我的靈明, 誰去辯他吉凶災祥? 天地鬼神萬物離卻我的靈明, 便沒有天地鬼神萬物了. 我的靈明離卻天地鬼神萬物, 亦沒有我的靈明. 如此, 便是一氣流通的, 如何與他間隔得?" 又問: "天地鬼神萬物, 千古見在, 何沒了我的靈明, 便俱無了?" 曰: "今看死的人, 他這些精靈游散了, 他的天地鬼神萬物尙在何處?"

7 참고로 마음에 대한 왕양명의 견해는 주자(朱子)의 관점과 분명하게 구분된다. 주자도 왕양명과 마찬가지로 천하의 이치가 마음의 허령한 본체의 주재성으로부터 벗어날 수 없다고 보았지만, 마음의 주재의 원천은 이치이고 또한 인간과 사물의 마음은 본질적으로 구별된다고 보았다. 『朱子語類』 18:97. 問: "或問云: '心雖主乎一身, 而其體之虛靈, 足以管乎天下之理; 理雖散在萬物, 而其用之微妙, 實不外乎一人之心.' 不知用是心之用否?" 曰: "理必有用, 何必又說是心之用! 夫心之體具乎是理, 而理則無所不該, 而無一物不在, 然其用實不外乎人心. 蓋理雖在物, 而用實在心也.", 같은 책, 57:32 敬之間 "人之所以異於禽獸者幾希". 曰: "人與萬物都一般者, 理也; 所以不同者, 心也. 人心虛靈, 包得許多道理過, 無有不通. 雖間有氣稟塞底, 亦可克治使之明. 萬物之心, 便包許多道理不過, 雖其間有稟得氣稍正者, 亦止有一兩路明."

8 김영건, 「공감적 영성의 발견과 인간 및 자연과의 관계 회복」, 『陽明學』 제32호, 한국양명학회, 2012 47-72쪽, 양선진, 「왕양명과 생명윤리와 전인적 인간관」, 『철학과 문화』 제38집, 한국외국어대학교 철학과문화연구소, 2018, 1-22쪽.

9 『傳習錄下』. 先生遊南鎭, 一友指巖中花樹問曰: "天下無心外之物, 如此花樹, 在深山中自開自落, 於我心亦何相關?" 先生曰: "你未看此花時, 此花與汝心同歸於寂. 你來看此花時, 則此花顔色一時明白起來, 便知此花不在你的心外."

10 『二程外書』卷十二. 明道嘗謂人曰: "天下事, 只是感與應耳.", 『二程遺書』卷二上. "寂然不動, 感而遂通者, 天理具備元無欠少, 不爲堯存, 不爲桀亡, 父子君臣常理不易, 何曾動來? 因不動, 故言'寂然', 雖不動, 感便通, 感非自外也."

11 『朱子語類』 95:86. "感應二字有二義: 以感對應而言, 則彼感而此應; 專於感而言, 則感又兼應意, 如感恩感德之類." 같은 책, 72:16. "趙致道問感通之理. 曰: "感, 是事來

感我; 通, 是自家受他感處之意."

12 『朱子語類』 95:87. 問: "感, 只是內感?" 曰: "物固有自內感者. 然亦不專是內感, 固有自外感者. 所謂'內感', 如一動一靜, 一往一來, 此只是一物先後自相感. 如人語極須黙, 黙極須語, 此便是內感. 若有人自外來喚自家, 只得喚做外感. 感於內者自是內, 感於外者自是外. 如此看, 方周遍平正. 只做內感, 便偏頗了."

13 『傳習錄上』. "或問至誠前知." 先生曰: "誠是實理, 只是一箇良知. 實理之妙用流行就是神, 其萌動處就是幾. 誠神幾曰聖人. 聖人不貴前知, 禍福之來, 雖聖人有所不免, 聖人只是知幾, 遇變而通耳. 良知無前後, 只知得見在的幾, 便是一了百了. 若有箇前知的心, 就是私心, 就有趨避利害的意."

14 『中庸』. "至誠之道, 可以前知. 國家將興, 必有禎祥; 國家將亡, 必有妖孽; 見乎蓍龜, 動乎四體. 禍福將至: 善, 必先知之; 不善, 必先知之. 故至誠如神."

15 『傳習錄中』 1. "理者, 氣之條理, 氣者, 理之運用. 無條理, 則不能運用, 無運用, 則亦無以見其所謂條理者矣."

16 『傳習錄下』. "大學所謂厚薄, 是良知上自然的條理, 不可踰越. 此便謂之義: 順言箇條理, 便謂之禮; 知此條理, 便謂之智; 終始是這箇條理, 便謂之信."

17 『王陽明全集』 卷四, 「文祿 · 與王純甫」. "心外無物, 心外無事, 心外無理, 心外無義, 心外無善."

18 『傳習錄下』. "無心則無身, 無身則無心. 但指其充塞處言之謂之身, 指其主宰處言之謂之心, 指心之發動處謂之意, 指意之靈明處謂之知, 指意之涉著處謂之物, 只是一件. 意未有懸空的, 必著事物."

19 陳來 지음, 전병욱 옮김, 『양명철학』, 예문서원, 2003, 100쪽.

20 『傳習錄上』. "身之主宰便是心. 心之所發便是意. 意之本體便是知. 意之所在便是物. 如意在於事親, 即事親便是一物. 意在於事君, 即事君便是一物. 意在於仁民愛物, 即仁民愛物便是一物. 意在於視聽言動, 即視聽言動便是一物. 所以某說無心外之理, 無心外之物."

21 『傳習錄下』. 又問: "心即理之說, 程子云'在物爲理', 如何謂心即理?" 先生曰: "在物爲理, 在字上當添一心字. 此心在物則爲理, 如此心在事父則爲孝, 在事君則爲忠之類."

22 『朱子語類』 95:19. "伊川言: '在物爲理.' 凡物皆有理, 蓋理不外乎事物之間." 같은 책, 95:20. "'在物爲理, 處物爲義', 理是在此物上, 便有此理."

23 『傳習錄上』. 先生問在坐之友, 此來工夫何似? 一友擧虛明意思. 先生曰: "此是說光景." 一友敘今昔異同. 先生曰: "此是說效驗." 二友悵然, 請是. 先生曰: "…若只管求光景, 說效驗, 卻是助長外馳病痛, 不是工夫."

24 『傳習錄下』. 又問: "靜坐用功, 頗覺此心收斂, 遇事又斷了, 旋起箇念頭去事上省察, 事過又尋舊功, 還覺有內外, 打不作一片." 先生曰: "此格物之說未透. 心何嘗有內外? 即如惟濬今在此講論, 又豈有一心在內照管? 這聽講說時專敬, 即是那靜坐時心. 功夫一貫, 何須更起念頭? 人須在事上磨練做功夫乃有益, 若只好靜, 遇事便亂, 終無長進. 那靜時功夫亦差似收斂, 而實放溺也."

25 『傳習錄下』. "爾卻去心上尋箇天理, 此正所謂理障."

26 『傳習錄中』. "君子之學終身只是集義一事. 義者, 宜也, 心得其宜之謂義."

27 『傳習錄上』. "集義是復其心之本體."

28 『傳習錄上』. "義理無定在, 無窮盡."

29 『傳習錄上』. "中只有天理, 只是易. 隨時變易, 如何執得? 須是因時制宜, 難預先定一箇 規矩在. 如後世儒者要將道理——說得無罅漏, 立定箇格式, 此正是執一."

30 왕양명의 관점에서 성리(性理)는 본래 안팎으로 구분되지 않으므로 그것에 대한 학 문의 대상도 안팎으로 구분할 수 없다고 보았다. 그러므로 그는 학자들이 신체를 기 준으로 삼아 몸과 사물을 구분하고 마음은 오직 신체 안에 존재하다고 여겨서 그것 을 직접 직관하거나 내성적으로 성찰하려는 공부 방법을 비판하였다. 왜냐하면 그가 보기에 이러한 마음공부는 잘못된 에고의식과 사의 때문에 발생한 것이기 때문이다. 이것에 대한 자세한 설명은 박길수, 「왕양명의 심상 체인 이론의 특징과 의의」, 『양명 학』 제61호, 한국양명학회, 2021, 20-22쪽 참조.

31 『傳習錄中』. "心一而已. 以其全體惻怛而言謂之仁. 以其得宜而言謂之義. 以其條理而 言謂之理. 不可外心以求仁, 不可外心以求義, 獨可外心以求理乎? 外心以求理, 此知行 之所以二也."

32 『傳習錄上』. "'物'字, 卽是'事'字, 皆從心上說."

33 『傳習錄中』 137조목. "意之所用, 必有其物, 物卽事也."

34 『朱子語類』 94:185. "凡言物者, 指形器有定體而言.", 『大學或問』. "凡有聲色貌象, 而 盈於天地之間者, 皆物也."

35 『朱子語類』 15:1. "眼前凡所應接底都是物."

36 오하마 아키라 지음, 이형성 옮김, 『범주로 보는 주자학』, 예문서원, 1997, 319-323 쪽.

37 『朱子語類』 15:66. "蓋天下之事, 皆謂之物.", 같은 책, 15:14 "物, 謂事物也."『大學章 句』. "物猶事也."

38 『孟子集注』「盡心章」. "心者人之神明, 具衆理而應萬事者也."

39 『傳習錄上』. "虛靈不昧, 衆理具而萬事出, 心外無理, 心外無事."

40 『傳習錄中』. "心一而已. …以其條理而言謂之理."

41 『傳習錄上』. "其虛靈明覺之良知應感而動者謂之意.", 앞의 책. "以其明覺之感應而言則 謂之物."

42 『傳習錄上』. "愛日: "先儒論六經, 以春秋爲史. 史專記事, 恐與五經事體終或稍異."先 生曰: 以事言謂之史. 以道言謂之經. 事卽道, 道卽事. 春秋亦經, 五經亦史. 易是包犧 氏之史, 書是堯舜下史, 禮樂是三代史. 其事同, 其道同, 安有所謂異?"

43 참고로 발생적 현상학의 초월론적 역사에 대한 설명은 다음의 책을 참조할 것. 하루 히데 시바 지음, 박인성 옮김, 『유식사상과 현상학』, 도서출판b, 2014, 207-217쪽 참

조.

44 현대에 신물유론자로 평가받는 바라드(K. M. Barad)는 양자물리학의 관점에서 '물질-되기(becoming-material)'를 '의미-되기(becoming-meaningful)'로 규정하고 이로부터 발생하는 현상은 행위의 내부-작용(intra-action)을 매개로 발생하는 '존재론적 얽힘(ontological entanglement)' 현상으로서 물질과 의미는 사실상 분리할 수 없다고 보았다. 따라서 일차적으로 현상을 구성하는 것은 사물과 '있음(being)'이 아니라, 물질 행위성과 '함(doing)'이라는 행위적 실재론을 주창하였다. 따라서 행위 존재론의 관점에서 보면 현상과 의미는 원래 통일체이고 이 단계에서는 물질과 담론이 구분되지 않는다. 실제로 그녀는 이 점을 분명하게 피력하기 위해서 '물질-담론적(material-discursive)'이라는 독특한 개념을 제시하였다.(문규민, 『신유물론 입문: 새로운 물질성과 횡단성』, 두번째 테제, 2022, 217~245쪽.) 그런데 이러한 물질과 의미의 원초적 통일성 및 그에 따른 행위 실재론의 견해들은 왕양명의 감응 및 심물동체의 관점과 매우 흡사하다

45 왕양명의 철학에서 심통과 묵식에 근거한 체인 방법은 마음의 현전성과 그에 대한 본체공부의 문제로 귀결된다. 이에 대한 자세한 논의는 다음의 논문을 참조할 것. 박길수, 「왕양명의 심신 이론에 대한 현상학적 이해」, 『유학연구』 제64집, 충남대학교 유학연구소, 2023, 298-302쪽.

46 王艮 著, 『王心齋全集』 「語錄下」. "吾身對上下前後左右是物, 規矩是格也."

47 王艮 著, 『王心齋全集』 「語錄上」. "吾身猶矩, 天下國家猶方, 天下國家不方, 還是吾身不方."

6. 도덕적 성격과 세계로의 확장: 확장된 성격과 내장된 성격 가정에 대한 비판적 고찰

* 이 글은 '한곽희, 「확장된(extended) 성격과 내장된(embedded) 성격 가정에 대한 비판적 고찰」, 『철학연구』, 제170집, 대한철학회, 2024, 353-379쪽'을 본 도서의 취지와 목적에 대응하는 내용으로 수정한 것이다.

1 현대 덕윤리의 다양한 논쟁 주제들이 있다. 덕의 정의, 도덕적 덕과 인식적 덕의 관계, 덕의 획득, 유덕의 가능성 등 다양한 논의들이 있다. M. Alfano, *Current Controversies in Virtue Theory*, (New York: Routledge, 2015) 참조.

2 시나몬 빵 냄새를 맡는 것이 다른 사람을 더 잘 돕게 한다는 실험, 더운 날씨, 잔디 깎는 기계의 소음 등이 친사회적 행동에 방해가 된다는 실험 등 다양한 실험들이 상황주의적 주장을 드러낸다고 설명된다. M. Waggoner, J. M. Doris, and M. Vargas, "Situationism, moral improvement, and moral responsibility", in M. Vargas and J. M. Doris (ed.), *The Oxford Handbook of Moral Psychology*, (Oxford: Oxford University Press, 2022)와 C. L. Upton, "Virtue Ethics and

Moral Psychology: The Situationism Debate", (*The Journal of Ethics*, 13(2), 2009) 참고. 이 외에도 상황주의의 도전에 대한 이해를 위해선 다음과 같은 자료를 참고할 수 있다. J. M. Doris, *Lack of Character*, (New York: Cambridge University Press, 2002)와 C. B. Miller, *Character and Moral Psychology*, (Oxford: Oxford University Press, 2014), chapter 4. 상황주의에 대한 우리나라의 비판적 논의로 노영란, 「상황주의 사회심리학과 덕윤리상황주의적 도전과 실천적 지혜를 통한 덕윤리적 대응을 중심으로」, (『철학』 109집, 2011) 한곽희, 「실험 도덕철학(experimental moral philosophy)의 도전에 대한 비판적 고찰」, (『철학』 140집, 2019) 등 참고.

3　알패노는 상황주의의 도전이 덕 인식론(virtue epistemology) 영역에로 확장될 수 있다는 것을 주장하였다. M. Alfano, "Expanding the Situationist Challenge to Reliabilism About Inference" in A. Fairweather (ed.), *Virtue Epistemology Naturalized*, (New York: Springer, 2014),, pp. 103-122. 이런 방향의 다양한 논의를 위해선, A. Fairweather and M. Alfano (ed.), *Epistemic Situationism*, (Oxford: Oxford University Press, 2017) 참고.

4　심리학에서 인격을 설명하는 주요 이론 중 하나인 CAPS(cognitive-affective personality system) 모델도 상황주의적 요소를 반영한 것이라 할 수 있다. 이 모델은 상황에 따른 행동 결과들이 사람마다 다를 수 있다는 것을 인정한다. C. Miller, 2014, pp. 107-128과 C. Miller, "Does the CAPS Model Improve Our Understanding of Personality and Character?" in A. Masala and J. Webber (ed.), *From Personality to Virtue*, (Oxford: Oxford University Press, 2016) 참고. 이 자료는 인격의 형성과 사회적 혹은 정치적 상황의 중요성에 대한 다양한 논의를 담고 있다.

5　이 주장에 대한 자세한 설명은 다음 절에서 제시될 것이다.

6　확장된 성격과 내장된 성격이 둘 다 행위자의 내적인 것과 환경 속의 외부적 요소가 통합을 하는 형태이며 둘 사이의 차이는 통합의 정도에 있는 차이라고 할 수 있듯이, 확장된 마음 이론에서 말하는 인지와 내장된 인지 이론에서 말하는 인지의 차이는 의존 또는 통합하는 정도의 차이일 수도 있다. 이 차이에 대한 논의는 본고의 범위를 벗어난다.

7　'embedded'에 관한 번역어 중 하나인 '내장된'을 사용하고 있으나 약간의 설명이 필요하다. 어떤 것이 내장되어 있다는 것은 그것이 내부에 갖춰지거나 간직된 상태를 의미할 수 있다. 그런데 본 논문에서 어떤 것이 대상에 'embedded'된 상태라는 것은 그것이 대상 속에 끼워져 있거나 삽입되어 있는 것을 의미한다. 한 행위자가 자신이 살고 있는 환경 속에 embedded되어 있다는 것은 그 환경 속에 끼워져서 그 행위자가 환경과 통합을 이루고 있는 상태를 말한다. 좀 더 자세한 설명이 나중에 제시될 것이다.

8   Mark Alfano and Joshua August Skorburg, "The embedded and extended character hypotheses" in Julia Kiverstein (ed.), *The Routledge Handbook of Philosophy of the Social Mind*, New York: Routledge, 2017, p. 465.

9   Aristotle, Terence Irwin (trans.), *Nicomachean Ethics*, (Indianapolis: Hackett Publishing Company, 2019), book II chapter 6 참조.

10 C. Swanton, *Virtue Ethics – a pluralistic view*, (Oxford: Oxford University, 2003), p. 19.

11 어떤 사람은 환경에 대응한다는 것과 환경에 의존한다는 것이 분명히 다르다는 것을 지적하면서 전통적 견해는 환경에 의존한다는 것도 포섭하지 못한다는 것을 지적할 수 있다. 이것이 옳다면 알패노와 스콜버그의 견해는 전통적인 견해와 다르다는 것이 더 분명해 질 것이다.

12 이것의 의미는 아래에서 사례를 통한 설명을 할 때 좀 더 분명해질 것이다.

13 이 사례와 뒤에 언급되는 실험은 알패노와 스콜버그가 제시한 것이다. M. Alfano and J. A. Skorburg, "The embedded and extended character hypotheses" in J. Kiverstein (ed.), *The Routledge Handbook of Philosophy of the Social Mind*, (Routledge: New York, 2017), pp. 469-470 참조.

14 알패노와 스콜버그는 스틸(Steele)과 애런손(Aronson)이 수행한 실험을 인용하고 있다. C. Steele & J. Aronson, "Stereotype threat and the intellectual test performance of African Americans", (*Journal of Personality and Social Psychology*, vol.69 no.5, 1995), p. 801. 신홍임은 고정관념의 위협 효과가 모두 동일하게 나타나지는 않는다고 하면서 고정관념의 위협에 민감하게 반응하는 요인을 제시하고 있다. 영역과의 동일시(domain identification), 내집단과의 동일시(group identification), 고정관념의 타당성에 대한 승인(stereotype approval) 등이 그것이다. 신홍임, 「고정관념의 위협과 인지적 과제의 수행」, (『한국심리학회지 사회 및 성격』, vol.22, no.3, 2008), 19쪽.

15 M. Alfano and J. A. Skorburg, 2017, p. 471.

16 우정 사례는 알패노와 스콜버그에 의해 제시된 것을 따르고 있다. M. Alfano and J. A. Skorburg, 2017, pp. 472-3.

17 M. Alfano and J. A. Skorburg, 2017, p. 475.

18 우정 사례는 알패노와 스콜버그에 의해 제시된 것을 따르고 있다. M. Alfano and J. A. Skorburg, 2017, p. 475.

19 M. Alfano and J. A. Skorburg, 2017, p. 465.

20 M. Alfano and J. A. Skorburg, 2017, p. 465. 누군가는 우정 사례에서 드러난 다른 행위자로의 확장은 확장된 인지에서 말하는 소품, 도구나 체계 등을 넘어서는 것이기 때문에 알패노와 스콜버그의 가정이 확장된 인지의 적절한 적용이 아니라고 주장할 수 있다. 하지만 확장된 인지를 주장하는 클락은 사회적으로 확장된 지

식(socially extended knowledge)의 가능성을 주장한다. 사회적으로 확장된 지식 가정에 따르면, 지식은 협력 관계에 있는 다른 행위자들로 확장될 수 있다. 믿음과 지식은 집단이나 공동체 등에 의해 집단적으로 형성될 수 있다. J. A. Carter, A. Clark, J. Kallestrup, S. O. Palermos, and D. Pritchard (ed.), *Socially Extended Epistemology*, (Oxford: Oxford University Press, 2018) 참조.

21 체화된 인지 이론이 넓은 의미로 사용될 때는 내장된 인지 이론(theory of embedded cognition), 확장된 인지 이론, 행화적 인지 이론(theory of enactive cognition) 등을 포괄하는 우산 개념으로 쓰인다. 이영의, 『신경과학철학』, 파주: 아카넷, 2021, 123 쪽 참고.

22 많은 인지과학자들은 이런 인지과정이 입력을 정보를 처리하는 컴퓨터의 계산과 비슷하다고 생각하여 이런 인지를 계산(computation)과 동일시하였다. 이런 생각은 기호주의(symbolism)를 지지하는 사람들에 의해 제시되었다. 한편, 계산주의의 한계를 지적하는 연결주의(connectionism)도 제시된다. 연결주의를 지지하는 인지과학자들은 정보처리의 기본 요소를 설정하고 그것으로 신경망을 구성하는 것이 인지를 설명한다고 주장한다. 좀 더 자세한 설명은 이영의, 『신경과학철학』, 아카넷, 2021, 2 부 참조.

23 A. Clark and D. Chalmers, "The extended mind", *Analysis* 58. 1, 1998.

24 최근의 뉴럴링크에 대한 연구는 뇌에 물질을 삽입해 특정한 역할을 담당하게 하는 것이 실현될 수도 있다는 것을 보여준다. 임창환, 『뉴럴 링크』, (서울: 동아시아, 2024) 참고.

25 A. Clark and D. Chalmers, "The extended mind", (*Analysis* 58. 1, 1998), p. 8.

26 R. Menary, "Introduction: The Extended Mind in Focus" in R. Menary (ed.), *The Extended Mind*, (Cambridge: The MIT Press, 2010), p.2.

27 A. Clark and D. Chalmers, 1998, p. 8.

28 이영의의 설명에 따르면, 클락과 찰머스가 제시하는 인지 확장의 조건은 안정성 (reliability), 신뢰성(trust), 접근성(accessibility), 과거의 보증(past endorsement) 등이다. 이영의는 클락의 후기 견해에서는 '과거의 보증' 조건이 인지 확장의 조건으로 활용되지 않는다고 지적한다. 이영의, 「앤디 클락, 확장인지 이론의 개척자」, (2024, 미출간)

29 알패노와 스콜버그도 이 문제점을 인지하고 있다. M. Alfano and J. A. Skorburg, 2017, p.476.

30 확장된 성격 개념이 확장된 인지 이론의 응용이라고 할 수 있듯이, '내장된'(embedded)이란 개념은 내장된 인지 이론의 응용이라고 할 수 있다. 내장된 인지 이론에 따르면, "유기체는 인지 과제를 수행하는 데 있어 그것이 수행해야 할 심적 과정의 양이 감소하는 방식으로 환경적 구조를 활용한다." 이영의, 2021, 147쪽. 행위자는 외부 소품이나 도구 등에 의존할 때 그렇지 않을 때보다 더 효율적으로 인지

적 과제를 수행할 수 있다는 것이다. 이 때 행위자는 외부의 소품이나 도구 등과 같은 환경적 요소에 자신을 끼워 넣는다고(embed) 할 수 있다. 알패노와 스콜버그는 내장된 성격과 확장된 성격 모두 행위자의 내적 요소와 외부적 혹은 사회적 요소의 통합의 형태라고 본다. 통합의 정도를 따지자면 확장된 성격이 내장된 성격 보다는 더 통합된 것이라고 볼 수 있을 것이다.

31 "부정적 고정관념을 더욱 고착시키는 고질적인 병폐"
https://www.g-enews.com/ko-kr/news/article/news_all/202401090315469718e
8b8a793f7_1/article.html

32 Ibid.

33 알패노도 고정관념 위협을 극복하는 것에 관한 실험을 논의하고 있기도 하다.
M. Alfano, "Stereotype threat and intellectual virtue" in A. Fairweather and
O. Flanagan (ed.), *Naturalizing Epistemic Virtue*, (Cambridge: Cambridge
University Press, 2014), pp. 168-169.

34 C. Swanton, *Target Centered Virtue Ethics*, (Oxford: Oxford University Press,
2021), p.7 and chapter 5 참조.

35 H. Frankfurt, "Taking ourselves seriously" in Debra Satz (ed.), *Taking Ourselves
Seriously & Getting It Right*, (Stanford: Stanford University Press, 2006), p. 8.

7. 체화되고 확장된 마음으로서의 법

1 A. Mülberger (2009), Teaching Psychology to Jurists: Initiatives and Reactions
Prior to World War I, *History of Psychology*, 12(2), 60 - 86.

2 J. M. Cattell (1895), Measurements of the Accuracy of Recollection, *Science*,
2(49), 761-766.

3 L. W. Stern (1902), Zur psychologie der aussage [To the psychology of
testimony], *Zeitschrift fur die gesamte Strafrechswissenschaft*, 23, 56-66.

4 박광배(2002), 법심리학, 학지사.

5 I. K. Packer & R. Borum (2013), Forensic Training and Practice. In R. K.
Otto & I. B. Weiner (2nd eds., Vol. 11). *Handbook of Psychology: Forensic
Psychology* (pp. 16-36). John Wiley & Sons.

6 C. Haney (1980), Psychology and Legal Change, *Law and Human Behavior*,
4(3), 147-199.

7 김민지(2013), 법심리학이란 무엇인가?: 연구 영역 및 법심리학자의 역할, 한국심리
학회지: 법, 4(3), 125-142.

8 강태경(2014), 법적 추론에 대한 인지적 분석방법: 윈터(Steven L. Winter)를 중심
으로, 박사학위논문, 서울대학교.

9   B. A. Spellman & F. F. Shauer (2012), Legal Reasoning, in K. Holyoak & R. Morrison (Eds). *The Oxford Handbook of Thinking and Reasoning* (pp. 719-725), Oxford Univ. Press.

10   J. J. Rachlinski, S. L. Johnson, A. J. Wistrich, & C. Guthrie (2008), Does Unconscious Racial Bias Affect Trial Judges, *Notre Dame Law Review*, 84, 1195-1246.

11   E. Braman (2009), *Law, Politics, & Perception: How Policy Preferences Influence Legal Reasoning*, University of Virginia Press.

12   B. Leiter (2007), Naturalizing Jurisprudence: Essays on American Legal Realism and Naturalism in Legal Philosophy, Oxford University Press; K. Tobia (2022), Experimental Jurisprudence, The University of Chicago Law Review, 89(3), 735-802.

13   강태경, 앞의 논문.

14   강태경, 위의 논문.

15   L. Shapiro & S. Spaulding (Summer 2024 Edition), Embodied Cognition, *The Stanford Encyclopedia of Philosophy*, Edward N. Zalta & Uri Nodelman (eds.), URL = ⟨https://plato.stanford.edu/archives/sum2024/entries/embodied-cognition/⟩.

16   E. Dabrowska & D. Divjak (eds.) (2015), *Handbook of Cognitive Linguistics*, De Gruyter Mouton.

17   P. M. Niedenthal, L. W. Barsalou, P. Winkielman, S. Krauth-Gruber, & F. Ric (2005), Embodiment in Attitudes, Social Perception, and Emotion, *Personality and Social Psychology Review*, 9(3), 184-211; Prinz, J. J. (2004), Gut Reactions: A Perceptual Theory of Emotion, Oxford University Press; Schnall, S., Haidt, J., Clore, G. L., & Jordan, A. H. (2008), Disgust as Embodied Moral Judgment, *Personality and Social Psychology Bulletin*, 34(8), 1096-1109.

18   S. L. Winter (2001), A Clearing in the Forest: Law, Life, and Mind, University of Chicago Press.

19   강태경, 앞의 논문; 강태경(2014), 인지적 범주화 과정으로서의 법적 추론, 법학논집, 19(2), 315-355.

20   강태경(2014), 법적 추론에 대한 비판적 분석으로서의 인지적 분석: 성전환자의 공부상 성별 정정 사건을 중심으로, 법학, 55(4), 193-240; 강태경(2018), 양심적 병역거부의 '정당한 사유'해석론 비판, 형사정책연구, 29(3), 25-102.

21   마크 존슨(2000), 마음 속의 몸: 의미, 상상력, 이성의 신체적 근거(노양진 역), 철학과 현실사, 176.

22   존슨, 위의 책, 176.

23 존슨, 위의 책, 177.

24 존슨, 위의 책, 178.

25 존슨, 위의 책, 197.

26 노양진(2013), 몸이 철학을 말하다: 인지적 전환과 체험주의의 물음, 서광사, 161.

27 Rowlands, M, Lau, J., & Deutsch, M. (Winter 2020 Edition). "Externalism About the Mind", The Stanford Encyclopedia of Philosophy, Edward N. Zalta (ed.), URL = ⟨https://plato.stanford.edu/archives/win2020/entries/content-externalism/⟩.

28 Putnam, H. (1975). "The Meaning of 'Meaning'", Philosophical Papers, Vol. II: Mind, Language, and Reality, Cambridge: Cambridge University Press.

29 A. Clark & D. Chalmers (1998). "The Extended Mind", Analysis, 58(1): 7-19.

30 Clark & Chalmers, 위의 논문.

31 Clark & Chalmers, 위의 논문.

32 Rowlands, Lau, and Deutsch, 앞의 글.

33 Rowlands, Lau, and Deutsch, 위의 글.

34 Rowlands, Lau, and Deutsch, 위의 글.

35 F. Adams (2010). Why We Still Need a Mark of the Cognitive. Cognitive Systems Research, 11(4), 324-331.

36 M. Rowlands (2010). The New Science of the Mind: From Extended Mind to Embodied Phenomenology. MIT Press.

37 Gallagher, S. (2013). The socially extended mind. Cognitive systems research, 25, 4-12.

38 J. Sutton, C. B. Harris, P. G. Keil, & A. J. Barnier (2010). The Psychology of Memory, Extended Cognition, and Socially Distributed Remembering. Phenomenology and the Cognitive Sciences, 9, 521-560.

39 H. Lyre (2018). SSocially Extended Cognition and Shared Intentionality, Frontiers in Psychology, 9, 831.

40 Menary, R., & Gillett, A. J. (2016). Economic Reasoning and Interaction in Socially Extended Market Institutions, Frontiers in Psychology, 10, 1856.

41 S. Gallagher, A. Mastrogiorgio, & E. Petracca (2019), Economic reasoning and interaction in socially extended market institutions. Frontiers in psychology, 10, 1856.

42 Gallagher, 앞의 논문.

43 S. Gallagher & A. Crisafi (2009), Mental Institutions, Topoi, 28, 45-51.

44 Gallagher, 앞의 논문.

45 Gallagher, 위의 논문.

46 Braman, 앞의 책.

8. 타인의 마음, 행화로 만나기

1   A. I. Goldman, "Two Routes to Empathy: Insights from Cognitive Neuroscience," *Empathy: Philosophical and Psychological Perspectives* (eds. Amy Coplan and Peter Goldie), 2011, pp. 31-44.

2   A. M. Leslie, "Pretense and Representation: the Origins of Theory of Mind," *Psychological Review* 94 (1987), p. 139.

3   N. Epley and A. Waytz, "Mind Perception," *The Handbook of Social Psychology* (eds. S. T. Fiske, D. T. Gilbert and G. Lindsay), 2009, p. 499, p. 505, p. 518.

4   S. Gallagher, "Direct Perception in the Intersubjectivity Context," *Consciousness and Cognition* 17 (2008), p. 540.

5   D. Zahavi, "Empathy and Direct Social Perception: A Phenomenological Proposal," *Review of Philosophy and Psychology* 2.3 (2011), p. 548.

6   J. Krueger and S. Overgaard, "Seeing Subjectivity: Defending a Perceptual Account of Other Minds," *Consciousness and Subjectivity* (2013), p. 241.

7   S. Gallagher (2008), p. 540.

8   P. Jacob, "The Direct-Perception Model of Empathy: A Critique," *Review of Philosophy and Psychology* 2 (3) (2011), p. 528.

9   Zahavi (2011), p. 547.

10   Zahavi (2011), p. 551.

11   Gallagher (2008), p. 540. 한편 드 예거는 이러한 갤러거의 주장이 인지주의에 너무나도 쉽게 장악될 위험을 안고 있다고 신랄하게 비판한다. 이에 대해서는 IV장에서 자세히 살펴보겠다(H. De Jaegher, "Social Understanding through Direct Perception? Yes, by Interacting," *Consciousness and Cognition* 18(2) (2009), p. 535).

12   Jacob (2011), p. 531.

13   Krueger and Overgaard (2013), pp. 246-247.

14   Zahavi (2011), pp. 550-551.

15   Krueger and Overgaard (2013), pp. 256-257.

16   Gallagher (2008), p. 540.

17   T. Fuchs and H. De Jaegher, "Enactive Intersubjectivity: Participatory Sense-Making and Mutual Incorporation," *Phenomenology and the Cognitive Sciences* 8 (2009), p. 466.

18   거울뉴런은 30여 년 전 마카크 원숭이의 뇌에서 발견되었는데, 마카크가 어떤 행동

을 몸소 수행할 때뿐 아니라 그 행동을 수행하지 않은 채 다른 마카크가 그 행동을 수행하는 것을 단지 바라보기만 할 때에도 활성화되는 것으로 밝혀졌다. 오늘날 많은 학자들은 인간에게도 비슷한 기능을 하는 거울뉴런계가 있을 것으로 추정하고 있다.

19 Fuchs and De Jaegher (2009), p. 466.

20 H. De Jaegher, E. Di Paolo, and S. Gallagher, "Can Social Interaction Constitute Social Cognition?," *Trends in Cognitive Sciences* 14.10 (2010), p. 442.

21 Zahavi (2011), p. 546.

22 De Jaegher (2009).

23 De Jaegher (2009), p. 537.

24 De Jaegher, Di Paolo, and Gallagher (2010), p. 442.

25 Fuchs and De Jaegher (2009), p. 472.

26 A. Weber and F. J. Varela, "Life after Kant: Natural Purposes and the Autopoietic Foundations of Biological Individuality," *Phenomenology and the Cognitive Sciences* 1/2, (2002), pp. 117-118.

27 E. Thompson and M. Stapleton, "Making Sense of Sense-Making: Reflections on Enactive and Extended Mind Theories," *Topoi* 28/1 (2009), p. 26.

28 E. Di Paolo and E. Thompson, "The Enactive Approach," *The Routledge Handbook of Embodied Cognition* (ed. Lawrence Shapiro), 2014, pp. 69-73. E. Thompson, *Mind in Life: Biology, Phenomenology, and the Sciences of Mind*, 2007, F. J. Varela, E. Rosch, and E. Thompson, *The Embodied Mind: Cognitive Science and Human Experience*, 1991.

29 H. De Jaegher and E. Di Paolo, "Participatory Sense-Making: An Enactive Approach to Social Cognition," *Phenomenology and the Cognitive Sciences* 6 (2007), p. 493.

30 De Jaegher and Di Paolo (2007), p. 490.

31 De Jaegher (2009), p. 539.

32 De Jaegher (2009), p. 540.

9. 포스트휴먼 시대의 체화된 인지 체계로의 미디어: 미디어 생태학과 체화된 인지 관점에서

1 마셜 매클루언은 국내 학계에서 오랜 기간 "마셜 맥루한'"으로 표기 되어왔었다. 그러나 최근 10여 년간 전문 학자들의 노력으로 "매클루언"으로 점차 수정되어 가고 있다. 본 논문에서는 책이나 논문의 제목에 경우를 제외하고 "매클루언"으로 통일하였다.

2 그는 우디 앨런(Woody Allen)의 〈애니홀(Annie Hall)〉(1977)에 매클루언의 이론을 이성에게 설명하며 잘난체하는 대학 강사 배역을 혼내는 본인으로 출연한다. 백욱인, 「SNS시대의 미디어철학 : 매클루언과 인터넷 미디어의 미래」, 『현대 기술·미디어철학의 갈래들』, 이광석 외 8인, 그린비, 2016, 125쪽.

3 제임스 모리슨, 「마셜 맥루언, 현대적 야누스」, 『미디어생태학사상: 문화, 기술 그리고 커뮤니케이션』, 이동후 역, 한나래출판사, 2008, 291쪽.

4 마셜 매클루언, 『구텐베르크 은하계』, 커뮤니케이션북스, 2001년, 21쪽

5 마셜 매클루언, 위의 책, 319쪽.

6 제임스 모리슨, 앞의 책, 294쪽.

7 제임스 모리슨, 앞의 책, 301쪽.

8 백욱인, 앞의 책, 129쪽.

9 김동민, 매클루언 미디어론의 자연과학적 해석, 커뮤니케이션북스, 2019, 269쪽.

10 이 단어의 국문 표기와 관련되어서는 인지학 연구자들 사이에서도 많은 의견이 공존한다. 단순한 단어 번역에 가까운 '제공성'부터 능동성을 강조하는 측면에서 '행동가능성'까지 여러 안이 제시되었으나 더 일반적으로는 원어 표기인 '어포던스'로 표기된다. 이 연구에서도 일반론에 맞추어 원어의 한글 발음 그대로를 표기하는 것으로 한다.

11 이상욱, 「가상-혼합현실 미디어의 몸과 마음 그리고 환경 : 제임스 깁슨의 '행동가능성(affordance)'과 체화된 인지를 중심으로」, 『PREVIEW』 제15호, 2018, 63쪽.

12 James. J Gibson, 『지각체계로 본 감각』, 박형생 외 2인 번역, 아카넷, 2016, 65쪽.

13 토머스 F. 젠카렐리, 「닐 포스트먼과 미디어 생태학의 등장」, 『현대 기술·미디어철학의 갈래들』, 이광석외 8인, 그린비, 2016, 325쪽.

14 닐 포스트먼, 「미디어 생태학의 휴머니즘」, 『현대 기술·미디어철학의 갈래들』, 이광석외 8인, 그린비, 2016, 121쪽.

15 닐 포스트먼, 위의 논문, 121쪽.

16 이동후, 『미디어는 어떻게 인간의 조건이되었는가?』, 컬처룩, 2021, 26쪽

17 백운인, 앞의 논문, 144쪽.

18 움베르또 마뚜라나, 프란시스코 바렐라, 위의 책, 59쪽.

19 움베르또 마뚜라나, 프란시스코 바렐라, 위의 책, 228쪽.

20 움베르또 마뚜라나, 프란시스코 바렐라, 앞의 책, 223-224쪽.

21 https://en.wikipedia.org/wiki/Frame_rate, 검색일 : 2024년 5월 20일.

10. 아픈 의료, 다른 의학, 참된 삶: 참살이의 체화된 존재 인식론과 윤리

1 이반 일리치 지음 박홍규 번역, 『병원이 병을 만든다』, 미토, 2004.

2 엘리엇 프라이드슨 지음 박호진 번역, 『프로페셔널리즘』, 아카넷, 2007.

3   강신익, 「플라세보, 몸이 된 마음에서 열린 몸으로」, 「체화된 마음과 뇌」, 한국문화사, 2024.

4   Moline, J.N., "Professionals and Professions: A Plilosophical Examination of an Ideal," Social Sciences and Medicine, 15A, 807-816, 1981.

5   https://abimfoundation.org/what-we-do/physician-charter

6   진교훈, 「의학적 인간학: 의학철학의 기초」, 서울대학교출판부, 2002.

7   Fleck, L.(au), Thaddeus J. T,(tr), Genesis and Development of a Scientific Fact, University of Chicago Pres, 1981.

8   리타 샤론 외 지음/김준혁 번역, 「서사의학이란 무엇인가: 현대의학이 나아가야 할 공감과 연대의 길」, 동아시아, 2021.

9   Health Humanities Consortium: Transforming Health and Health Care through the Arts and Humanities, https://healthhumanitiesconsortium.com/hhc-toolkit/definitions/

10 Bleakley A., Medical Humanities and Medical Education: How the medical humanities can shape better doctors, Routledge, 2015. p.40

11 Viney W., Callard F., and Woods A., "Critical medical humanities: embracing entanglement," J Mel Humanit, 2-7, 2015.

12 Barad K., Meeting the Universe Halfway: Quantum Physics and the Entanglement of Matter and Meaning, Duke University Press, 2007.

13 프리드리히 니체 지음/정동호 옮김, 「차라투스트라는 이렇게 말했다」, 책세상, 2021.

14 로지 브라이도티 지음 김재희, 송은주 옮김, 「포스트휴먼 지식: 비판적 포스트인문학을 위하여」, 아카넷, 2022.

15 83쪽

16 78쪽

17 강신익, 「코나투스 건강학 : 스피노자 윤리학과 생물의학의 통접(統接)」, 「의철학연구」, 2016

18 파브리치오 베네데티 지음 · 이은 번역, 「환자의 마음」, 청년의사, 2013.

19 강신익(2020), 33쪽

참고문헌

1. 사이버 세계와 인지 확장

고인석. 2018. 「연장된 지식이 가능한가?」, 『철학논집』 52, pp. 155−182.

박길수. 2023. 「왕양명의 심신 이론에 대한 현상학적 이해」, 『유학연구』 64, pp. 281−308.

신상규. 2012. 「확장된 마음과 자아의 경계」, 『철학논집』 31, pp. 55−89.

윤보석. 2012. 「확장된 마음과 심적 인과」, 『철학논집』 31, pp. 7−28.

이영의. 2012. 「확장된 마음이론의 쟁점들」, 『철학논집』 31, pp. 29−54.

이영의. 2015. 「체화된 인지의 개념 지도: 두뇌의 경계를 넘어서」, 『Trans−Humanities』, 8(2), pp. 101−139.

이영의. 2021. 『신경과학철학』, 파주: 아카넷.

이영의 · 김종갑 · 손갤러거 · 강신익 · 한곽희 · 강태경 · 최재목 · 박길수 · 정혜윤 · 이상욱. 2022. 『체화된 마음과 몸』, 서울: 한국문화사.

이영의 · 손갤러거 · 김종갑 · 최재목 · 박길수 · 정혜윤 · 한곽희 · 강태경 · 강신익 · 이상욱. 2023. 『체화된 마음과 뇌』, 서울: 한국문화사.

정우진. 2016. 『감응의 철학: 한의학과 연단술에서 읽어낸 동양의 시선』, 고양: 소나무.

최재목. 2022. 「마음 체화의 장으로서 '몸' − 왕양명의 '신심지학(身心之學)' 이론을 중심으로 −」, 『양명학』 66, pp. 5−44.

체화인지연구단. 2024. 『마음이란 무엇인가』, 하남: 박이정.

Adams, F., and Aizawa, K. 2008. *The Bounds of Cognition*. Maiden,. MA: Wiley−Blackwell.

Barsalou, L. W. 1985. "Ideals, Central Tendency, and Frequency of Instantiation as Determinants of Graded Structure in Categories", *Journal of Experimental Psychology: Learning, Memory, and Cognition*, 11(4), pp. 629 − 654.

Clark, A. 2008. *Supersizing the Mind: Action, Embodiment, and Cognitive Extension*. New York: Oxford University Press.

Clark, A. 2010. "Memento's Revenge: The Extended Mind, Extended". In R. Menary ed., pp. 43−66.

Clark, A. 2016. *Surfing Uncertainty: Prediction, Action, and the Embodied Mind*, New York: Oxford University Press.

Clark, A. and Chalmers, D. 1998. "The Extended Mind". *Analysis*, 58(1), pp. 7 − 19.

Colombo, M., Irvine, E., and Stapleton, M, eds, 2020. *Andy Clark and His Critics*, New York: Oxford University Press.

Gibson, J. J. 1979. *The Ecological Approach to Visual Perception*. New York: Psychology Press.

Halpin, H. 2013. "Does the Web Extend the Mind?" *The 5th Annual ACM Web Science Conference*. Paris, France, pp. 139 – 147.

Halpin, H., Clark, A., and Wheeer, M. 2014. "Philosophy of the Web: Representation, Enaction, Collective Intelligence", in H. Halpin and A. Monnin eds., *Philosophical Engineering: Toward a Philosophy of the Web*. Hoboken, NJ: Wiley–Blackwell, pp. 21–30.

Heersmink, R. and Sutton, J. 2020. "Cognition and the Web: Extended, Transactive, or Scaffolded?", *Erkenntnis*, 85(1), pp. 139–164.

Ludwig, D. 2014. "Extended Cognition and the Explosion of Knowledge", *Philosophical Psychology*, 28(3), pp. 355–368.

Menary, R, ed, 2010. *The Extended Mind*, Cambridge, MA: MIT Press.

Putnam, H. 1975, "The Meaning of 'Meaning'", *Philosophical Papers*, vo. II: *Mind, Language, and Reality*, Cambridge: Cambridge University Press.

Rowlands, M. 2003. *Externalism: Putting Mind and World Back Together Again*. Montreal & Kingston: McGill–Queen's University Press.

Rupert, R. D., 2004, "Challenges to the Hypothesis of Extended Cognition". *Journal of Philosophy*, 101(8), pp. 389 – 428.

Schank, R. C. 1977. *Scripts, Plans, Goals and Understanding*. New Jersey: Eribaum.

Schwengerer, L. 2021. "Revisiting Online Intellectual Virtues", *Social Epistemology Review and Reply Collective*, 10 (3), pp. 38–45.

Shapiro, L. 2019. *Embodied Cognition*, 2nd ed. New York: Routledge.

Smart, P. R. 2012. "The Web–extended Mind". *Metaphilosophy*, 43(4), pp. 426 – 445.

Smart, P. R. 2017. "Extended Cognition and the Internet: A Review of Current Issues and Controversies". *Philosophy and Technology*, 30(3), pp. 357–390.

Smart, P. R. and Clowes, R. 2021. "Intellectual Virtues and Internet–Extended Knowledge", *Social Epistemology Review and Reply Collective* 10 (1):7–21

Smart, P. R., Andrada, G., and Clowes, R. W. 2022. "Phenomenal Transparency and the Extended Mind", *Synthese*, 200, 335.

Sutton, J. 2010. "Exograms and Interdisciplinarity: History, the Extended Mind, and the Civilizing Process", in R. Menary 2010, pp. 189 – 225.

Tollefsen, D. P. 2006. "From Extended Mind to Collective Minds". *Cognitive*

Systems Research, 7(2–3), pp. 140–150.

Varela, F., Thompson, E., and Rosch, E. 2016. The Embodied Mind: Cognitive Science and Human Experience, revised ed. Cambridge, MA: MIT Press.

Wheeler, M. 2005. Reconstructing the Cognitive World: The Next Step, MIT Press.

Wheeler, M. 2010. "In Defence of Extended Functionalism", in R. Menary ed., pp. 245—270.

Wheeler, M. 2015. "Extended Consciousness: An Interim Report", Southern Journal of Philosophy, 53(1), pp. 155–175.

2. 하나의 무대로서의 전 세계: 행위 속 내러티브와 공감

Austin, J. L. (1975). How to do Things with Words. Oxford: Oxford University Press.

Bruner, J. (1985). Narrative and paradigmatic modes of thought. Teachers College Record, 86(6), 97–115.

De Vignemont, F. & Jacob, P. (2012). What is it like to feel another's pain?. Philosophy of science, 79(2), 295–316.

Freedberg, D. & Gallese, V. (2007) Motion, emotion and empathy in esthetic experience. Trends Cognit Sci11(5): 197–203

Gallagher, S. (in press). Writing empathy into the script: The aesthetics of narrative. Texas Studies in Literature and Language (TSLL).

Gallagher, S. 2020. Action and Interaction. Oxford: Oxford University Press.

Gallagher, S. 2012. Empathy, simulation, and narrative. Science in Context25(3): 355–381

Gallagher, S. 2011. Aesthetics and kinaesthetics. In H. Bredekamp and J. Krois (eds.). Sehen und Handeln(99–113). Berlin: Oldenbourg Verlag.

Gallagher, S. & Gallagher, J. 2020. Acting oneself as another: An actor's empathy for her character. Topoi 39:779–790.DOI: 10.1007/s11245–018–9624–7

Gallagher, S. & Hutto, D. 2008. Understanding others through primary interaction and narrative practice. In: J. Zlatev, T. Racine, C. Sinha and E. Itkonen (eds). The Shared Mind: Perspectives on Intersubjectivity(17–38). Amsterdam: John Benjamins.

Goldman A (2006) Simulating minds. Oxford University Press, Oxford.

Goldstein, K. & Scheerer, M. (1964). Abstract and concrete behavior: an experimental study with special tests. Evanston, IL: Northwestern University. Reprint of Psychological Monographs 53(2): 1941

Johnson, G. (1993) Introduction. *The Merleau-Ponty aesthetics reader: philosophy and painting.* Evanston: Northwestern University Press.

Lipps T (1906) *Ästhetik.* Verlag von L. Voss, Leipzig

Malafouris, L. (2013). *How Things Shape the Mind.* Cambridge, MA: MIT Press.

Merleau-Ponty, M. (2012). *Phenomenology of perception*, Trans D. Landes. Routledge, London.

Merleau-Ponty, M. (1968). *The Visible and the Invisible.* Trans. A. Lingis. Northwestern University Press.

Merleau-Ponty, M. (1961). Eye and mind. In .Trans.C.Dallery(159—91).Evanston :NorthwesternUniversityPress,1964.

Merleau-Ponty, M. (1948). Cézanne's doubt. In rans.H.Dreyfus&P. A.Dreyfus(9—25).Evanston:NorthwesternUniversityPress,1964.

Ryle, G. (1949). *The Concept of Mind.* Oxford: Oxford University Press.

Singer, T., Seymour, S., O'Doherty, J.P., Stephan, E.K., Dolan, R.J. & Frith, C.D. (2006). Empathic neural responses are modulated by the perceived fairness of others. *Nature*439: 466 – 469

Slovic P. (2007). If I look at the mass I will never act: psychic numbing and genocide. *Judgm Decis Mak*2:79 – 95

Stueber K. R. (2006) *Rediscovering empathy: agency, folk-psychology and the human sciences.* Cambridge, MA: MIT Press.

Sutton, J., & Tribble, E. (2011). Cognitive ecology as a framework for Shakespearean studies. *Shakespeare Studies* 39: 94—103

Tribble, E. (2011). *Cognition in the globe: Attention and memory in Shakespeare's theatre.* Berlin: Springer.

3. 세계에 외재하는 마음: 드레이퍼스와 맥도웰의 논쟁을 중심으로

Schear, J. ed. (2013). Mind, Reason, and Being-in-the-World: The McDowell - Dreyfus Debate. Routledge.

Dreyfus, H (2013).. "The Myth of the Pervasiveness of the Mental." in Mind, Reason, and Being-in-the-World: The McDowell - Dreyfus Debate, Schear J (ed), Routledge, pp. 15—40.

Dreyfus, H (2007). "Return of the Myth of the Mental." Inquiry 50(4): 352 – 65.

Heidegger, M. (1962). Being and Time. (tr) Macquarrie J and Robinson E, Harper & Row.

McDowell, J. (2013). "What Myth?" in Mind, Reason, and Being-in-the-World:

The McDowell - Dreyfus Debate. Schear J (ed), Routledge: pp. 41-58.
---. (2007). "Response to Dreyfus," Inquiry 50(4): 366-70
Merleau-Ponty, M. (1963). The Structure of Behavior. (tr) Fisher, A, Beacon Press.
Merleau-Ponty, M (2002).. Phenomenology of Perception. (tr) Smith, C, Routledge.
Taylor, C.(2007). A Secular Age. Harvard University Press.
Zahavi, D. (2000). Self and Consciousness in Exploring the Self. Advances in Consciousness Research Zahavi, D (ed.) 23. John Benjamins Publishing Company: pp. 55-74.

4. 체화된 우주 : 몸속의 세계, 세계 속의 몸

『周易』, 『莊子』, 『孟子』, 『尸子』, 『吳越春秋』, 『淮南子』, 『千字文』, 『鍼灸甲乙經』, 『程氏遺書』, 『近思錄』, 『朱子語類』, 『陽明全書』, 『王心齋全集』, 『三峰集』, 『聖學十圖』, 『霞谷集』, 『大東千字文』, 『啓蒙篇』, 『童蒙先習』
가스통 바슐라르, 『공간의 시학』, 곽광수 옮김, (민음사, 1990)
국립민속박물관, 『한국의 초분』, (국립민속박물관, 2003)
길희성, 『인도철학사』, (민음사, 1984)
김길락, 『상산학과 양명학』, (예문서원, 1995
김용옥, 『달라이라마와 도올의 만남』, (통나무, 2002)
김용옥, 『도올의 청계천 이야기 - 서울, 유교적 풍류의 미래도시 - 』, (통나무, 2003)
레비 스트로스, 『슬픈열대』, 박옥줄옮김, (한길사, 2021)
메를로-퐁티, 『지각의 현상학』, 류의근 옮김, (문학과지성사, 2021)
보들레르, 『파리의 우울』, 윤영애 옮김, (민음사, 2014)
볼프강 조프스키, 『안전의 원칙: 위험사회, 자유냐 안전이냐』, 이한우 옮김, (푸른 숲, 2007)
시마다 겐지, 『주자학과 양명학』, 김석근·이근우 옮김, (까치, 1986)
스기우라 고헤이, 『형태의 탄생』, 송태욱 옮김, (안그라픽스, 2001)
王守仁, 『陽明先生遺言錄』, 정지욱 옮김, (소나무, 2009),
張彦遠, 『歷代名畫記』, (臺灣商務印庶館, 1976)
장철수, 『옛무덤의 사회사』, (웅진출판주식회사, 1995)
曹先擢, 『중국어한자의 어원』, 송강호 역, (지식과 교양, 2011)
질베르 뒤랑, 『상상계의 인류학적 구조들』, 진형준 옮김, (문학동네, 2007)
황수영, 『질베르 시몽동』, (커뮤니케이션북스, 2018)
Merleau-Ponty, *Phenomenology of Perception*. Routledge and Kegan Paul,

London, 1962.

최재목·조용미·김동성,「〈도산서당〉과〈도산십이곡〉·〈성학십도〉의 '志·學' 구조가 갖는 인지적 상관성 試論」,『퇴계학논집』제28호, (영남퇴계학연구원, 2021)

최재목,「『성학십도』와 퇴계학」,『7권의 저술로 보는 이황의 퇴계학』, 계명대학교 계명 목요철학원 편, (계명대학교 출판부, 2024)

5. 왕양명의 감응 이론과 의미론적 세계

『周易』
『中庸』
『大學章句』
『孟子集注』
『二程全書』
『朱子全書』
『朱子語類』
『王陽明全集』
『王心齋全集』

김영건,「공감적 영성의 발견과 인간 및 자연과의 관계 회복」, 한국양명학회,『양명학』 제32호, 2012.

문규민,「신유물론 입문: 새로운 물질성과 횡단성」, 두번째 테제, 2022.

박길수,「왕양명의 심상 체인 이론의 특징과 의의」,『양명학』제61호, 한국양명학회, 2021.

박길수,「왕양명의 심신 이론에 대한 현상학적 이해」,『유학연구』제64집, 충남대학교 유학연구소, 2023.

양선진,「왕양명과 생명윤리와 전인적 인간관」,『철학과 문화』제38집, 한국외국어대학 교 철학과문화연구소, 2018.

오하마 아키라 지음, 이형성 옮김,『범주로 보는 주자학』, 예문서원, 1997.

이영의, 김종합 외 지음,『체화된 마음과 몸』, 한국문화사, 2022.

이영의, 숀 갤러거 외 지음,『체화된 마음과 뇌』, 한국문화사, 2024.

陳來 지음, 전병욱 옮김,『양명철학』, 예문서원, 2003.

최재목,「王陽明 良知論에서 '靈明'의 意味」,『陽明學』제31호, 한국양명학회, 2012.

하루히데 시바 지음, 박인성 옮김,『유식사상과 현상학』, 도서출판b, 2014.

6. 도덕적 성격과 세계로의 확장: 확장된 성격과 내장된 성격 가정에 대한 비판적 고찰

노영란, 「상황주의 사회심리학과 덕윤리상황주의적 도전과 실천적 지혜를 통한 덕윤리적 대응을 중심으로」, 『철학』109집, 2011.

신홍임, 「고정관념의 위협과 인지적 과제의 수행」, 『한국심리학회지 사회 및 성격』, vol.22, no.3, 2008.

이영의, 『신경과학철학』, 파주: 아카넷, 2021.

이영의, 「앤디 클락, 확장인지 이론의 개척자」, 2024, 미출간.

임창환, 『뉴럴 링크』, 서울: 동아시아, 2024.

한곽희, 「실험 도덕 철학(experimental moral philosophy)의 도전에 대한 비판적 고찰」, 『철학』140집, 2019.

Aristotle, Terence Irwin (trans.), *Nicomachean Ethics*, Indianapolis: Hackett Publishing Company, 2019.

Alfano, M., "Expanding the Situationist Challenge to Reliabilism About Inference" in Abrol Fairweather (ed.), *Virtue Epistemology Naturalized*, New York: Springer, 2014.

_____, "Stereotype threat and intellectual virtue" in Abrol Fairweather and Owen Flanagan (ed.), *Naturalizing Epistemic Virtue*, Cambridge: Cambridge University Press, 2014.

_____, *Current Controversies in Virtue Theory*, New York: Routledge, 2015.

Alfano, M. and Skorburg, J. A., "The embedded and extended character hypotheses" in Julia Kiverstein (ed.), *The Routledge Handbook of Philosophy of the Social Mind*, Routledge: New York, 2017.

Carter, J. A., Clark, A., Kallestrup, J., Palermos, S. O., and Pritchard, D. (ed.), *Socially Extended Epistemology*, Oxford: Oxford University Press, 2018.

Clark, A. and Chalmers, D., "The extended mind", *Analysis* 58. 1, 1998.

Doris, J. M., *Lack of Character*, New York: Cambridge University Press, 2002

Fairweather, A. (ed.), *Virtue Epistemology Naturalized*, New York: Springer, 2014.

Fairweather, A. and Flanagan, O., (ed.), *Naturalizing Epistemic Virtue*, Cambridge: Cambridge University Press, 2014.

Fairweather, A. and Alfano, M., (ed.), *Epistemic Situationism*, Oxford: Oxford University Press, 2017.

Frankfurt, H., "Taking ourselves seriously" in Debra Satz (ed.), *Taking Ourselves Seriously & Getting It Right*, Stanford: Stanford University Press, 2006.

Kiverstein, J., (ed.), *The Routledge Handbook of Philosophy of the Social Mind*, New York: Routledge, 2017.

Masala, A. and Webber, J. (ed.), *From Personality to Virtue*, Oxford: Oxford University Press, 2016

Menary, R., "Introduction: The Extended Mind in Focus" in R. Menary (ed.), *The Extended Mind*, Cambridge: The MIT Press, 2010.

Miller, C. B., *Character and Moral Psychology*, Oxford: Oxford University Press, 2014.

_____, "Does the CAPS Model Improve Our Understanding of Personality and Character?" in Alberto Masala and Jonathan Webber (ed.), *From Personality to Virtue*, Oxford: Oxford University Press, 2016.

Satz, D. (ed.), *Taking Ourselves Seriously & Getting It Right*, Stanford: Stanford University Press, 2006.

Steele, C. & Aronson, J., "Stereotype threat and the intellectual test performance of African Americans", *Journal of Personality and Social Psychology*, vol.69 no.5, 1995.

Swanton, C., *Virtue Ethics – a pluralistic view*, Oxford: Oxford University, 2003.

_____, *Target Centered Virtue Ethics*, Oxford: Oxford University Press, 2021.

Upton, C. L., "Virtue Ethics and Moral Psychology: The Situationism Debate", *The Journal of Ethics*, 13(2):103−115, 2009.

Vargas, M. and Doris, J. M. (ed.), *The Oxford Handbook of Moral Psychology*, Oxford: Oxford University Press, 2022.

Waggoner, M., Doris, J. M. and Vargas, M., "Situationism, moral improvement, and moral responsibility", in Vargas, M. and Doris, J. M. (ed.), *The Oxford Handbook of Moral Psychology*, Oxford: Oxford University Press, 2022.

https://www.g-enews.com/ko-kr/news/article/news_all/202401090315469718e8 b8a793f7_1/article.html

7. 체화되고 확장된 마음으로서의 법

강태경. (2014). 법적 추론에 대한 인지적 분석방법: 윈터(Steven L. Winter)를 중심으로. 박사학위논문, 서울대학교.

_____, (2014). 인지적 범주화 과정으로서의 법적 추론. 법학논집, 19(2), 315−355.

_____, (2014). 법적 추론에 대한 비판적 분석으로서의 인지적 분석: 성전환자의 공부상 성별 정정 사건을 중심으로. 법학, 55(4), 193−240.

_____, (2018). 양심적 병역거부의 '정당한 사유'해석론 비판. 형사정책연구, 29(3), 25−102.

김민지. (2013). 법심리학이란 무엇인가?: 연구 영역 및 법심리학자의 역할. 한국심리
학회지: 법, 4(3), 125-142.

노양진. (2013). 몸이 철학을 말하다: 인지적 전환과 체험주의의 물음. 서광사.

박광배. (2002). 법심리학. 학지사.

마크 존슨. (2000). 마음 속의 몸: 의미, 상상력, 이성의 신체적 근거, 노양진 역. 철학
과 현실사.

Adams, F. (2010). Why We Still Need a Mark of the Cognitive. Cognitive Systems
Research, 11(4), 324-331.

Braman, E. (2009). Law, Politics, & Perception: How Policy Preferences Influence
Legal Reasoning. University of Virginia Press.

Braman, E. (2009). Law, Politics, and Perception: How Policy Preferences
Influence Legal Reasoning. University of Virginia Press.

Cattell, J. M. (1895). Measurements of the Accuracy of Recollection. Science,
2(49), 761-766.

Clark, A. & Chalmers, D. (1998). "The Extended Mind", Analysis, 58(1), 7-19.

Dabrowska, E., & Divjak, D. (Eds.). (2015). Handbook of Cognitive Linguistics.
De Gruyter Mouton.

Gallagher, S. (2013). The Socially Extended Mind. Cognitive Systems Research,
25, 4-12.

Gallagher, S., & Crisafi, A. (2009). Mental Institutions. Topoi, 28, 45-51.

Gallagher, S., Mastrogiorgio, A., & Petracca, E. (2019). Economic Reasoning
and Interaction in Socially Extended Market Institutions. Frontiers in
Psychology, 10, 1856.

Haney, C. (1980). Psychology and Legal Change. Law and Human Behavior, 4(3),
147-199.

Leiter, B. (2007). Naturalizing Jurisprudence: Essays on American Legal Realism
and Naturalism in Legal Philosophy. Oxford University Press.

Lyre, H. (2018). Socially Extended Cognition and Shared Intentionality. Frontiers in
Psychology, 9, 831.

Menary, R., & Gillett, A. J. (2016). Embodying Culture: Integrated Cognitive
Systems and Cultural Evolution. In The Routledge Handbook of Philosophy
of the Social Mind (pp. 88-103). Routledge.

Mülberger, A. (2009). Teaching Psychology to Jurists: Initiatives and Reactions
Prior to World War I. History of Psychology, 12(2), 60-86.

Niedenthal, P. M., Barsalou, L. W., Winkielman, P., Krauth-Gruber, S., &
Ric, F. (2005). Embodiment in Attitudes, Social Perception, and Emotion.

Personality and Social Psychology Review, 9(3), 184–211.

Packer, I. K., & Borum, R. (2013). Forensic Training and Practice. In R. K. Otto & I. B. Weiner (2nd eds., Vol. 11). Handbook of Psychology: Forensic Psychology (pp. 16–36). John Wiley & Sons.

Prinz, J. J. (2004). Gut Reactions: A Perceptual Theory of Emotion. Oxford University Press.

Putnam, H. (1975). "The Meaning of 'Meaning'", Philosophical Papers, Vol. II: Mind, Language, and Reality, Cambridge: Cambridge University Press.

Rachlinski, J. J., Johnson, S. L., Wistrich, A. J., & Guthrie, C. (2008). Does Unconscious Racial Bias Affect Trial Judges. Notre Dame Law Review, 84, 1195–1246.

Rowlands, M, Lau, J., & Deutsch, M. (Winter 2020 Edition). "Externalism About the Mind", The Stanford Encyclopedia of Philosophy, Edward N. Zalta (ed.), URL = ⟨https://plato.stanford.edu/archives/win2020/entries/content-externalism/⟩.

Rowlands, M. (2010). The New Science of the Mind: From Extended Mind to Embodied Phenomenology. MIT Press.

Schnall, S., Haidt, J., Clore, G. L., & Jordan, A. H. (2008). Disgust as Embodied Moral Judgment. Personality and Social Psychology Bulletin, 34(8), 1096–1109.

Shapiro, L & Spaulding, S. (Summer 2024 Edition). "Embodied Cognition". The Stanford Encyclopedia of Philosophy, Edward N. Zalta & Uri Nodelman (eds.), URL = ⟨https://plato.stanford.edu/archives/sum2024/entries/embodied-cognition/⟩.

Spellman, B. A., & Shauer, F. F. (2012). Legal Reasoning. In Holyoak, K., & Morrison, R. (Eds). The Oxford Handbook of Thinking and Reasoning (pp. 719–725). Oxford Univ. Press.

Stern, L. W. (1902). Zur psychologie der aussage [To the psychology of testimony], Zeitschrift fur die gesamte Strafrechswissenschaft, 23, 56–66.

Sutton, J., Harris, C. B., Keil, P. G., & Barnier, A. J. (2010). The Psychology of Memory, Extended Cognition, and Socially Distributed Remembering. Phenomenology and the Cognitive Sciences, 9, 521–560.

Tobia, K. (2022). Experimental Jurisprudence. The University of Chicago Law Review, 89(3), 735–802.

Winter, S. L. (2001). A Clearing in the Forest: Law, Life, and Mind. University of Chicago Press.

8. 타인의 마음, 행화로 만나기

De Jaegher, H., "Social Understanding through Direct Perception? Yes, by Interacting," *Consciousness and Cognition* 18(2), 2009, pp. 535-542.

De Jaegher, H. and E. Di Paolo, "Participatory Sense-Making: An Enactive Approach to Social Cognition," *Phenomenology and the Cognitive Sciences* 6, 2007, pp. 485-507.

De Jaegher, H., E. Di Paolo, and S. Gallagher, "Can Social Interaction Constitute Social Cognition?," *Trends in Cognitive Sciences* 14.10, 2010, pp. 441-447.

Di Paolo, E. and E. Thompson, "The Enactive Approach," *The Routledge Handbook of Embodied Cognition* (ed. Lawrence Shapiro), 2014, pp. 68-78.

Epley, N. and A. Waytz, "Mind Perception," *The Handbook of Social Psychology* (eds. S. T. Fiske, D. T. Gilbert, and G. Lindsay), 2009, pp. 498-541.

Fuchs, T., and H. De Jaegher, "Enactive Intersubjectivity: Participatory Sense-Making and Mutual Incorporation," *Phenomenology and the Cognitive Sciences* 8, 2009, pp. 465-486.

Gallagher, S., "Direct Perception in the Intersubjectivity Context," *Consciousness and Cognition* 17, 2008, pp. 535-543.

Goldman, A. I., "Two Routes to Empathy: Insights from Cognitive Neuroscience," *Empathy: Philosophical and Psychological Perspectives* (eds. Amy Coplan and Peter Goldie), 2011, pp. 31-44.

Jacob, P., "The Direct-Perception Model of Empathy: A Critique," *Review of Philosophy and Psychology* 2 (3), 2011, pp. 519-540.

Krueger, J. and S. Overgaard, "Seeing Subjectivity: Defending a Perceptual Account of Other Minds," *Consciousness and Subjectivity*, 2013, pp. 239-262.

Leslie, A. M., "Pretense and Representation: the Origins of Theory of Mind," *Psychological Review* 94, 1987, pp. 412-426.

Thompson, E., *Mind in Life: Biology, Phenomenology, and the Sciences of Mind*, 2007.

Thompson, E., and M. Stapleton, "Making Sense of Sense-Making: Reflections on Enactive and Extended Mind Theories," *Topoi* 28/1, 2009, pp. 23-30.

Varela, F. J., E. Rosch, and E. Thompson, *The Embodied Mind: Cognitive Science and Human Experience*, 1991.

Weber, A. and F. J. Varela, "Life after Kant: Natural Purposes and the Autopoietic Foundations of Biological Individuality," *Phenomenology and the Cognitive*

Sciences 1/2, 2002, pp. 97-125.

Zahavi, D., "Empathy and Direct Social Perception: A Phenomenological Proposal," *Review of Philosophy and Psychology* 2.3, 2011, pp. 541-558.

10. 아픈 의료, 다른 의학, 참된 삶: 참살이의 체화된 존재 인식론과 윤리

Barad K., Meeting the Universe Halfway: Quantum Physics and the Entanglement of Matter and Meaning, Duke University Press, 2007.

Bleakley A., Medical Humanities and Medical Education: How the medical humanities can shape better doctors, Routledge, 2015.

Fleck, L.(au), Thaddeus J. T,(tr), Genesis and Development of a Scientific Fact, University of Chicago Pres, 1981.

Moline, J.N., "Professionals and Professions: A Plilosophical Examination of an Ideal," Social Sciences and Medicine, 15A, 807-816, 1981.

Viney W., Callard F., and Woods A., "Critical medical humanities: embracing entanglement," J Mel Humanit, 2-7, 2015.

강신익, 「건강과 참살이의 계보: 개념에서 경험과 실천으로」, 『의철학연구』, 3-51, 2020.

_____, 「앎, 삶, 함, 그리고 몸 : 의학적 몸의 존재론」, 『과학철학』, 135-159, 2002.

_____, 「치과의사의 전문직업성과 윤리」, 한국의료윤리학회지, 5(2), 107-127, 2002.에서 재인용

_____, 「코나투스 건강학 : 스피노자 윤리학과 생물의학의 통접(統接)」, 『의철학연구』, 2016

_____, 「플라세보, 몸이 된 마음에서 열린 몸으로」, 『체화된 마음과 뇌』, 한국문화사, 2024.

로지 브라이도티 지음 김재희, 송은주 옮김, 『포스트휴먼 지식: 비판적 포스트인문학을 위하여』, 아카넷, 2022.

리타 샤론 외 지음/김준혁 번역, 『서사의학이란 무엇인가: 현대의학이 나아가야 할 공감과 연대의 길』, 동아시아, 2021.

엘리엇 프라이드슨 지음 박호진 번역, 『프로페셔널리즘』, 아카넷, 2007.

이반 일리치 지음 박홍규 번역, 『병원이 병을 만든다』, 미토, 2004.

진교훈, 『의학적 인간학: 의학철학의 기초』, 서울대학교출판부, 2002.

파브리치오 베네데티 지음 · 이은 번역, 『환자의 마음』, 청년의사, 2013.

프리드리히 니체 지음/정동호 옮김, 『차라투스트라는 이렇게 말했다』, 책세상, 2021.

색인